Nicky und Sila Lee

Das Ehe-Buch

Schritt für Schritt zu einer erfüllten Partnerschaft

Mit einem Vorwort von Nicky Gumbel

Über die Autoren

Nicky & Sila Lee sind seit über 20 Jahren verheiratet und haben 4 Kinder. Sie gehören zum Mitarbeiter-Team der Holy Trinity Brompton-Gemeinde in London, der Gemeinde, die den Alpha-Kurs entwickelt hat. Regelmäßig führen sie Seminare für verlobte und verheiratete Paare durch.

Nicky und Sila Lee

Das Ehe-Buch

Schritt für Schritt zu einer erfüllten Partnerschaft

GerthMedien

Die britische Originalausgabe erschien im Verlag
Alpha International Publications, Holy Trinity Brompton,
Brompton Road, London, SW7 1JA
unter dem Titel „The Marriage Book“

Aus dem Englischen von Eva-Maria Nietzke

Best.-Nr. 816 236
ISBN 978-3-86591-236-7
3. Auflage 2008
Lektorat: Bettina Stockmayer
Umschlaggestaltung: Hanni Plato
Umschlagfoto: Roland Bauer, MEV
Innenillustrationen: Charlie Mackesy
Satz: Die Feder GmbH, Wetzlar
Druck und Bindung: CPI – Ebner & Spiegel, Ulm
Printed in Germany

Inhalt

Vorwort von Nicki Gumbel

Die Ehe ist in unserer Gesellschaft zunehmend Angriffen ausgesetzt und wird von vielen als anachronistische Institution angesehen. In Großbritannien ist die Zahl der jährlich geschlossenen Ehen permanent zurückgegangen. Für diejenigen, die den Schritt in die Ehe wagen, wird es immer schwieriger, verheiratet zu bleiben. Die Scheidungsrate ist in alarmierendem Umfang angestiegen. Wie sollen wir auf diese Situation reagieren? Warum sollen wir überhaupt heiraten? Was können wir dafür tun, dass unsere Ehe nicht zerbricht?

In diesem Buch geben Nicky und Sila Antworten auf solche Fragen, indem sie uns den Wert und das Potenzial einer Ehe vor Augen führen. Sie machen uns nicht nur Vorschläge, wie wir unsere Ehe aufrecht halten können, sondern bieten darüber hinaus Anregungen, um aus unserer Ehe das Allerbeste herauszuholen.

Nicky ist seit über dreißig Jahren mein bester Freund. Wir gingen zusammen zur Schule und waren an der Universität Zimmergenossen. Er war mir immer einen Schritt voraus, und ich habe stets versucht, seinen Fußspuren zu folgen. Er wurde am 14. Februar 1974 Christ – achtundvierzig Stunden später führte er auch mich zu Christus. Nicky und Sila heirateten 1976; achtzehn Monate später folgten Pippa und ich ihrem Beispiel. Wir bekamen fast zeitgleich unsere drei Kinder, und Nicky und Sila bekamen danach noch ein viertes Kind.

Nach der Universität trennten sich unsere Wege – Nicky ging als Lehrer nach Japan und ich wurde Rechtsanwalt. Dann besuchte Nicky eine theologische Hochschule, und ich folgte ihm ein Jahr später. Nicky und Sila kehrten nach London zurück, um sich dem Mitarbeiterstab der *Holy Trinity Brompton Church* (HTB) anzuschließen. Wir taten das Gleiche ein Jahr später. Nicky und Sila übten fünf Jahre lang die Leitung von *Alpha* aus, bevor sie uns 1990 diese Aufgabe übertrugen.

Sie haben uns viel beigebracht. Vor allem ihr Ehe- und Familienleben war immer ein Vorbild für uns.

Seit 1996 führen Nicky und Sila den *Marriage Course* (Eheseminar) in der HTB durch, und schon viele Ehepaare sind dadurch bereichert worden. Manche Ehen sind vor dem Zerbruch bewahrt worden. Andere haben die Erfahrung gemacht, dass ihre träge dahinfließende Ehe zu einer starken und wertvollen Beziehung wurde – eine Veränderung, die durch die Gegenwart Christi möglich wurde. Für etliche war das Eheseminar eine Möglichkeit, ihre bereits gut laufende Ehe noch besser zu gestalten.

Wenn Sie dieses Buch lesen, werden Sie vielleicht denken, »die Ehe von Sila und Nicky ist eigentlich zu gut, um wahr zu sein«. Doch ich habe sie mehr als vierundzwanzig Jahre lang beobachtet und kann Ihnen versichern, dass die Qualität dieser Ehe echt ist und uns dazu anspornt, das Allerbeste anzustreben.

Ich hoffe und bete, dass durch dieses Buch noch viele Menschen von Nickys und Silas Beispiel und Weisheit bereichert werden.

Vorwort von Nicky und Sila Lee

Wir möchten allen danken, die uns bei der Realisierung dieses Buchprojekts unterstützt haben. Dazu gehören vor allem diejenigen, die Hunderte von Stunden mit dem Lesen der Manuskripte und dem Vorschlagen von Veränderungen und Ergänzungen zugebracht haben. Ohne sie wäre das Buch nicht entstanden. Unser besonderer Dank gilt John und Diana Collins und Sandy und Annette Millar, die uns durch ihr Vorleben bereichert haben. Wir möchten auch allen danken, die uns Geschichten aus ihrem Eheleben erzählt haben, mit denen wir die theoretischen Ausführungen praktisch untermauern konnten.

Wir möchten Philippa Pearson-Miles, Mary Ellis und Joanna Desmond von ganzem Herzen dafür danken, dass sie schnell, mit großem Geschick und mit viel Geduld endlose Korrekturen getippt haben. Dank auch an Charlie Mackesy, der an unserer Familie und an dem Buch so viel Spaß hat. Unserer Verlegerin Jo Glen möchten wir ebenfalls besonders danken. Ohne ihre unwiderstehliche Begeisterung, ihren Humor, ihren Einfallsreichtum und ihre Ideen, die sie hatte, wenn wir nicht mehr weiterkamen, wäre dieses Buch vermutlich nie vollendet worden. Auch Nicky und Pippa Gumbel gilt unser herzlicher Dank – nicht nur für ihre jahrelange Freundschaft und Unterstützung, sondern auch dafür, dass sie uns zur Realisierung dieses Projekts angespornt haben.

Schließlich möchten wir unseren Eltern für ihre dauerhafte Liebe und ihr Vorbild zweier langer, glücklicher Ehen danken.

Wer liebt, ist geduldig und gütig.
Wer liebt, der ereifert sich nicht,
er prahlt nicht und spielt sich nicht auf.
Wer liebt, der verhält sich nicht taktlos,
er sucht nicht den eigenen Vorteil
und lässt sich nicht zum Zorn erregen.
Wer liebt, der trägt keinem etwas nach;
es freut ihn nicht, wenn einer Fehler macht,
sondern wenn er das Rechte tut.
Wer liebt, der gibt niemals jemand auf,
in allem vertraut er und hofft für ihn;
alles erträgt er mit großer Geduld.
Niemals wird die Liebe vergehen.

1. Korinther 13,4–8a

Einführung – Wozu die Ehe?

Nickys Geschichte. Ich sah Sila zum ersten Mal in *Swansea Docks*. Ich war unterwegs nach *South West Ireland*, um dort die Sommerferien zu verbringen. Ich hatte soeben die Schule beendet. Ich war achtzehn Jahre alt, Sila siebzehn. Es war Liebe auf den ersten Blick. Wir verbrachten zwei Wochen in benachbarten Ferienhäusern in einer der schönsten und unberührtesten Gegenden der *British Isles*, in *South West Cork*. Während dieser zwei Wochen wagte ich kaum zu denken, dass sie vielleicht etwas für mich empfinden könnte. Zwei Tage vor ihrer Abreise nahm ich all meinen Mut zusammen und gestand ihr meine Liebe. Wie erstaunt war ich, dass sie meine Gefühle erwiderte. Ich konnte es kaum glauben.

Sila ging noch zur Schule und hatte wichtige Abschlussprüfungen vor sich. Mir blieben neun Monate Zeit bis zum Beginn der Universität. Mir war klar, dass Sila wohl kaum ihre Prüfungen schaffen würde, wenn ich in ihrer Nähe blieb, also reiste ich als Rucksacktourist nach Afrika. Dieser Kontinent war total anders als alles, was ich bis dahin erlebt hatte. Überwältigt nahm ich die Landschaft, die Menschen und die Kultur Afrikas wahr – doch insgeheim sehnte ich mich danach, wieder in England bei Sila zu sein. Die meiste Zeit über reiste ich allein und sehnte die Briefe herbei, die sie mir in die Hauptstädte der Länder sandte, die ich durchzog – von Addis Abeba bis Kapstadt. Es funktionierte reibungslos, bis ich in Südafrika ankam. Ich hatte schon sechs Wochen nichts mehr von Sila gehört, und als ich Kapstadt erreichte, freute ich mich unbändig auf einen Brief von ihr. Doch es war keine Post für mich da (außer ein Brief von meiner Mutter). Ich war verzweifelt.

Ich fragte mich, ob Silas Gefühle für mich durch unsere lange Trennung vielleicht abgekühlt waren. Dann wollte ich nicht nach England zurückkehren. Mehrere Wochen lang ging ich jeden Tag vergeblich zum Postamt, und schließlich fuhr ich per Anhalter nach Johannesburg. Dort fand ich einen Brief von Sila vor, den ich vier Wochen zuvor gerade verpasst hatte. Ich war in Hochstimmung und kehrte mit dem nächsten Flugzeug nach Hause zurück.

Nach meiner Ankunft machte ich mich sofort auf den Weg zu Silas Internatsschule. Es war eine Art Gefängnis für die Mädchen und zugleich eine Festung, um Jungen fern zu halten. Wir verbrachten drei wunderschöne Stunden miteinander, bevor wir feststellten, dass Sila nicht mehr ins Gebäude zurückkonnte – alle Türen waren verschlossen. Sie versuchte durch ein Fenster einzusteigen und wurde erwischt. Die letzten beiden Wochen ihres Schullebens hatte sie Ausgangsverbot.

Ich begann mein Studium an der Universität und Sila zog nach London. Während dieser Zeit hörte ich einige Leute in einer Weise über den christlichen Glauben reden, die völlig neu für mich war. Was ich hörte, machte immer mehr Sinn und brachte mich dazu, ernsthaft über den Sinn meines Lebens nachzudenken. Doch gleichzeitig hielt ich mich auf Distanz – meine Beziehung zu Sila war für mich die wichtigste Sache der Welt, und ich hatte Angst davor, dass wir vielleicht nicht zusammenbleiben könnten, wenn ich Christ würde und Sila nicht.

Fünf Monate lang beschäftigte ich mich mit dem christlichen Glauben, bis mir klar wurde, dass ich eine Entscheidung treffen musste. Ich sprach mit Sila über das Thema, und sie reagierte mit Begeisterung. Sie fühlte sich selbst von der christlichen Lehre angezogen und begann wie ich zu spüren, dass sie die Wahrheit gefunden hatte. Wir entschieden uns beide für Christus.

Anstatt einen Keil zwischen uns zu treiben, schien unser neu gefundener Glaube unserer Beziehung eine neue, aufregende Dimension hinzuzufügen. Tatsächlich eröffnete unser Glaube eine Lebensperspektive, von deren Existenz ich bis dahin nichts geahnt hatte. Ich hatte vorher den Eindruck gehabt, dass die verschiedenen Elemente meines Lebens Teile eines Puzzles gewesen waren: Meine Vergangenheit, meine Beziehung zu Sila, mein Englischstudium, mein Aufenthalt an der Universität, einfach alles. Mit einem Mal erhielt jedes Puzzlestück seinen Platz.

Im Herbst 1974 – wir waren seit zwei Jahren zusammen – spürten wir beide unabhängig voneinander, dass wir uns eine Weile trennen sollten, um zu prüfen, ob wir wirklich den Rest unseres Lebens miteinander verbringen sollten.

So ging ich an einem frühen Montagmorgen Anfang Oktober mit Sila zum Bahnhof. Wir vereinbarten, uns bis Weihnachten nicht mehr zu sehen oder zu sprechen.

Es war ein wunderschöner Herbstmorgen mit einem sanften Nebelschleier in der orangefarbenen Dämmerung. Sila winkte mir zum Abschied vom Zugfenster aus zu, und ich fragte mich, ob ich sie je wiedersehen würde. Ich ging durch die noch menschenleeren Straßen von Cambridge nach Hause und fühlte mich so deprimiert wie nie zuvor. Ich beschloss, während unserer Trennungszeit nicht nach London zu fahren; es hätte mir zu weh getan, ohne Sila dort zu sein.

Eine Woche später spielte ich Fußball mit ein paar Freunden meiner ehemaligen Schule. Als wir uns auf den Heimweg machten, sagte mein Freund, der das Auto fuhr: »Es macht dir hoffentlich nichts aus, wenn wir über London fahren, ich muss dort jemanden abholen.« Ich war natürlich nicht begeistert, sagte aber nichts. Ich hoffte nur, dass es nicht lange dauern würde. Sila wohnte ohnehin in einem ganz anderen Teil Londons.

Mein Freund ließ uns in *High Street Kensington* heraus und sagte: »Ich hole euch hier in vierzig Minuten wieder ab«, und dann fuhr er davon. Es regnete und wir standen auf dem Bürgersteig und wollten gerade entscheiden, was wir solange tun sollten. Als ich hochschaute, sah ich nur fünfzig Yards entfernt Sila den Bürgersteig entlanggehen. Ich ließ meine beiden Freunde ohne ein Wort der Erklärung stehen und rannte auf Sila zu. In dem Moment sah sie mich. Sie begann ebenfalls zu rennen. Wir fielen einander in die Arme und ich wirbelte sie mehrmals im Kreis herum. Ich rief meinen Freunden zu, dass sie nicht auf mich warten sollten.

Wir gingen in ein Café und unterhielten uns stundenlang. Ich erfuhr, dass Sila mit dem Bus an *High Street Kensington* entlanggefahren und dann in einen dicken Stau geraten war. Sie hatte beschlossen, auszusteigen und die letzte halbe Meile zu Fuß zu gehen. In dem Moment hatte sie mich gesehen.

Die Wahrscheinlichkeit, uns auf diese Weise zu treffen, stand eins zu einer Million, und wir nahmen es als ein Zeichen von Gott. Wir hatten unser Bestes getan, uns auszuweichen, und Gott hatte einen beeindruckenden Weg gefunden, uns einander begegnen zu lassen. Wir waren nun überzeugt, dass Gott Mittel und Wege genug hatte, uns in den nächsten drei Monaten zu zeigen, ob wir unser weiteres Leben miteinander verbringen sollten. Wir vereinbarten erneut, uns bis

Weihnachten nicht mehr zu treffen. Diesmal fühlten wir uns anders. Es flossen zwar auch jetzt wieder Tränen, doch wir glaubten zuversichtlich, dass Gott uns leiten würde.

Die Trennungszeit war hart, doch am Ende gab es für mich keinen Zweifel mehr, dass ich den Rest meines Lebens mit Sila leben wollte. Wir nahmen unsere Beziehung Anfang 1975 wieder auf. Ich hatte immer noch anderthalb Jahre an der Universität vor mir. Sila kam fast jedes Wochenende, und diese Monate waren mit wunderschönen Momenten gefüllt, die zu den herrlichsten Erinnerungen meines Lebens gehören.

Wir heirateten am 17. Juli 1976 in Schottland, Silas Heimat. Zwei Wochen zuvor hatte ich mein Universitätsdiplom erhalten.

Silas Geschichte. Ich wuchs in den *Highlands* von Schottland auf. Ich verbrachte eine glückliche Kindheit ohne besondere Vorkommnisse. Ich mochte das Leben im Freien, war ein regelrechter Wildfang und davon überzeugt, am schönsten Ort der Welt zu leben. Getrübt wurde mein Glück nur durch die Einsamkeit – es gab zu wenige Menschen in der Gegend. Als meine beste Schulfreundin Penny mich fragte, ob ich zwei Wochen Ferien mit ihrer Familie und Freunden in *South West Ireland* verbringen wollte, ließ ich mir die Gelegenheit nicht entgehen. Ich war gerade siebzehn Jahre alt und hatte keine Ahnung, dass diese beiden Sommerwochen mein Leben verändern würden.

Wir mussten mit der Fähre von *Swansea* nach Cork übersetzen. *Swansea Docks* ist kein vielversprechender Ort, doch genau dort traf ich ihn. Nicky fuhr hinter uns in der Autoschlange, kletterte aus einem alten grünen Mini und lächelte – es war Liebe auf den ersten Blick (oder vielleicht sollte ich genauer sagen, dass Nicky eine überwältigende Anziehungskraft auf mich ausübte). Er trug einen breitkrempigen schwarzen Hut (wie üblich in den siebziger Jahren), Jeans und ein weißes T-Shirt, und er war braun gebrannt. Er war achtzehn und ich dachte: »Er ist einfach super.«

Wir verbrachten zwei idyllische Wochen mit vielen Freunden. Wir segelten und schwammen, fischten nach Makrelen, ruderten zu kleinen Inseln, um mitternächtliche Grillfeste zu veranstalten, und saßen unter dem Sternenhimmel, wo wir uns bis in die frühen Morgenstunden unterhielten. Während der ganzen Zeit entwickelte ich immer tiefere Gefühle für Nicky – ich hatte mich wahnsinnig verliebt. Ich erzählte meiner Freundin Penny kein Sterbenswörtchen davon, und ich hatte keine Ahnung, ob Nicky meine Gefühle erwiderte.

Zwei Tage vor unserer Heimreise erfuhr ich, dass es Nicky ebenso ging wie mir. Er küsste mich zum ersten Mal. Ich war erst siebzehn Jahre alt und hatte schon andere Jungen geküsst, aber in jener Nacht lag ich wach und dachte, dass ich Nicky heiraten könnte. Zwei Wochen lang waren wir jeden Tag zusammen gewesen, und ich hatte das Gefühl, keinen einzigen Tag meines Lebens mehr ohne ihn verbringen zu können.

Nicky reiste für sechs Monate nach Afrika. Es war eine Qual für uns, denn wir hatten doch gerade erst begonnen, uns kennen zu lernen. Meine Freunde rieten mir alle, nicht zu viele Hoffnungen in diese Beziehung zu stecken: Afrika war weit weg, sechs Monate waren eine lange Zeit, und er hatte sicher genügend Gelegenheiten, während seiner Reise ein anderes Mädchen kennen zu lernen. Doch unsere Beziehung festigte sich, denn wir schrieben uns lange und immer intimere Briefe, durch die wir vermutlich mehr voneinander erfuhren, als wenn wir nahe beieinander gewesen wären – auch wenn Tausende von Meilen zwischen uns lagen!

Als ich ihn am Telefon sagen hörte, dass er zurück sei, setzte mein Herz einen Moment lang aus. Ich wurde von Gefühlen überwältigt. Wir verbrachten einen wunderschönen Abend miteinander. Beide spürten wir, dass unsere Liebe während der monatelangen Trennung gewachsen war.

Im Herbst 1973 ging Nicky zur Universität und ich zog nach London. Tagsüber besuchte ich einen Schreibmaschinenkurs und abends nahm ich Zeichenunterricht. Ich stellte eine Mappe zusammen, um mich an der Kunsthochschule zu bewerben. Doch durch den Reiz des Universitätslebens und meine Sehnsucht nach Nicky verbrachte ich mehr Zeit an Nickys Universität als in meinen Kursen. Unsere Beziehung wurde immer enger. In gewisser Weise wurde sie sogar zu intensiv für uns beide.

Ich hatte nie an der Existenz Gottes gezweifelt, er gehörte zu meiner Erziehung im Elternhaus. Doch mein Glaube hatte keinerlei Auswirkungen auf meinen Lebensstil, wenn man davon absieht, dass Nicky und ich von Zeit zu Zeit die Kapelle der Universität besuchten, um am Abendmahlsgottesdienst teilzunehmen. Ich hatte die vage Vorstellung, dass ich mir eines Tages meinen Weg zum Himmel durch ein paar zusätzliche Gebete und Gottesdienstbesuche und ein paar gute Taten verdienen würde. Mehr brauchte ich zu dem Zeitpunkt nicht. Ich hatte ja Nicky.

Zum Neuen Jahr erhielt ich die Nachricht, dass ich für den folgenden September am *Chelsea Art College* angenommen worden war. Das Leben war voller neuer Möglichkeiten. Als mich Nicky eines Abends im Februar 1974 in London besuchte und über den christlichen Glauben sprach, reagierte ich mit der gleichen Begeisterung wie auf alles andere, worüber Nicky mit mir redete. Doch ich begriff nicht wirklich, worum es ging, und hatte keine Ahnung von den möglichen Auswirkungen.

Am folgenden Wochenende nahm Nicky mich zu einem christlichen Prediger namens David MacInnes mit. Ich war erstaunt über das, was ich da hörte. Was Nicky im Verlauf von fünf Monaten erlebt hatte, erlebte ich nun innerhalb von vierundzwanzig Stunden.

Ich war fasziniert von dem, was David sagte. Nie zuvor hatte ich jemanden so über Jesus Christus reden hören. Niemand hatte mir je gesagt, dass ich eine persönliche Beziehung zu Gott haben könnte. Beziehungen bedeuteten mir *alles*. An jenem Freitag redeten wir bis in die Nacht hinein mit Nickys bestem Freund, Nicky Gumbel, der damals mit großem Misstrauen beobachtete, was in uns vorging.

Am Samstag gingen wir erneut zu David MacInnes' Vortrag. Er sprach über das Kreuz. Es war eine regelrechte Offenbarung für mich. Immer wieder fragte ich mich: »Wieso hat mir nie jemand erzählt, *warum* Jesus am Kreuz starb?«[1] Ich hatte den Eindruck, dass alles, was ich bisher erlebt und gekannt hatte, nun zusammenpasste – nicht nur auf intellektueller, sondern auch auf emotionaler und geistlicher Ebene. Im Licht des Kreuzes bekam alles einen Sinn. Mein Leben hatte bisher einer Schwarz-Weiß-Fotografie geglichen, die auf einmal in Bewegung kam – zuerst verschwommen und langsam, dann immer schneller, bis sie ganz scharf wurde und in wunderschönen Farben erstrahlte. Das Leben wurde auf eine Weise real, die ich vorher nicht gekannt hatte. Meine Perspektive änderte sich radikal; es war der Beginn einer neuen Freiheit in unserer Beziehung, die ich nie für möglich gehalten hätte.

Es war aufregend, mit diesem neuen Glauben zu leben. Nicky und ich fühlten uns sogar noch mehr als zuvor miteinander verbunden. Acht Monate später jedoch spürten wir beide, dass Gott uns klarmachen wollte, zwischen unserem Glauben und unserer gegenseitigen Liebe zu unterscheiden. Es war eine der schwierigsten Zeiten meines Lebens – noch schwieriger als die Trennung von Nicky während seiner Afrikareise. Ich musste lernen, Vertrauen in Gottes gute Pläne zu haben.

Es war eine bemerkenswerte Erfahrung, Gottes Handeln in unserem Leben zu erkennen. Als wir in *High Street Kensington* aufeinander zu liefen und ich laut »Nicky« rief, dachte ich: »Gott, ich will nie wieder zweifeln.« Ich wusste nun mit voller Überzeugung, dass ich ihm in allem vertrauen konnte, auch in dem für mich wertvollsten Bereich meines Lebens: meiner Beziehung zu Nicky. Ich glaube, dass Gott mir an jenem Tag klargemacht hat, dass ungeachtet meiner Liebe zu Nicky die Liebe Gottes zu mir und meine Liebe zu Gott das Wichtigste in meinem Leben sein soll.

Während unserer dreimonatigen Trennung festigten wir beide unsere jeweilige Beziehung zu Gott. Als wir wieder zusammenkamen, geschah dies auf einer neuen Grundlage, auf dem Fundament eines persönlichen Glaubens, der uns seitdem in unserer Beziehung zueinander getragen hat.

Im Februar 1976 hielt Nicky um meine Hand an; wir heirateten im Juli. Ich war damals einundzwanzig und Nicky zweiundzwanzig Jahre alt.

Wir schreiben nun aus der Perspektive einer vierundzwanzig Jahre dauernden Ehe. Während dieser Zeit haben wir in Japan, im Nordosten Englands und im Zentrum von London gewohnt. Wir haben die Geburt von vier Kindern sowie rund 1528 unterbrochene Nächte gemeinsam erlebt. Wir haben die Anstrengung und die Freude geteilt, die vier kleine Kinder unter acht Jahren mit sich bringen, und wir haben auch die Turbulenzen und komplizierten Situationen überlebt, mit denen man als Eltern von Teenagern konfrontiert wird. Wir haben gemeinsam Krankheiten und finanzielle Probleme durchgestanden.

Unsere Erfahrungen decken sich mit denen der meisten Ehepaare. Wir haben wohl über 200 000 Meilen gemeinsam zurückgelegt, mehr als 10 000 Stunden Gespräche geführt und rund 8 000 Nächte im gleichen Bett geschlafen. Wir haben gelacht und geweint. Wir haben uns Frust zugefügt, uns gegenseitig irritiert, fasziniert und waren entzückt voneinander. Und wir sind immer noch von uns und unserer Ehe begeistert.

Wir würden nie behaupten, dass unsere Ehe ungewöhnlicher ist als andere. Jedes Ehepaar ist einzigartig und kann seine eigene Geschichte erzählen. Sollte es nur ein glücklicher Zufall sein, wenn man Ehe als etwas Positives erfährt? Oder haben die Menschen, die in ihrer Ehe unglücklich sind, einfach die falsche Person geheiratet? Unsere eigene Erfahrung hat uns gelehrt, dass wir bestimmte »Werkzeuge« benötigen, um eine tragfähige, glückliche Ehe zu entwickeln.

Wir mussten es lernen zu kommunizieren und wie man dem anderen das Gefühl vermitteln kann, geliebt zu werden. Wir übten, Konflikte zu lösen und Vergebung zu praktizieren. Wir haben herausgefunden, dass der Genuss von sexueller Intimität nicht selbstverständlich ist.

In den letzten fünfzehn Jahren waren wir zunehmend damit beschäftigt, Ehepaare zu beraten und ihnen zu helfen. Von diesen und durch eigene Eheerfahrungen haben wir gelernt, dass eine eheliche Beziehung nicht immer einfach ist, aber dass sie sich dennoch in höchstem Maße lohnt. Diese Erfahrungen sowie unsere eigenen Forschungen und zahlreiche Ratschläge von Dritten haben dazu geführt, dass wir einen fünfwöchigen Vorbereitungskurs auf die Ehe (*Marriage Preparation Course)* für verlobte Paare und einen siebenwöchigen »Ehe-Kurs« für Paare – egal ob alt oder jung – entwickeln konnten. Hunderte von Paaren haben diese Seminare besucht, und mittlerweile führen wir jedes der beiden Seminare dreimal pro Jahr durch.

Das Eheseminar – hier in Buchform – ist darauf ausgerichtet, jedes Paar dazu anzuspornen, in ihre Ehe zu investieren und sie tragfähiger und besser zu gestalten. Wir haben dieses Buch geschrieben, um zu vermitteln, wie und warum es dazu kam, dass wir heutzutage noch verliebter sind als zum Zeitpunkt unserer Hochzeit. Unser christlicher Glaube hat unsere Bemühungen im Bereich unserer Liebesbeziehung entscheidend geprägt; an mehreren Stellen versuchen wir zu erklären, inwiefern der Glaube in unserer Ehe eine bedeutende Rolle spielt. Dennoch müssen Sie kein Christ sein, um von diesem Buch zu profitieren. Die meisten der erwähnten Ratschläge könnten als praktische Grundregeln bezeichnet werden, damit eine Beziehung nicht nur funktioniert, sondern vielmehr erblüht.

Wir haben viele Geschichten aus unserer eigenen Ehe und aus anderen Ehen eingeflochten. Einige Beispiele erscheinen vielleicht banal, doch es sind tatsächlich die kleinen Dinge, die eine Ehe am Leben erhalten oder zerstören können. Die Ehepaare, deren Beiträge wir wiedergeben, waren so freundlich, ihre Erfahrungen mit den Lesern zu teilen. Sie hoffen, dass andere dadurch angeregt werden, an ihrer Beziehung festzuhalten und zu entdecken, wie dynamisch eine Ehe sein kann. In den meisten Fällen haben wir die Namen geändert, um Vertraulichkeit zu wahren.

Das unten abgebildete »Ehe-Rad« fasst die Aspekte zusammen, von denen wir meinen, dass sie für eine Beziehung unerlässlich sind. Jeder Abschnitt des Buches (und jede Woche des Eheseminars) entspricht einer Sektion des Rades. Unsere Erfahrung hat gezeigt, dass jeder Teil des Rades benötigt wird, wenn die »Ehereise« gelingen soll, ohne dass das Rad wackelt und quietscht – besonders auf unebenen Straßen. In Kapitel 10 werden wir genauer erläutern, wieso es – wie eine gut geölte Radnabe – einen so gewaltigen Unterschied macht, wenn Gott den Mittelpunkt der Ehe bildet.

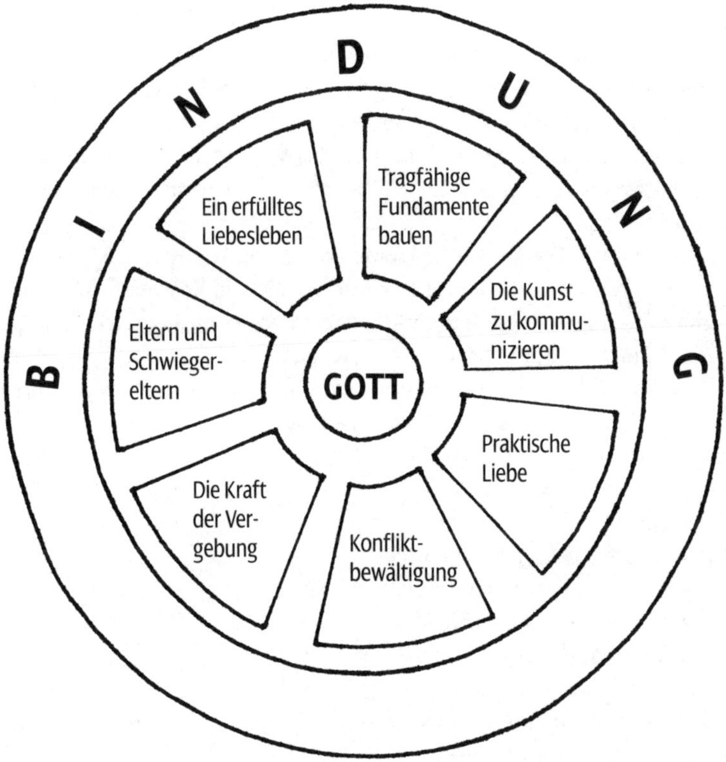

Der die Bindung symbolisierende Radkranz hält die Beziehung zusammen. Man hört heutzutage oft, dass das Ideal einer lebenslangen Ehe zugunsten von Arrangements aufgegeben werden sollte, die das Bilden und das Auflösen einer Beziehung so einfach wie möglich machen. Spricht noch etwas für die traditionelle Sicht der Ehe? Unsere Antwort lautet ganz klar Ja.

Wir sind davon überzeugt, dass die Ehe nach wie vor von grundlegender Bedeutung ist, und zwar nicht nur für uns als Einzelpersonen, sondern als Fundament für jede Gesellschaft. Die Ehe ist die ideale, von Gott gegebene Basis für das Familienleben, vor allem deshalb, weil Kinder durch ein vorgelebtes Beispiel der Eltern am besten lernen, was zuverlässige, liebende Beziehungen ausmacht. Kinder lernen genau wie Erwachsene weit mehr von dem, was sie sehen, als von dem, was man ihnen sagt. Kürzlich sagte uns ein Vater: »Ich habe verstanden, dass ich meine Kinder am meisten liebe, wenn ich meine Frau liebe.«

Doch die Ehe dient nicht nur den Kindern. Tief in uns allen steckt das Verlangen, jemanden zu haben, dem wir uns emotional, geistlich und körperlich uneingeschränkt öffnen können. Eine solche Intimität ist nur möglich, wo eine echte Bindung besteht. Wir wagen nur dann unser Innerstes preiszugeben, wenn wir sicher sind, nicht fallen gelassen zu werden.

Nach Gottes Plan ist die Ehe eine Beziehung, in der sich Mann und Frau radikal und vollständig einander hingeben. Während der Trauzeremonie segnet der Pastor das Paar, betet für es und erklärt, dass die beiden Partner nun vor Gott und Menschen ein Ehepaar sind; doch die Ehe wird durch das Versprechen geschlossen, dass sich Mann und Frau einander hingeben, und jeder Satz des Gelöbnisses unterstreicht diese lebenslange Bindung:

Bräutigam:
Ich, X, nehme dich, Y, zur Ehefrau,
um von diesem Tag an mit dir zusammenzubleiben;
in guten und in schlechten Tagen,
in Reichtum und Armut,
in Krankheit und Gesundheit,
um dich zu lieben und für dich zu sorgen, bis dass der Tod uns scheidet,
gemäß Gottes heiligem Gebot,
so lautet mein feierlicher Schwur.[2]

Braut:
Ich, Y, nehme dich, X, zum Ehemann,
um von diesem Tag an mit dir zusammenzubleiben;
in guten und in schlechten Tagen,
in Reichtum und Armut,
in Krankheit und Gesundheit,
um dich zu lieben und für dich zu sorgen, bis dass der Tod uns scheidet,

gemäß Gottes heiligem Gebot,
so lautet mein feierlicher Schwur.[2]

(freie Übersetzung des anglikanischen Eheversprechens)

Die Ehe wurde von Gott als Liebesabenteuer erdacht, das ein ganzes Leben lang anhalten soll. Die Bibel enthält etliche praktische Ratschläge, wie so eine intime Beziehung gestaltet werden kann. Jesus Christus sagt, dass jeder, der seine Worte hört und sie tut, einem klugen Mann gleicht, der sein Haus auf einem sicheren Fundament aufbaut. Wenn ein Sturm über das Haus hinwegfegt, wie es in jeder Ehe vorkommen wird, dann bleibt das Haus fest stehen.

Abschnitt 1: Tragfähige Fundamente bauen

Abschnitt 2: Die Kunst zu kommunizieren

Abschnitt 3: Praktische Liebe

Abschnitt 4: Konfliktbewältigung

Abschnitt 5: Die Kraft der Vergebung

Abschnitt 6: Eltern und Schwiegereltern

Abschnitt 7: Ein erfülltes Liebesleben

1 Eine langfristige Perspektive einnehmen

»Neben mir im Bett liegt eine Frau. Jetzt könnte ich meine Hand ausstrecken und sie berühren, genauso wie ich mich selbst berühren könnte. Wenn ich darüber nachdenke, ist dies schwindelerregender als jeder Berg oder gar der Mond. Es wäre noch schwindelerregender, wenn diese Frau ein Engel wäre (was sie durchaus manchmal ist). Nur zwei Dinge bewahren mich davor, eine so überwältigende Ehrfurcht in mir auszulösen, dass mein Herz dabei explodieren könnte: Zum einen bin ich schon Hunderte Male zuvor so aufgewacht, mit der gleichen Frau neben mir; zum anderen liegen Millionen von Männern und Frauen genauso nebeneinander, und das seit Jahrtausenden jeden Tag und in der ganzen Welt.«[1]

Mike Mason

Die Ehe ist eine einzigartige Chance. Wir können jeden Aspekt unseres Lebens mit einem anderen Menschen teilen. Wir haben versprochen, in Höhen und Tiefen aneinander festzuhalten, und durch die Sicherheit unseres gegenseitigen Versprechens wagen wir es, uns einander ganz zu öffnen. Wir gehören zueinander, wir fühlen den Schmerz des anderen und tragen seine Schwächen mit. Wir freuen uns an den Stärken des anderen und freuen uns über seine Erfolge. Wir haben einen Berater, einen Begleiter, einen besten Freund an unserer Seite – kurz gesagt: einen Partner fürs Leben. Wenn wir geduldig, freundlich und uneigennützig genug sind, so werden wir entdecken, dass jeder von uns unermesslich reich ist.

Millionen von Menschen haben in ihrer Ehe ein unbeschreibliches Glück gefunden, das bis heute überall durch Zeremonien, Poesie, Prosa und Musik beschrieben wird.

Was ist die Ehe?

»Deshalb verlässt ein Mann Vater und Mutter, um mit seiner Frau zu leben. Die zwei sind dann eins, mit Leib und Seele.« (Genesis 2,24)

Die Ehe bedeutet, dass zwei Menschen eins werden und ist somit die engste und intimste Beziehung, zu der Menschen fähig sind. Man könnte vielleicht einwerfen, dass die Mutter-Kind-Beziehung noch enger ist, wenn man bedenkt, dass das Leben des Kindes im Leib der Mutter beginnt. Doch eine gesunde Beziehung zwischen Eltern und Kindern ist durch zunehmende Ablösung und *Unabhängigkeit* gekennzeichnet, bis die Kinder das elterliche Nest verlassen und ein eigenes Heim gründen. Bei der ehelichen Beziehung ist es genau umgekehrt. Zwei Menschen, die zunächst Fremde waren, begegnen sich und heiraten. Sie beginnen eine Beziehung, die – wenn es optimal läuft – durch zunehmende *gegenseitige Abhängigkeit* gekennzeichnet ist.

John Bayley schreibt in *A Memoir of Iris Murdoch* (Erinnerungen an Iris Murdoch) über seine fünfzig Jahre dauernde Ehe, an deren Ende seine Frau an der Alzheimerschen Krankheit litt und von ihm gepflegt wurde:

> *Wenn ich zurückblicke, kann ich uns nur schwer voneinander trennen. Wir scheinen einfach immer zusammen gewesen zu sein ... Wenn ich früh morgens im Bett sitze und auf meinem tragbaren Computer schreibe, liegt Iris still neben mir und ihre Gegenwart ist heute so, wie sie immer war und immer sein wird. Ich weiß, dass sie einmal anders gewesen sein muss, aber ich kann mich nicht wirklich an eine andere Person erinnern.*[2]

Dieser Prozess des Zusammenwachsens geschieht nicht automatisch. Die meisten Paare gehen mit großen Erwartungen in die Ehe. Während sie die Hochzeitsfeier unter Konfettiregen verlassen und dem Sonnenuntergang entgegenfahren, können sie sich nicht vorstellen, irgendwann einmal nicht mehr zusammen sein zu wollen. Die langfristige Realität ist anders und vermutlich weitaus besser.

Sowohl der Mann als auch die Frau müssen bereit sein, in ihre Ehe zu investieren. Jede Stufe des Prozesses bedeutet neue Herausforderungen und Möglichkeiten. Zu Beginn sind wir möglicherweise geschockt über Dinge, die wir beim anderen entdecken und die wir während der berauschenden Verlobungszeit nicht wahrgenommen haben.

Wir selbst kannten uns vier Jahre lang, bevor wir heirateten, und dennoch mussten wir es lernen, uns aneinander anzupassen, denn im Ehealltag kamen viele Dinge ans Licht, die wir bis dahin nicht vermutet hätten: Der andere zeigte seltsame Gewohnheiten, unerwartete Verhaltensweisen oder maß den Dingen eine andere Bedeutung bei.

Die erste Lektion der Ehe lautet: Wir müssen unseren Partner so nehmen wie er ist, und sollten nicht versuchen, ihn in eine Person zu verwandeln, die wir gerne hätten. Diese gegenseitige Akzeptanz muss mit den Jahren wachsen, denn wir werden uns unweigerlich verändern. Bei Shakespeare heißt es:

… Lieb' ist nicht Liebe,
die, in der Zeiten Wechsel wechselvoll,
unwandelbar nicht stets im Wandel bliebe.
… Kein Narr der Zeit ist Liebe! Ob gebrochen
der Jugend Blüte fällt im Sensenschlag,
die Liebe wankt mit Stunden nicht und Wochen … [3]

Trotz unserer Bemühungen können wir nicht so bleiben, wie wir sind. Nicht nur unsere äußere Erscheinung wird sich ändern, auch unser Denken wird reifen, unser Charakter wird sich entwickeln und unsere Lebensumstände werden sich ändern. Die vermutlich größte Veränderung tritt mit der Ankunft von Kindern ein, aber auch Unfruchtbarkeit kann eine große Herausforderung sein. Empfängnisschwierigkeiten können einen enormen Druck auf eine Ehe ausüben und erfordern viel Geduld, liebevolle Unterstützung und die Weisheit, sich nicht gegenseitig zu beschuldigen.

Die Geburt eines Babys bringt größtes Glück mit sich, ist aber häufig von körperlicher Erschöpfung begleitet. Später können die Teenagerjahre viel Spaß bereiten und viele Möglichkeiten bieten, eine wachsende Freundschaft mit unseren Kindern aufzubauen, doch im Allgemeinen gleichen sie einer emotional aufreibenden Achterbahnfahrt. Wenn sie schließlich das Elternhaus verlassen, werden wir ihre Abwesenheit betrauern, wie es eine Mutter ausdrückte, deren Kinder nacheinander mit Anfang Zwanzig auszogen.

In all diesen Jahren, in denen wir Kinder aufziehen und an so viele Dinge zu Hause und am Arbeitsplatz denken müssen, passiert es leicht, dass wir unsere Ehe vernachlässigen. Selbstverständlich brauchen unsere Kinder Aufmerksamkeit und Zuwendung – aber unsere

Ehe ganz genauso! Wenn Ehepartner fortlaufend in ihre Ehe investiert haben und einander durch die verschiedenen Stürme des Familienlebens hindurchgetragen haben, dann werden die letzten fünfundzwanzig Jahre die lohnendsten sein.

Vor kurzem befragte eine Freundin ihre Eltern über deren Ehe. Ihr Vater drehte sich zu ihrer Mutter um und sagte: »Ich glaube, wir haben eine überaus gute Ehe geführt, aber es gab beides: schwierige und wundervolle Momente.« Beide stimmten darin überein, dass sie die schwierigste Phase in ihren Dreißigern durchlebten, als die Kinder noch klein waren, sie nicht viel Geld hatten und harten Arbeitsanforderungen genügen mussten. Doch als die Kinder immer unabhängiger wurden (auch wenn sie noch immer ihr Leben ausfüllten), ließ der Druck allmählich nach, und sie hatten Zeit und Gelegenheit, sich neu zu entdecken.

Frank Muir beschreibt in seiner Autobiografie, was diese späte Phase seiner langjährigen Ehe mit Polly für ihn bedeutete:

Als mein Bruder Chas und ich Teenager waren, beschloss unsere Großmutter, jedem von uns einen Siegelring zu schenken. Doch ich mochte Schmuck nicht, also gab sie mir etwas anderes.

Kurz vor unserem siebenundvierzigsten Hochzeitstag fragte mich Polly, ob ich irgendetwas als besonderes Geschenk für dieses Ereignis haben möchte. Plötzlich wusste ich genau, was ich haben wollte. Ich sagte: »Ich hätte gern einen Ehering.«

Polly war sehr überrascht und fragte: »Warum willst du nach all diesen Jahren plötzlich einen Ehering tragen?«

»Na ja, ich wollte mich zuerst vergewissern«, sagte ich; es sollte scherzhaft klingen und war für einen so wichtigen Moment eigentlich nicht geeignet, aber gab mir Zeit zum Nachdenken ...

Ich kann mir absolut nicht vorstellen, wie mein Leben ohne Polly verlaufen wäre. Sie zu finden war wie das Finden der »anderen Hälfte«, nach der wir in dem Prozess suchen, den Plato »das Verlangen und die Suche nach dem Ganzen« nannte. In meinem Fall war es ein gelungener Prozess.

Ich bat Polly um einen Ehering, um ihn als Symbol für unsere glückliche Ehe zu tragen. Weil ich zu Hause arbeite, tut es so gut zu wissen, dass Polly irgendwo in der Nähe ist, wenn auch nicht sichtbar – vielleicht pflückt sie gerade Stachelbeeren und flucht leise vor sich hin oder sie sitzt oben im Haus und kürzt einen Rock für eine unserer Enkelinnen.

Was mich wirklich glücklich macht ist das Wissen, dass Polly in der Nähe ist.[4]

Warum kränkeln manche Ehen?

Leider hören wir heute von vielen Ehen, denen es an gemeinsamen Erfahrungen mangelt. Bei einigen vollzieht sich nach den ersten Jahren eine schleichende Trennung, die zu einer gegenseitigen Loslösung führt. Das kann passieren, wenn kleine, anstrengende Kinder da sind oder wenn die Kinder das Elternhaus verlassen. Dann entdecken so manche Ehepartner, dass sie sich nichts mehr zu sagen haben und trennen sich mit dem Gedanken, dass sie nie hätten heiraten sollen.

Wir wachsen mit einem romantischen Mythos auf: Wenn Aschenputtel ihren Prinzen findet, werden beide bis an ihr Lebensende miteinander glücklich sein. Wenn Reibungen entstehen und unsere Liebe nachlässt, denken wir, dass wir eben die falsche Person geheiratet haben und nun bis an unser Lebensende unglücklich sein werden oder sogar die Scheidung einreichen müssen. Diese Botschaft wird durch Songs, Bücher und Filme übermittelt. Diesem vorherrschenden und gefährlichen Mythos liegt der Glaube zugrunde, dass echte Liebe etwas ist, das über uns kommt und das wir nur wenig oder gar nicht in der Hand haben.

Diese Sicht der Dinge wird häufig in der Presse so dargestellt, als ob sie die Wahrheit gepachtet hätte. Kürzlich erschien ein Artikel in *The Guardian*, in dem es hieß: »Einige glückliche Menschen führen zwanzig Jahre oder länger eine gute Ehe, doch die natürliche Zeitgrenze beträgt eher vier Jahre... Wenn man ihn erst einmal verloren hat, wird nichts auf der Erde den magischen Funken zurückbringen... Entweder man hat ihn oder eben nicht, und damit ist die Sache erledigt.« Offenbar um einen gewissen Trost zu bieten, endet der Artikel mit dem Satz: »Man kann es ja wieder mit jemand anderem versuchen.«[5]

Doch jeder, der mehr als nur ein paar Jahre eine solide Ehe geführt hat, wird sagen, dass man an einer Beziehung arbeiten muss. Romantische Gefühle reichen nicht aus, um eine Beziehung aufrecht zu erhalten. Dies erfordert einen täglichen Entschluss. Manchmal muss man heikle Angelegenheiten durchsprechen; es gibt Situationen, in denen man sich gegen die Anziehungskraft wehren muss, die ein anderer Mann oder eine andere Frau ausüben – und wenn die romantischen Gefühle für eine Zeit lang verschwinden, so muss man Ausdauer bewahren, bis sie sich irgendwann erneut einstellen – tiefer und reicher als zuvor. Ehepaare, die nicht damit rechnen, dass die Aussage

»in guten und in schlechten Tagen« in ihrem Leben erfahrbar wird, werden in ihrer Ehe scheitern.

Gescheiterte Ehen sind in der Regel das Ergebnis eines mehrere Jahre dauernden Prozesses, in dem man sich auseinander gelebt hat. Das anonyme Gedicht *The Wall* beschreibt dieses Phänomen:

Ihr Hochzeitsfoto auf dem Tisch grinste sie spöttisch an,
diese beiden, deren Leben sich nicht mehr berührten.
Sie liebten mit einer so dicken Mauer zwischen sich,
dass weder Rammböcke aus Worten
noch Artillerien von Berührungen die Mauer einreißen konnten.

Irgendwann zwischen dem ersten Zahn des ältesten Kindes
und dem Schulabschluss der jüngsten Tochter
hatten sie einander verloren.

Im Laufe der Jahre wickelte jeder von ihnen
das Wollknäuel mit dem Namen »Ich« auf,
und während sie an widerspenstigen Knoten zerrten,
verbarg jeder seine Suche vor dem anderen.

Manchmal weinte sie nachts und flehte die flüsternde Finsternis an,
ihr zu sagen, wer sie war,
während er neben ihr lag und wie ein Bär im Winterschlaf schnarchte,
ohne ihren Winter zu bemerken.

Einst wollte er ihr nach dem Liebesakt sagen,
wie sehr er sich vor dem Sterben fürchtete,
doch er hatte Angst, seine nackte Seele vor ihr auszubreiten,
und so sprach er stattdessen über die Schönheit ihrer Brüste.

Sie besuchte einen Kurs für moderne Kunst, um zu sich selbst zu finden,
inmitten von Farben, auf eine Leinwand gesprenkelt,
beklagte sie sich bei anderen Frauen
über die Gefühllosigkeit der Männer.

Er stieg in ein Grab namens Büro
und hüllte seinen Geist in ein Leichentuch von Zahlen auf dem Papier
und begrub sich selbst in seinen Kunden.

Allmählich wurde die Mauer zwischen ihnen zu Zement
durch den Mörtel der Gleichgültigkeit.
Eines Tages versuchten sie einander zu berühren
und stießen auf eine Mauer, die sie nicht durchbrechen konnten.
Sie schreckten vor der Kälte des Steins zurück
und jeder verschloss sich vor dem Fremden auf der anderen Seite.

Denn die Liebe stirbt nicht in einem Augenblick des Streits
noch wenn heiße Körper ihre Hitze verlieren.
Sie liegt keuchend, erschöpft, erlöschend
am Fuße der Mauer, die sie nicht überwinden konnte.[6]

Viele Ehen scheitern nicht etwa, weil die Partner nicht zusammenpassten, sondern weil sie keine Ahnung hatten, was für eine intakte Beziehung erforderlich ist. In unserer Gesellschaft wachsen immer weniger Kinder auf, die das Modell einer tragfähigen Beziehung bei ihren eigenen Eltern beobachten können.

Wir leben im Zeitalter des Konsums; die Leute sind es nicht gewohnt, etwas zu reparieren oder auszubessern. Wenn etwas kaputt ist, so ist es leichter und billiger, etwas Neues zu kaufen. Die einflussreiche Werbeindustrie spornt uns dazu an, uns auf das hinzuweisen, was wir nicht haben – anstatt dankbar zu sein für das, was wir haben. Dadurch wird die Erwartungshaltung gefördert, unsere Bedürfnisse so schnell wie möglich zu erfüllen, wie in diesem Slogan für eine Kreditkarte: »Sie brauchen Ihre Wünsche nicht mehr auf die lange Bank zu schieben.« Wir werden in dem Glauben bestärkt, dass wir Erfüllung erlangen, indem wir etwas mit möglichst wenig Aufwand erreichen, statt daran zu arbeiten.

Der Soziologe und Bestseller-Autor Alvin Toffler schrieb, dass die Menschen heutzutage eine »Wegwerf-Mentalität« haben. Sie verfügen nicht nur über Wegwerfprodukte, sondern sie umgeben sich auch mit »Wegwerf-Freunden«, und aus dieser Mentalität heraus entstehen auch »Wegwerf-Ehen«.[7]

Die heutige Ehe wird von vielen Menschen als eine Art Zeitvertrag zwischen einem Paar angesehen, der so lange gültig ist, wie ihre Liebe andauert. Unsere Kultur betont die Freiheit des Einzelnen. Wenn eine Beziehung keine persönliche Erfüllung bringt, dann soll man sich besser vom anderen trennen. Wenn in der Ehe keine Liebe mehr spürbar ist, dann soll man sie beenden.

Doch wir entdecken, dass die gesellschaftlichen Folgen dieser Mentalität nicht so einfach zu den Akten gelegt werden können. Die in der Ehe gelebte Einheit bringt es mit sich, dass zwei Menschen nicht naht- und schmerzlos voneinander getrennt werden können. Stellen Sie sich vor, Sie nehmen zwei Bögen Papier und kleben sie zusammen. Sie werden zu einem einzigen Bogen, und man kann die beiden Einzelbögen nicht trennen, ohne beide zu beschädigen.

Vor kurzem sprach der Schauspieler Michael Caine in einem Interview über das Scheitern seiner ersten Ehe. Er war damals sehr knapp bei Kasse und seine Frau Patricia versuchte ihn davon zu überzeugen, dass er die Theaterarbeit aufgeben sollte. Doch er war nicht bereit, auf seinen Traum zu verzichten, und so beendete er lieber seine Ehe. Heute sagt er, wenn er den nachfolgenden Schmerz hätte ahnen können, so wäre er um jeden Preis bei seiner Frau geblieben. »Wenn ich so stark gewesen wäre wie Pat, dann hätten wir es bestimmt geschafft.«[8] Michael Caine hat Recht. Man kann dafür sorgen, dass eine Ehe klappt, das erfordert jedoch bewusstes und entschiedenes Handeln.

In den letzten beiden Jahren lebten wir zehn Fuß von einer der größten Londoner Baustellen von Wohnanlagen entfernt. Mitten durch den Lärm und Staub hindurch konnten wir aus der Vogelperspektive jede Stufe des Bauvorgangs von unserem Schlafzimmerfenster aus beobachten. Mehrere Monate lang gruben vier Rammklötze mehr als zweihundert mit Beton gefüllte Gruben, um sichere Fundamente zu legen. Dann, und erst dann, wurde mit dem Bau der eindrucksvollen Gebäudestruktur begonnen.

Wenn wir eine tragfähige Ehe aufbauen wollen, dann müssen wir tiefe Fundamente legen. Das erfordert Zeit und wird vermutlich Staub und Lärm hervorrufen. Ab und zu werden wir den Eindruck haben, dass wir nur langsam vorankommen. Vielleicht müssen neue Formen von Kommunikation entwickelt werden. Womöglich müssen sensible oder strittige Themen diskutiert werden. Vergebung muss zur Gewohnheit werden.

Für Paare, die schon viele Jahre verheiratet sind, kann eine neue Unterfütterung ihrer Fundamente dringend geboten sein. Wir hörten kürzlich von Renovierungen, die an einem Haus aus der Epoche König Edwards in Nordlondon vorgenommen werden sollten. Nach zwei Wochen bemerkte einer der Handwerker, der sich allein im Haus befand, dass ein Zittern durch das Erdgeschoss ging. Er rannte durch die Hintertür hinaus, und kurz darauf fiel das ganze Haus in sich zusammen. Es gibt Ehen in unserem Umfeld, die beinahe zusammengebrochen sind. Doch wir kennen auch andere Ehen, die am Rande des Zusammenbruchs standen und gerettet wurden, um neue Liebeserfahrungen im beiderseitigen Engagieren zu machen.

Eine Ehe muss genau wie ein Haus in Stand gehalten werden, hin und wieder sind kleine (oder auch größere) Reparaturen notwendig. Aber sowohl ein Haus als auch eine Ehe bieten nahezu unbegrenzte Möglichkeiten, kreativ zu werden, etwas anderes auszuprobieren und die Dinge ein wenig ins Rollen zu bringen. Eine Ehe kann statisch werden und dazu führen, dass sich die Partner wie in der Falle fühlen und Langeweile empfinden. Eine Ehe lebt von Kreativität und neuen Initiativen.

Wenn wir als Partner stärker zusammenwachsen wollen, dann müssen wir aktiv sein. Allzu oft handeln wir eher reaktiv. Wir reagieren negativ auf das Verhalten oder die Kommentare des anderen, beschuldigen uns gegenseitig, wenn irgendetwas schief läuft und schlagen zurück, wenn wir uns verletzt fühlen.

Dieses Buch will »Werkzeuge« zur Entwicklung einer tragfähigen Ehe vorstellen. Jedes Kapitel stellt ein anderes Werkzeug vor, mit dessen Hilfe Sie Ihre Beziehung formen, festigen, erhalten oder reparieren können. Wir sind davon überzeugt, dass Sie erste Fortschritte feststellen werden, sobald Sie nur eines der Werkzeuge benutzen.

Wir hoffen, dass das Lesen und Diskutieren der folgenden Kapitel dazu beiträgt, dass Sie gemeinsam besser über Ihre Ehe sprechen können. Einige werden wahrscheinlich erstaunliche Seiten an ihrem Mann oder ihrer Frau entdecken, die ihnen vorher verborgen waren. Andere werden Bereiche ihrer Ehe erkennen, denen sie mehr Aufmerksamkeit widmen müssen. Die praktische Anwendung erscheint Ihnen zum Teil möglicherweise ein wenig unnatürlich, doch wir wissen aus eigener Erfahrung, dass die Übung dieser praktischen Aspekte dazu führt, dass sie zu einem normalen und natürlichen Element einer Beziehung werden.

Claire Rayner sagte über ihre Ehe mit ihrem Mann Desmond:

»In diesem Jahr werden wir unseren vierunddreißigsten Hochzeitstag feiern. Unsere Ehe war kein Zufall. Sie war auch kein Glück. Je stärker man an seiner Ehe arbeitet, desto glücklicher wird man. Wir sind stets ein Paar gewesen, nicht zwei Individuen. Wir haben zusammen viel mehr Spaß als jeder für sich allein. Ich bin immer noch von ihm angetan, und Gott sei Dank scheint das auch bei ihm der Fall zu sein.«[9]

2 Erfolg planen

Doch in der Zwischenzeit fliegt die Zeit dahin, sie fliegt unwiederbringlich dahin.[1] Virgil

Wir müssen die Zeit als Instrument und nicht als Sofa nutzen.[2]
John Fitzgerald Kennedy

Wir können uns noch genau an das erste Ehepaar erinnern, das uns um Rat bat. Sie waren seit sechzehn Jahren verheiratet und hatten zwei Kinder. Der Ehemann war ein erfolgreicher Geschäftsmann auf dem Höhepunkt seiner Karriere, der uns voller Verzweiflung mitteilte, seine Frau stehe kurz davor ihn zu verlassen. Sie kamen zu uns nach Hause und machten beide einen etwas unbeholfenen Eindruck. Wir öffneten die Tür mit dem gleichen Gefühl von Unsicherheit und fragten uns, ob wir diesen beiden überhaupt helfen könnten.

Wir begannen mit der Frage, an welcher Stelle die Dinge schief gelaufen waren. Beide waren sehr engagiert, ihre jeweilige Version der Ereignisse der vorangegangenen Monate und Jahre zu schildern. Keiner konnte auch nur einen Satz zu Ende führen, ohne vom anderen unterbrochen zu werden. Nach zehn Minuten hatte sich klar gezeigt, dass beide mehr an gegenseitigen Anschuldigungen als an der Beantwortung unserer Frage interessiert waren. Ihre Ehe schien wie ein völlig verheddertes Wollknäuel, das man besser wegwerfen und durch ein neues ersetzen sollte, als mühsam die einzelnen Fäden zu entwirren.

Aus unserer Sicht gab es noch zwei Möglichkeiten, ihre Ehe zu retten. Erstens mussten sie viel mehr Zeit miteinander verbringen. Und zweitens mussten sie diese Zeit effektiv nutzen. Zögernd schlugen wir ihnen vor, jeden Tag eine halbe Stunde zu reservieren, um miteinander zu reden. Jeder sollte den anderen mindestens fünf Minuten lang seine Gefühle aussprechen lassen, ohne ihn zu unterbrechen. Wir ermutigten sie außerdem dazu, einen Abend pro Woche gemeinsam auszugehen, wie sie es in ihrer Verlobungszeit getan hatten.

Vierzehn Tage später öffneten wir zwei völlig anderen Menschen die Tür. Sie hatten erste Schritte auf dem Weg des gegenseitigen Verstehens gemacht. Wir fanden es spannend zu verfolgen, welche Veränderungen in einer Ehe möglich sind, wenn die Partner von einer reaktiven Haltung zu einer aktiven Haltung übergehen und bereit sind, die für sie beide ausschließlich reservierte Zeit miteinander zu verbringen.

Gemeinsam Zeit verbringen

Wenn man in einer Ehe die gemeinsam verbrachte Zeit vernachlässigt, so ist das vergleichbar mit einem Menschen, dem man die Luft zum Atmen wegnimmt, oder mit einer Pflanze, die kein Wasser mehr bekommt. Einige Pflanzen überleben länger als andere, aber schließlich wird jede Pflanze ohne Wasser verwelken.

Rob Parsons, Direktor von *CARE for the Family*, beschreibt, was er die »große Illusion« nennt:

Sie können in Ihrem Leben nach mehreren Zeitplänen leben, aber das klappt nur, wenn irgendjemand dafür einen Preis zahlt ... Wir haben so viele Entschuldigungen. Die häufigste Entschuldigung lautet, dass irgendwann ruhigere Tage kommen werden. Wir sagen uns selbst vor: »Wenn das Haus eingerichtet ist, wenn ich meine Promotion habe, wenn ich jene Prüfungen bestanden habe – dann werde ich mehr Zeit haben.« Jedes Mal, wenn wir sagen müssen: »Nicht jetzt, Schatz ...«, beruhigen wir uns damit, dass die ruhigeren Tage demnächst kommen werden. Plötzlich wird uns hier und jetzt klar, dass diese ruhigeren Tage eine Illusion sind – sie werden nicht kommen. Wie auch immer unsere Situation aussieht, wir können ständig selbst darüber bestimmen, mit was wir unsere Zeit ausfüllen. Daher müssen wir uns Zeit nehmen für Dinge, die wir für wichtig halten – und wir müssen dies jetzt tun.[3]

Anna Murdoch führte das Scheitern ihrer Ehe mit Rupert darauf zurück, dass sie beide zu wenig Zeit füreinander freigehalten hatten. In einem Interview, das sie 1988 nach der Veröffentlichung ihrer zweiten Novelle *Family Business* (Familienangelegenheiten) gab, erklärte sie:

»Ich musste irgendetwas mit meiner Zeit anfangen. Ich habe einen viel beschäftigten Mann und meine Kinder brauchen mich kaum noch. Ich schreibe, um meine Einsamkeit zu überwinden.«[4] Ein Freund der Familie meinte: »Ich glaube, dass Anna genug davon hat, dass ihr Mann so viel arbeitet – sie sagt selbst, dass sie nicht den Rest ihrer Ehe so verbringen will. Ich denke, sie versucht ihn auf diese Weise zum »Herunterschalten« zu bewegen. Rupert ist seiner Arbeit völlig hörig. Wenn man mit den USA, Großbritannien, Ostasien und dem Fernen Osten verhandelt, verbringt man seine gesamte Zeit am Telefon.«[5]

Rupert Murdoch gab 1999 in einem Interview mit William Showcross, der seine Biografie schrieb, ähnliche Gründe für das Scheitern seiner Ehe an:

»Ich war viel unterwegs und völlig von meiner Arbeit eingenommen, und wahrscheinlich war ich sehr rücksichtslos, als unsere Kinder heranwuchsen und das Nest dann plötzlich leer war. Das Zuhause wird auf einmal zu einem Ort für zwei Menschen, deren wichtigstes gemeinsames Interesse sich verflüchtigt hat. Ich denke, dass es aus diesen Gründen zur Trennung kam.«[6]

Das genaue Gegenteil lebten der ehemalige *Beatle* Paul McCartney und seine Frau Linda, die trotz des Drucks, den das Berühmtsein von McCartney mit sich brachte, besonderen Wert darauf legten, viel Zeit miteinander zu verbringen. Hunter Davies, ihr Freund und Verfasser ihrer Biografie, erinnerte daran, dass sich Paul für zwei Prioritäten in seinem Leben entschieden hatte: sein Familienleben und seine Musik.

»Er war bereit, zurückzustecken und wieder da zu beginnen, wo er zu Anfang gewesen war – in kleinen Sälen und auf College-Geländen zu spielen. Es beeindruckte mich, wie reif, klug und verständig er sich darum bemühte. So entstand ›Wings‹, und er verband seine beiden Leidenschaften miteinander. Er nahm Linda und die Kinder mit auf seine Touren durch das ganze Land, und wenn es sein musste, schliefen sie im Wohnwagen.

Natürlich regnete es böse Kritiken über Lindas Mangel an musikalischem Talent, und über Paul wurde abfällig gesagt, er sei dumm, sie so mit sich herumzuschleppen. ›Wings‹ war anfangs nicht herausragend, doch sie wurden besser, sie lernten und improvisierten gemeinsam. Genauso machten sie es mit ihrer Ehe.«[7]

Gemeinsam verbrachte Zeit mit den Menschen, die uns etwas bedeuten, fällt uns nicht einfach so zu. Es erfordert vielmehr eine bewusste Entscheidung. Vor der Hochzeit schaffen es die meisten Paare, jede freie Minute miteinander zu verbringen. Der Eheberater Gary Chapman schreibt dazu:

»Die Verliebtheit ist auf ihrem Höhepunkt eine euphorische Erfahrung. Man ist emotional völlig vom anderen eingenommen. Wir gehen zu Bett und denken an den anderen. Wenn wir aufstehen, gilt unser erster Gedanke dem anderen. Wir sehnen uns danach, zusammen zu sein ... Wenn wir uns an den Händen halten, haben wir das Gefühl, dass unser Blut gemeinsam fließt ... Es ist ein Irrtum zu glauben, dass dieser Zustand ewig währen würde.«[8]

Man hat uns beigebracht, dass solche Gefühle niemals nachlassen, wenn wir wirklich verliebt sind. Doch Psychologen haben herausgefunden, dass dieser Zustand im Durchschnitt nicht länger als zwei Jahre anhält. Danach kann sich ein Paar nicht mehr ausschließlich auf seine Gefühle stützen. Die Partner müssen sich dazu *entschließen*, einander zu lieben.

Wenn man erst einmal verheiratet ist, kann die gemeinsam verbrachte Zeit schon bald von der Prioritätenliste verschwinden. Da man unter dem gleichen Dach lebt, meint man nur allzu leicht, dass man den Tagesablauf nicht mehr miteinander abzusprechen braucht; man nimmt den anderen als selbstverständlich hin. Wir sind davon überzeugt, dass *verheiratete* Paare weiterhin *planen* müssen, miteinander Zeit zu verbringen. Als wir frisch verliebt waren, gaben wir uns viel Mühe mit unseren Treffen; wir waren vor der Begegnung aufgeregt und voller Vorfreude, und wir wählten ganz unterschiedliche Orte, um die Zeit abwechslungsreich zu gestalten. Wenn wir in der Ehe Zeit füreinander reservieren, wird diese Romantik lebendig bleiben und wir werden einander immer besser verstehen. Eine regelmäßige qualitätsvolle gemeinsam verbrachte Zeit wird unsere Beziehung ein Leben lang stabilisieren.

In unserer eigenen Ehe haben wir uns bemüht, feste Zeiten einzurichten, in denen wir nur füreinander da sind. Was machbar ist und tatsächlich funktioniert, wird wohl für jede Ehe unterschiedlich aussehen – aber wir wissen, dass wir ohne feste Termine nicht genug Zeit miteinander verbracht hätten. Wenn wir gefragt werden, was eine Ehe lebendig erhalten kann und dazu beiträgt, dass die Liebe über die Jahre hinweg zunimmt, so lautet unsere Antwort:

Planen Sie eine regelmäßige Zeit oder mindestens zwei Stunden pro Woche ein, die Sie ganz allein miteinander verbringen.

Wir haben hier keinen Begriff, der dem amerikanischen Wort *date* (Verabredung, Rendezvous) wirklich entspricht, daher verwenden wir in unserem Ehekurs den eher prosaischen Begriff »Ehezeit« oder »Zeit zu zweit«. Diese Zeit soll sich von den übrigen Stunden, die wir während der Woche gemeinsam verbringen, unterscheiden. Ein Abend zu Hause kann so leicht dazu benutzt werden, sich um Rechnungen zu kümmern, die kaputte Türklinke zu reparieren oder die Bügelwäsche zu erledigen. Diese glanzlosen häuslichen Tätigkeiten sind notwendig und machen zwangsläufig einen Teil unseres Ehelebens aus, doch wenn wir uns *ausschließlich* mit unseren Bankauszügen beschäftigen oder mit dem Werkzeugkasten zusammen treffen, wird gute Kommunikation vernachlässigt und unsere Liebe wird ins Schleudern geraten.

Sorgfältig geplante Zeit füreinander entfacht die Romantik in einer Ehe neu. Es ist gar nicht nötig, anstrengende Vorbereitungen zu treffen: Kerzen auf dem Tisch, Musik im Hintergrund, ein Essen beim

Pizzaservice bestellen (um dem »Koch« eine Pause zu gönnen) und das Einschalten des Anrufbeantworters ist alles, was man dazu braucht. Solche Momente sollten Genuss bringen und Erinnerungen schaffen. Wir könnten auch ins Kino oder ins Restaurant gehen. Es sind Momente, in denen wir uns an der Hand halten, miteinander lachen, gemeinsam etwas genießen und miteinander reden. Wir haben dann Zeit, unsere Hoffnungen und Ängste, Sorgen, Kämpfe und Erfolge miteinander zu teilen, und das schafft Vertrautheit. Das klingt einfach, ist aber sehr wirkungsvoll.

Es ist jedoch nicht so leicht, Zeit füreinander freizuhalten. Es gibt viele Hindernisse: Da sind die Zeitvorgaben am Arbeitsplatz, über die wir nur wenig bestimmen können; die Kinder müssen von einer Aktivität zur nächsten gefahren werden; oder wir haben den selbst auferlegten Druck, dass es immer noch irgendetwas gibt, was unbedingt erledigt werden muss. Viele von uns sind am Ende des Tages erschöpft, und es wäre so viel einfacher, sich vor den Fernseher zu setzen – körperlich anwesend, aber seelisch weit voneinander entfernt.

Unsere Erfahrung hat gezeigt, dass das Einhalten der wöchentlichen »Augenblicke der Zweisamkeit« drei Voraussetzungen erfordert. Erstens muss diese Zeit *geplant* werden. Beide Partner müssen ihren Kalender überprüfen und die günstigste Zeit für jede Woche verabreden. Das hängt von verschiedenen Faktoren ab: Ob wir Kinder haben und wie alt sie sind; ob wir zu Hause arbeiten oder eine bestimmte Strecke zum Arbeitsplatz zurücklegen müssen. Wir müssen entdecken, was für uns am günstigsten ist. Nun, da unsere Kinder groß sind und wir beide einen besonderen Job haben, hat sich ein zweistündiges Mittagessen als beste Möglichkeit für uns herausgestellt. Wir notieren dies einmal pro Woche im Kalender und betrachten diese Verabredung als genauso ernst zu nehmende Verpflichtung wie eine Einladung oder ein Treffen mit jemand anderem. Da wir sehr beschäftigt sind, planen wir in der Regel unsere wöchentlichen »Augenblicke der Zweisamkeit« drei Monate im Voraus; dabei tragen wir den Namen unseres Ehepartners einmal pro Woche in unseren Kalender ein, wie wir es auch bei anderen Verabredungen tun.

Diese Art der Planung mag künstlich erscheinen. Doch die gemeinsame Zeit ist das erste Element, das sich unbemerkt aus einer Liebesbeziehung hinausschleicht. Man vernachlässigt sich ja keinesfalls bewusst. Sondern die Partner lassen es zu, dass die Routine des Alltags die Zeit raubt, die sie früher miteinander verbrachten.

Die zweite Voraussetzung lautet, dass die gemeinsam verbrachte Zeit eine *Priorität* sein muss. Das bedeutet, dieser Zeit mehr Bedeutung zuzumessen als all den anderen sinnvollen Dingen, mit denen wir unsere freie Zeit füllen könnten: Verwandte besuchen, sich zu Hause entspannen, einer Partyeinladung folgen, mit Freunden ein Fußballspiel anschauen oder an einer Gemeindeveranstaltung teilnehmen. Ob wir unsere Ehe und Liebe wichtig nehmen, zeigt, wenn wir unsere gemeinsam verbrachte Zeit als oberste Priorität behandeln.

Als wir jung verheiratet waren, handelten wir oft nicht nach diesem Grundsatz. Wenn wir von anderen eingeladen wurden, erschien es uns unhöflich, die Einladung mit der Begründung abzulehnen, dass wir Zeit zu zweit verbringen wollten. Heutzutage sagen wir nicht mehr: »Wir haben den Abend als Zeit zu zweit geplant«, sondern: »Es tut uns so Leid, aber wir haben schon etwas vor«, ohne genauer zu erklären, *was* wir vorhaben. Wenn wir eine besonders interessante Einladung erhalten, die mit unseren »Augenblicken der Zweisamkeit« kollidiert, so sprechen wir uns zunächst ab, bevor wir die Einladung annehmen. In der Regel ändern wir unsere Pläne nur, wenn wir einen anderen Tag für unsere »Augenblicke der Zweisamkeit« in der gleichen Woche finden können.

Die dritte Voraussetzung lautet: Die »Augenblicke der Zweisamkeit« müssen *geschützt* werden. Das Telefon kann z. B. ein Störfaktor sein. Manche Menschen schaffen es nicht, dieses Ding einfach läuten zu lassen; andere wiederum können Gespräche nicht abkürzen. Wenn Sie zu einer der beiden Kategorien gehören, sollten Sie sich einen Anrufbeantworter zulegen oder den Telefonstecker herausziehen.

Bei anderen ist das Fernsehen der größte Störfaktor, das die Zeit zum Reden stiehlt. Alan Storkey schreibt in seinem Buch *Marriage and its Modern Crisis* (Die Ehe und ihre moderne Krise): »Das Fernsehen als Rückzugsmöglichkeit in einer Beziehung ist enorm, und sein Einfluss auf den Austausch zwischen den Ehepartnern verheerend. Das Fernsehen geht zurück auf eine Kultur der individuellen Befriedigung und fördert dieselbe.«[9] Wenn das Fernsehen bei Ihnen ein Problem darstellt, dann müssen Sie handeln. Verbannen Sie es aus dem Wohnzimmer – oder machen Sie Ihr Haus zu einer fernsehfreien Zone.

Wir versuchen unsere wöchentliche »Zeit zu zweit« dort zu verbringen, wo wir mit großer Wahrscheinlichkeit nicht auf Leute treffen, die wir kennen. Die Bedürfnisse unserer Familie und unserer Freunde sind wichtig, doch es ist noch wichtiger, Zeit in unsere Ehe zu investieren.

Je beschäftigter wir sind, desto wichtiger wird unsere gemeinsam verbrachte Zeit. Ab und zu haben wir anderen Dingen den Vortritt gelassen; doch es wird leichter, unsere »Augenblicke der Zweisamkeit« trotz anderer Anforderungen beizubehalten, wenn wir uns klarmachen, dass dies lebenslange positive Auswirkungen für unsere Ehe bedeutet. Natürlich gab es hin und wieder eine Woche, in der wir die »Augenblicke der Zweisamkeit« wirklich nicht einhalten konnten; aber wir haben entdeckt, dass zwei Wochen ohne die Möglichkeit, uns zu entspannen und ausgiebig zu reden, eine sehr lange Zeit für eine Beziehung sind. Wir haben dann bald den Eindruck, dass wir die Nähe zum anderen verlieren und auch insgesamt nicht so ganz auf dem Damm sind. Wenn wir Zeit miteinander geteilt haben, fühlen wir uns einfach wohler: Die Woche scheint ausgeglichener zu verlaufen, wir sind weniger mit den Anforderungen des Alltags belastet und wir haben ein besseres Verhältnis zueinander und zu unseren Kindern.

Ein gemeinsam verbrachter Tag

Alle vier bis sechs Monate planen wir einen gemeinsamen Ausflugstag. Dann nehmen wir uns Zeit, über alle Dinge zu sprechen, über die wir im Alltag aus Mangel an Zeit und Energie nicht reden können.

Wir blicken zurück und erkennen, was gut läuft und worauf wir achten müssen, wir überdenken unsere Finanzen, können uns auf gemeinsam gesteckte Ziele in der Zukunft freuen und entwickeln neue Träume für unsere Ehe und unser Familienleben.

Wenn man sich alle paar Monate eine solche Zeit reserviert, stauen sich größere Themen gar nicht erst an. Diese Tage sind für uns etwas ganz Besonderes geworden – wir genießen sie sehr. Da wir in der Stadt leben, versuchen wir meistens aufs Land hinauszufahren. Wir machen einen Spaziergang und essen ausgiebig zu Mittag, um lange miteinander reden zu können. Manchmal notieren wir Pläne oder Ziele, die die folgenden Wochen betreffen.

Urlaub

Wir haben herausgefunden, dass es sehr wichtig ist, über das Wie und Wo unseres Urlaubs nachzudenken. Dabei müssen unsere unterschiedlichen Bedürfnisse berücksichtigt werden. Es ist zu einfach, mit dem »Strom zu schwimmen«, abzuwarten, was sich so ergibt, oder die erste Einladung zu einer Ferienreise mit anderen anzunehmen. Wir haben manchen Urlaub verbracht, den wir vorher nicht genug durchdacht hatten, und bei unserer Rückkehr wollten wir am liebsten erneut Urlaub machen, um uns davon zu erholen. Der entscheidende Sinn eines Urlaubs besteht darin, auszuspannen und gemeinsam eine bestimmte Zeit ohne die übliche Routine zu verbringen. Wir haben Urlaube mit Freunden, mit den Kindern von Freunden oder Verwandten verbracht und es sehr genossen – aber es sollte nur einen *Teil* unserer Urlaubszeit ausmachen, nicht die gesamte Zeit.

Mini-Flitterwochen

Zwei bis drei Tage im Jahr ohne unsere Kinder zu verbringen hat unsere Beziehung erstaunlich belebt. Für Ehepaare mit kleinen Kindern ist es nicht leicht, so etwas zu organisieren, aber es lohnt sich, diese Mühe auf sich zu nehmen. Wenn Sie keine Verwandten haben, die sich um die Kinder kümmern können, ginge es dann mit einem Austausch mit Freunden, die Kinder im gleichen Alter haben?

Wenn eine Kurzreise zu teuer ist, könnten Sie zu Hause bleiben (ohne Kinder!) und etwas ganz anderes tun als gewöhnlich. Als Alternative könnten Sie Ihr Haus mit dem einer befreundeten Familie woanders tauschen. Wir betrachten diese Zeit als jährliche Mini-Flitterwochen. Die positiven Auswirkungen sind wesentlich größer als die

Anstrengungen, die wir für die Organisation des Ganzen aufwenden müssen.

Getrennt verbrachte Zeit

Während wir die Notwendigkeit gemeinsam verbrachter Zeit betonen, verbringen die meisten Ehemänner und Ehefrauen einen bestimmten Teil ihrer Zeit getrennt. Ein befreundetes Ehepaar, das seit mehreren Jahren glücklich verheiratet ist, erinnerte sich daran, wie der Ehemann nur drei Wochen nach der Hochzeit für eine Woche verreisen musste. Alle hatten Mitleid mit der armen, allein gelassenen Ehefrau. Sie dagegen war begeistert. Endlich konnte sie wieder vernünftig schlafen. Nach drei Wochen gemeinsamer Nächte mit sich bewegenden zusätzlichen Armen und Beinen in ihrem Bett sowie anderen nächtlichen Aktivitäten war sie völlig erschöpft. Eine Woche Erholungspause war genau das, was sie brauchte.

Trennungzeiten können durchaus wichtig sein, doch beide Ehepartner müssen ihre ehrliche Zustimmung dazu geben. Ein Übermaß an »Herrenwochenenden« oder »Frauenpartys« wird für eine Ehe wenig hilfreich sein, und jede Einladung zu einem solchen Ereignis sollte gemeinsam und sorgfältig abgewogen werden. Es ist besser, einen Freund zu enttäuschen, als einem Ehepartner wehzutun.

Manche Freundschaften aus unserer Zeit als Single können vertieft werden, wenn diese Beziehung von beiden Ehepartnern geschätzt wird. Doch man kann nicht jede frühere Freundschaft aufrechterhalten. Freundschaften, die der Ehe nicht gut tun, sollten nicht fortgeführt werden – insbesondere, wenn die Gefahr einer körperlichen Anziehungskraft mit im Spiel ist. Auf diese Weise bleiben wir unserem Ehegelöbnis treu: »... allen anderen entsagen und ihm/ihr treu sein, solange wir beide leben.« Dies gehört zu dem Neubeginn, den eine Eheschließung bedeutet.

Das heißt jedoch nicht, dass wir absolut alles gemeinsam machen müssen. Es gibt vermutlich gesellschaftliche Verpflichtungen, Gemeindeaktivitäten, Arbeits- oder Freizeiteinladungen, über die wir unterschiedliche Ansichten haben. Das hängt vor allem mit unserer Persönlichkeit, mit unseren Fähigkeiten in bestimmten Bereichen und mit dem Grad unseres Selbstvertrauens zusammen. Wir sollten Aktivitäten bevorzugen, die wir beide für uns in Ordnung finden, aber es bleiben immer bestimmte Interessen, die nicht von beiden Partnern geteilt werden.

Viele Paare haben Probleme mit diesem Aspekt der Ehe. Solche Partner fühlen sich allein gelassen, wenn der andere etwas für sich unternimmt. Tatsächlich brauchen Partner jedoch Zeiten der Trennung, um das Bedürfnis nach Nähe wieder zu schätzen. In einer gesunden Beziehung respektieren die Partner den persönlichen Bereich des anderen und setzen sich für die Sache des anderen ein.[10]

Wir sollten vier Fragen bedenken, insbesondere, wenn wir kleine Kinder haben:

1. Haben beide Partner die Möglichkeit, ihren individuellen Interessen nachzukommen?
2. Reagieren wir sauer auf unsere individuellen Bedürfnisse oder lassen wir dem andern wirklich gern den Freiraum, den er braucht?
3. Können wir den anderen gut loslassen oder versuchen wir vor allem, Zeit für uns beide einfach zu verplanen?
4. Sind wir bereit, auf die Erfüllung unserer individuellen Interessen zu verzichten, wenn die familiären Umstände dies erfordern?

Wenn beide Ehepartner die richtige Einstellung haben, können verschiedene Interessen dazu beitragen, dass eine Beziehung einseitig oder zu eng wird. Eine Ehe kann dadurch frischer werden und es werden uns leichter neue Ideen und Erlebnisse geschenkt. Manche Interessen müssen jedoch eingeschränkt werden, wenn sie Distanz zwischen uns schaffen oder Spannungen in unsere Beziehung bringen.

Sila: *Nicky segelt leidenschaftlich gern. Als wir uns zum ersten Mal in South West Ireland begegneten, bemerkte ich diese Leidenschaft schon bald und war während der beiden Augustwochen, in denen Segelwettbewerbe stattfanden, stets die erste Freiwillige in seiner Crew. Einige Jahre später stellten wir fest, dass Dingi-Segeln und kleine Kinder nicht miteinander in Einklang zu bringen waren. Nach etlichen anstrengenden Kämpfen beschlossen wir, dass ein Familienurlaub mit vier Kindern unter acht Jahren während der beiden Wochen des Segelwettbewerbs zu viele Konflikte bedeutete und sich nicht lohnte.*

Dann planten wir unsere Ferien so, dass sie sich mit drei oder vier Wettbewerbstagen überschnitten, so dass Nicky an einigen Rennen teilnehmen konnte und der Rest des Urlaubs für die Familie reserviert war. Heute sind alle Kinder begeisterte Segler und ich konkurriere mit ihnen um das Vorrecht, zu Nickys Crew zu gehören.

In Verbindung bleiben

Zwei unterschiedliche Menschen zu einem einzigen zu verschmelzen, kann nur dann gelingen, wenn wir uns fortlaufend unsere Denkmuster erklären. Das wird manchmal anstrengend, aber auf diese Weise schaffen wir uns im Laufe unseres Ehelebens einen Schatz an unterschiedlichen Erfahrungen und ein hohes Maß gegenseitigen Verstehens, das uns immer stärker zusammenschweißt.

Wir persönlich beginnen in der Regel einen neuen Tag, indem wir über unsere Pläne, aber auch über Bereiche reden, die in uns Stress oder Angst auslösen. Dann beten wir füreinander, bevor jeder seines Weges geht. (In Anhang 4 beschreiben wir genauer, wie dies vor sich geht). Diese wenigen Minuten mussten laufend an das sich ständig ändernde Muster des Familienlebens angepasst werden. Als unsere Kinder noch klein waren, unterhielten wir uns und beteten vor dem Aufstehen (mit einigen Schwierigkeiten!). Nun sind unsere Kinder größer, und wir nehmen uns Zeit für unser gemeinsames Gebet, sobald sie das Haus verlassen haben und auf dem Weg zur Schule sind.

Es hat langfristig positive Auswirkungen, wenn wir uns gegenseitig über unsere Tagesplanungen auf dem Laufenden halten. Wenn wir für eine oder mehrere Nächte getrennt sind, telefonieren wir mindestens einmal pro Tag miteinander. So können wir an der »Welt« des anderen teilhaben und werden einander immer besser verstehen. Es hilft uns außerdem, uns wieder rasch aneinander zu gewöhnen, wenn wir uns wieder sehen.

Am Abend kann es vorkommen, dass der Tag langsam und getrennt ausläuft: Einer von uns schläft auf dem Sofa ein, und der andere kriecht allein ins Bett. Trotz unserer Müdigkeit versuchen wir im Allgemeinen, vor dem Schlafengehen einen gemeinsamen »Anschluss« zu schaffen. Eine Ehefrau beschreibt den späten Abend nach fünfundzwanzig Jahren Ehe folgendermaßen: »Das ist das Sahnehäubchen unserer Ehe: Das abendliche Erzählen und Teilen der Erlebnisse und Erinnerungen des Tages.«

Abschnitt 1 – Tragfähige Fundamente bauen

Schlussfolgerung

Das Herz einer soliden Ehe besteht aus einer tragfähigen Freundschaft. Selbst gute Freundschaften driften auseinander, wenn sie nicht genährt und gepflegt werden. Regelmäßige Zeiten, die man täglich, wöchentlich und jährlich miteinander verbringt, sind die wichtigste Investition in eine wachsende Freundschaft. Sie werden eine starke Grundlage für eine solide Ehe bieten.

Unsere wöchentlichen »Augenblicke der Zweisamkeit« haben sich für uns als ideale Investition erwiesen. Sie sind das wichtigste »Werkzeug«, um miteinander in Verbindung zu bleiben und die Romantik unserer Beziehung zu wahren. Geplante und geschützte gemeinsame Zeiten bewahren uns vor der Illusion, dass »ruhigere Tage« kommen werden. Wir denken oft an die Worte von Rob Parson: »Daher müssen wir uns Zeit nehmen für Dinge, die wir für wichtig halten – und wir müssen dies jetzt tun.«[11]

Erste goldene Eheregel

Sorgen Sie dafür, dass Sie füreinander Zeit haben und sie miteinander genießen.

Abschnitt 1: Tragfähige Fundamente bauen

Abschnitt 2: Die Kunst zu kommunizieren

Abschnitt 3: Praktische Liebe

Abschnitt 4: Konfliktbewältigung

Abschnitt 5: Die Kraft der Vergebung

Abschnitt 6: Eltern und Schwiegereltern

Abschnitt 7: Ein erfülltes Liebesleben

3 Wie man effektiver redet

Das einzig Entscheidende ist die Fortsetzung des Gesprächs, das du begonnen hast.[1]

Libby Purves

Im Dezember 1986 verließ Anna ihren Mann James nach drei Jahren Ehe und zog mit einem anderen Mann zusammen. Sie reichte die Scheidung ein. James betete für eine Versöhnung, obwohl Anna sich weigerte, ihn auch nur zu sehen.

Nach zweieinhalb Jahren trat der *decree nisi* (der erste Schritt im Scheidungsprozess) in Kraft. Im Juli 1989 schickte James Anna und ihrem neuen Partner zwei Eintrittskarten für eine Veranstaltung mit Billy Graham. Anna schickte die Karten zurück. Es ergab sich, dass Billy Graham beschloss, noch einen zusätzlichen Abend im Wembley Stadion abzuhalten. James sandte ihnen erneut zwei Karten. Anna rief ihn an und teilte ihm mit, dass ihr Freund nicht mitkommen würde, dass sie jedoch teilnehmen wollte, wenn James mitging.

Später schrieb sie: »Alles, was Billy Graham sagte, traf mich direkt ins Herz. Ich hatte einen Job, der mir gefiel, und ich hatte einen neuen Partner – aber ich war nicht glücklich. Billy Graham sprach viel über Neuanfänge. Ich sagte mir: »Ich muss die Scheidung hinter mich bringen und dann neu beginnen, mit meinem Partner oder allein.«

Als das Referat zu Ende war, ging Anna zur Bühne hinunter, um ihr Leben Christus zu übergeben. »Durch die Tränen hindurch spürte ich Gottes unglaublich große Liebe und eine neue Ordnung in den Prioritäten meines Lebens. Ich glaubte, dass Gott mir einen Neuanfang schenken wollte, aber ich hörte ihn zugleich ganz deutlich sagen: »Nun werde ich deine Ehe wieder in Ordnung bringen.« In diesem Moment wurde mir klar, dass meine Ehe für Gott sehr wichtig war und er etwas Außergewöhnliches vorhatte. Er versicherte mir sozusagen, dass er meine Ehe nicht einfach ausbessern, sondern völlig erneuern wollte.«

Eine Mitarbeiterin der Billy-Graham-Organisation kam auf Anna zu und fragte, ob sie mit einer anderen Person gekommen sei. Anna sagte durch ihre Tränen hindurch: »Ja.« Die Mitarbeiterin fragte, ob diese Person Christ sei. Wieder sagte Anna: »Ja.« Die Seelsorgerin schlug vor, dass sie diese Person holen sollte. Anna erwiderte: »Aber es ist doch mein Ehemann.« Worauf die Beraterin sagte: »Umso besser!« Und Anna erwiderte: »Sie verstehen mich sicher nicht. Dies ist seit zweieinhalb Jahren das erste Mal, dass ich ihn sehe.« Nun begann auch die Mitarbeiterin zu weinen.

Anna ahnte, dass sie zu ihrem Ehemann zurückkehren musste. Sie musste mit James zum Gericht gehen, um den *decree nisi* rückgängig zu machen. Der Richter war erfreut und der Gerichtsdiener gar zu Tränen gerührt. Heute, zehn Jahre später, haben James und Anna zwei Kinder und führen eine tiefe, glückliche Ehebeziehung.

Kürzlich fragten wir sie, was vor ihrer Trennung schief gelaufen war. Beide sagten übereinstimmend, dass die Trennung die Folge einer abgebrochenen Kommunikation gewesen sei. Anna schrieb: »Unsere Ehe scheiterte, weil wir unsere wahren Gefühle nicht miteinander teilten. Ich vertraute mich eher meinen Freunden und meinen Schwestern an als meinem Mann. Das führte dazu, dass sich fast unmerklich ein Graben zwischen uns auftat. Als wir wieder zusammenkamen, war ich entschlossen, mein Gedankenleben nicht mehr vor James zu verbergen. Vorher hatte ich oft über die negativen Seiten unserer Ehe nachgedacht, ohne über meine Gefühle zu sprechen. Ich hatte damals einen Groll gegen ihn aufgebaut, gegen den er sich gar nicht verteidigen konnte. Wir verstehen uns jetzt so viel besser, seit wir begriffen haben, dass wir uns einander öffnen müssen – wenn einer von uns über etwas nachbrütet, dann stellt der andere so lange Fragen, bis alles geklärt ist. Ich tendiere zu größeren Stimmungsschwankungen als James, und wenn ich deprimiert bin, kann ich nicht so gut reden; ich verschließe mich dann emotional. Wir müssen noch viel daran arbeiten, eine gute Kommunikation aufzubauen und aufrechtzuerhalten.«

James schrieb: »Wenn ich einen Grund für unsere damalige Trennung nennen soll, dann ist es unsere erfolglose Kommunikation. Ich erinnere mich noch gut daran, wie leicht man sich an einen Zustand gewöhnt, in dem die Atmosphäre mit Worten gefüllt ist, ohne dass wirklich etwas gesagt wird. Heutzutage wird im Zusammenhang mit diesem Thema betont, dass man Zeit qualitativ nutzen soll, wenn man sie sich schon herausschneidet. Effektive Kommunikation bedeutet, dass man alle Bereiche seines Lebens offen legen muss. Für mich sind das diejenigen, die ich immer verbergen will. Das erfordert mehr Zeit und Mut als gedacht. Ich muss mich darauf verlassen können, dass Anna mich uneingeschränkt annimmt, aber darüber hinaus brauche ich Mut, der über meine eigenen Kräfte hinausgeht. Ich habe erkannt, dass dieser Mut nur von Gott kommt. Ohne ihn wäre ich ein hoffnungsloser Fall geblieben. Meine besten Vorsätze, mich zu ändern, wären fehlgeschlagen. Alle Frauen, die ich kannte, bevor ich Christ wurde, sagten das Gleiche: »Wir wissen nie, was du fühlst.« Ich dachte damals, ich wäre emotional zurückgeblieben. Es kam mir vor, als liefe ich mit einem versteckten Handicap herum, das so lange versteckt bleibt, bis ich versuche, eine enge Beziehung mit jemandem aufzubauen. In den letzten zwölf Jahren habe ich erlebt, dass es mit Gottes Hilfe wirklich möglich ist, zusammenzuwachsen und eine Beziehung zu führen, die mit den Jahren immer besser wird. Ich habe das selbst erfahren und ich habe es immer und immer wieder bei anderen gläubigen Paaren beobachtet. Genau das hatte ich immer gewollt, doch bevor ich gläubig wurde, hatte ich so etwas als Stoff für romantische Filme und kitschige Romane abgetan.«

Die Kommunikationsprobleme in James und Annas Ehe sind auch in vielen anderen Ehen zu finden. Kommunikation bedeutet nicht, einfach nur Informationen auszutauschen, sondern es bedeutet, buchstäblich unsere Gedanken und Gefühle zu vereinen. Auf diese Weise lernen wir einander immer besser kennen.

Winston und Clementine Churchill waren während ihrer sechsundfünfzig Jahre dauernden Ehe wegen der politischen Weltlage und der beiden Weltkriege sehr häufig voneinander getrennt, doch sie pflegten durch Briefe, Telegramme und Notizen eine fortwährende Kommunikation; mehr als 1700 dieser Aufzeichnungen existieren noch heute.[2] Sie hielten an ihrer Gewohnheit fest, all ihre Gedanken und Gefühle miteinander zu teilen. Diese ständige Kommunikation hat sicherlich erheblich zu ihrer lebenslangen Liebe beigetragen.

In einer guten Ehe gibt es keine Geheimnisse zwischen Mann und Frau. Vor kurzem wurde ein Fernsehfilm über Königin Victoria ausgestrahlt. Die Königin erbat einen Rat von ihrem Premierminister Lord Melbourne, ob sie mit ihrem frisch gebackenen Ehemann, Prinz Albert, über Staatsgeschäfte reden sollte, mit denen er als Deutscher möglicherweise nicht einverstanden war. Die Antwort von Lord Melbourne war sehr klug: »In einer Ehe sind unterschiedliche Meinungen längst nicht so gefährlich wie Geheimnisse. Geheimnisse führen zu Misstrauen.«

Natürlich müssen wir lernen, *wie* wir miteinander kommunizieren sollten. In einem Artikel in der *Mail on Sunday*, in dem es um das Scheitern der Ehe eines berühmten Paares ging, wurde der Ehemann zitiert: »Als wir uns an eine Eheberatung wandten, bemerkte ich geschockt, dass wir uns nie wirklich miteinander ausgetauscht hatten. Ich hörte meine Frau einem völlig Fremden von Gefühlen erzählen, von deren Existenz ich nicht die leiseste Ahnung gehabt hatte. Und ich stellte fest, dass ich ja genau das Gleiche machte. Wir konnten nur mit Hilfe einer fremden Person miteinander reden.«[3]

Professor John Gottman, Leiter des *Family Research Laboratory* an der Universität von Washington, der über zwanzig Jahre lang Eheanalysen durchgeführt hat, stellte fest:

Es ist ganz typisch, dass sich ein Partner um den anderen bemüht, um dessen Interesse zu wecken, und das Vorhaben dann scheitert. Was fehlt, ist die emotionale Verbundenheit... Man sagt zu seinem Partner: »Zeige mir, dass du mich liebst.« Viele Menschen leben in einer emotionalen Wüste. Daher haben sie so tiefe Bedürfnisse.[4]

Manche von uns können nicht gut zuhören. Andere können ihre Gefühle nicht gut ausdrücken, wie James vorhin beschrieben hat. Wir müssen es lernen, gut zuzuhören und uns mitzuteilen.

Reden

Die Bedeutung der Unterhaltung

Robert Louis Stevenson beschreibt die Ehe folgendermaßen:

Die Ehe ist wie eine lange Unterhaltung, die durch Kontroversen unterbrochen wird. Zwei Menschen passen ihre Vorstellungen mehr und mehr aneinander an, und im Laufe der Zeit führen sie einander in neue Gedankenwelten hinein.[5]

Vor einigen Jahren, als unsere Kinder noch klein waren, ließen wir sie drei Tage lang bei ihren Großeltern, damit wir ungestört Zeit miteinander verbringen konnten. Wir fuhren in ein kleines Hotel im schottischen Hochland. Unsere Vorfreude auf diese kleine Verschnaufpause war groß, nicht zuletzt, weil wir nun ausgiebig miteinander reden konnten. Wir kamen am Abend im Hotel an, packten unsere Sachen aus und gingen hinunter in den Speisesaal.

Der Saal war voller Paare, von denen die meisten so aussahen, als ob sie seit mindestens fünfundzwanzig Jahren verheiratet wären. Doch abgesehen vom Klappern des Bestecks war es völlig still im Raum. Man wies uns einen Tisch in der Mitte des Raums zu, wir setzten uns so nah wie möglich zusammen und sprachen im Flüsterton miteinander, damit die übrigen Gäste nicht hören konnten, worüber wir redeten.

Wir sind davon überzeugt, dass die gleichen Paare in einer anderen Situation – mit Freunden oder auch im Rahmen einer Party mit völlig Fremden – den Abend nicht so still verbracht hätten. Sie hätten sich bemüht, Konversation zu betreiben. Tragischerweise ist es den meisten Ehemännern und Ehefrauen nicht bewusst, dass sie sich die *größte Mühe* mit ihrem Partner und nicht mit anderen geben sollten.

Natürlich begegnen wir uns – außer zu den Zeiten, die wir bewusst füreinander eingeplant haben – in der Regel in den ungünstigsten Momenten: morgens, wenn wir noch nicht richtig wach sind oder spät abends, wenn wir erschöpft sind. Fernsehen und Zeitung ersetzen das gemeinsame Gespräch. Häufig beschränkt sich die Konversation auf praktische Bitten: »Könntest du wohl meinen Mantel zur Reinigung bringen?« oder »Könntest du bitte diesen Brief für mich einwerfen?« oder aber auf einen einfachen Austausch von Fakten: »Robert ist befördert worden« oder »Die Frau gegenüber hat ihr Baby zur Welt gebracht«.

Mühe aufwenden

Wenn wir bei unserer ersten Begegnung mit unserem Ehepartner nicht die Mühe auf uns genommen hätten, mit ihm zu sprechen, so wäre es wohl nie zur Eheschließung gekommen. Beziehungen wachsen, wenn wir uns dafür einsetzen. Eine Frau, die kurz davor stand, in eine Affäre hineinzuschlittern, erzählte uns, warum sie sich so sehr zu einem anderen Mann hingezogen fühlte: »Er schien sich für mich zu interessieren – er stellte mir so viele Fragen über mich.«

Wir werden nie entdecken, wie interessant jemand ist, wenn wir nicht die Mühe aufwenden, uns für ihn zu interessieren. Ein wichtiges Geheimnis einer guten Ehe besteht darin, Fragen zu stellen: Über den Ablauf des Tages, über die Tätigkeiten des anderen, über seine Sorgen,

Interessen, Hoffnungen und Pläne. Wir sollten nicht nur entdecken, wie der andere in wichtigen Fragen denkt, sondern auch, welche Gedanken ihn im Alltag bewegen.

Viele Partner verbringen ihren Alltag ganz unterschiedlich. Vor kurzem sprachen wir mit einem Geschäftsmann aus Australien. Er hat einen sehr hektischen Job und investiert den größten Teil seiner Zeit in Telefonate. Wenn er morgens ins Auto steigt, klingelt sein Handy, und es hört den ganzen Tag über nicht auf zu klingeln, bis er es abends auf dem Heimweg abstellt.

Seine Frau, die einer ähnlich anspruchsvollen Arbeit nachging, ist derzeit Hausfrau und kümmert sich den ganzen Tag über um ihre drei kleinen Kinder (alle unter fünf Jahre). Wenn sie abends hört, wie ihr Mann zur Tür hereinkommt, sehnt sie sich danach, mit einem Erwachsenen zu reden und ein anregendes Gespräch beim Abendessen zu führen. Doch ihr Mann hat nur einen Wunsch, wenn er abends seine »Zufluchtsstätte« zu Hause betritt: Er will abschalten, und zwar allein. Beiden ist klar, dass sie große Anstrengungen aufwenden müssen, um beiderlei Bedürfnisse zu erfüllen.

Ein anderes uns bekanntes Paar hat eine Strategie entwickelt, um mit solch einer Situation umzugehen. Sobald der Mann den Arbeitsplatz verlässt, sieht er den Rest des Tages als Zeit an, die seiner Frau gehört. Auf dem Heimweg beginnt er über sie nachzudenken und sich vorzustellen, wie sie den Tag erlebt hat. Auf diese Weise bereitet er sich darauf vor, ihr zu begegnen und den Abend mit ihr zu verbringen. Sie tut genau das Gleiche, während sie auf seine Rückkehr wartet. Solche beiderseitigen Bemühungen machen den Beginn einer Unterhaltung leicht und werden ohne Zweifel dazu führen, dass ein Paar enger zusammenwächst und seine Freundschaft vertieft wird.

Auch andere Situationen erfordern ähnliche Anstrengungen. Stellen Sie sich eine Krankenschwester auf einer Pflegestation für Krebspatienten vor, die mit einem Bankangestellten verheiratet ist – beide müssen sich ernsthaft bemühen, die beruflichen Anforderungen des anderen zu verstehen und seine Arbeit zu respektieren. Der Ehepartner eines Lehrers oder einer Lehrerin muss viel Geduld aufwenden, wenn ein beträchtlicher Teil des Abends mit Unterrichtsvorbereitungen gefüllt wird und weniger Zeit für das gemeinsame Gespräch und die gemeinsame Entspannung übrig bleibt. Während der Ferien dreht sich das Ganze um und der Lehrer/die Lehrerin genießt seine/ihre Freizeit, während nun der Partner seiner Arbeit nachgeht.

Unsere Gesprächsthemen ausweiten

Manche Paare finden nicht genug Themen für ihre Gespräche. In diesem Fall sollten sie vielleicht ihre *gemeinsamen* Interessen ausbauen. Wenn man Erfahrungen teilt, führt dies automatisch zu anregenden Gesprächen. Ein Freund erzählte uns von den Interessen, die seine Eltern in den letzten vierzig Jahren miteinander geteilt haben:

Als meine Mutter meinem Vater begegnete, hatte sie nie zuvor einen Feldstecher in den Händen gehalten, und ihre Kenntnisse über Vögel gingen kaum über Spatzen hinaus. Es ist rührend zu sehen, welch unglaubliches ornithologisches Wissen sie nun im Alter von fünfundsechzig Jahren hat. Sie interessierte sich für Vögel, weil sie meinen Vater liebte und Vögel seine Leidenschaft waren. Sie haben im Laufe ihrer vierzigjährigen Ehe zusammen Tausende von Meilen zurückgelegt, um Vögel zu beobachten.

Umgekehrt ist mein Vater nie künstlerisch veranlagt gewesen und hätte als junger Mann niemals freiwillig eine Oper oder ein Theater betreten. Das ist eher die Welt meiner Mutter. Im Laufe der Jahre hat mein Vater beschlossen, sie in die Oper oder ins Theater zu begleiten und sich aufrichtig bemüht, Interesse zu zeigen. Hin und wieder gefällt ihm eine Aufführung wirklich, doch oft schläft er während des Stückes ein und kann sich hinterher weder an den Titel noch an irgendetwas aus der Handlung erinnern oder er hat den größten Teil des Abends damit zugebracht, an der Mechanik der Bühnenaufbauten herumzurätseln.

Manchmal müssen wir uns bewusst entscheiden, an Dingen Interesse zu zeigen, die für unseren Partner wichtig sind. Das kann bedeuten, unsere anfänglichen gemeinsamen Interessen wieder auszugraben, oder dass wir neue Aktivitäten finden müssen, an denen beide Freude haben. Die Liste der Möglichkeiten ist endlos: einen neuen Sport beginnen; gemeinsam fotografieren und das Familienleben dokumentieren; das Haus umgestalten; im Garten arbeiten; Flohmärkte besuchen (als Verkäufer oder Kunde); neue Gegenden erkunden (mit einem Touristenführer in der Hand); Sportveranstaltungen anschauen, vielleicht das lokale Fußballteam unterstützen; ins Theater oder Kino gehen; Gedichte lesen; spazieren gehen; Musik hören ...

Danach können wir über unsere unterschiedlichen Reaktionen sprechen. Wir müssen die Gedanken und Gefühle des anderen erforschen: Was ihm gefiel oder auch nicht, was er beim nächsten Mal tun will und so weiter.

Mahlzeiten nutzen

Die ursprüngliche Bedeutung des Begriffs *Gemeinschaft* lautet *gemeinsam Brot essen*. Der Schauspieler und Reiseschriftsteller Michael Palin schrieb nach seiner Weltreise:

In fast jedem Land, das ich besuchte, waren die gemeinsamen Mahlzeiten eine wichtige soziale Tätigkeit, und so sollte es ja auch sein. Ein gemeinsames Essen ist die beste Möglichkeit, um über Probleme zu sprechen und erfreuliche Dinge zu feiern.

In biblischen Zeiten waren die Mahlzeiten eine Möglichkeit, um Freundschaften aufzubauen. Vielleicht ist das der Hintergrund der Worte Jesu, mit denen er seinen Wunsch nach Gemeinschaft mit uns ausdrückt: »Ich stehe vor der Tür und klopfe an. Wenn jemand meine Stimme hört und öffnet, werde ich bei ihm einkehren. Ich werde mit ihm essen und er mit mir« (Offenbarung 3,20).

Das gemeinsame Essen wurde von jeher als Möglichkeit angesehen, die Familie zu versammeln; seit der zweiten Hälfte des zwanzigsten Jahrhunderts geht diese Bedeutung in westlichen Ländern immer mehr verloren. Der Nachteil von Fertigmenüs und Mikrowellengerichten besteht darin, dass die Menschen zwar schneller essen können – aber eben getrennt voneinander. In einigen Teilen Amerikas ist dieser Trend so weit gegangen, dass Häuser konzipiert werden, in denen gar

kein Platz mehr für gemeinsame Mahlzeiten vorgesehen ist; dagegen ist in jedem Schlafzimmer Platz für ein Fernsehgerät. Da verlieren wir etwas! Ein Ehepaar erzählte uns: »Für uns sind die Mahlzeiten die wichtigste Möglichkeit für gemeinsame Gespräche. Egal, ob das Essen lange zubereitet wurde oder ob es sich um ein Fertiggericht handelt – das Tischdecken und das Hinsetzen zum gemeinsamen Essen ohne Unterbrechungen oder Ablenkungen ist immer wohltuend.«

Über Gefühle reden

Vor vielen Jahren erhielten wir einen traurigen Brief von einer Frau, die weniger als ein Jahr verheiratet war. Sie schrieb: »Wir sehen für jeden wie ein glückliches, jung verheiratetes Paar aus. Wenn wir mit anderen zusammen sind, spielt mein Mann diese Rolle perfekt. Doch schon wenige Wochen nach unserer Hochzeit war ich schrecklich enttäuscht. Ich hatte gedacht, dass wir über wirklich alles reden könnten, aber mein Mann spricht nie über seine Gefühle.«

In unserer Kultur ist es für Männer schwerer als für Frauen, ihre Gefühle zu zeigen. In der Vergangenheit – und in gewissem Maße ist das auch heute noch der Fall – hat man von Männern erwartet, dass sie ihre Gefühle für sich behalten. Frauen wurden stets ermutigt, ihre Gefühle mit Freunden und Verwandten zu teilen. Genau das hat ja auch Anna zu ihrer Trennung von James gesagt: »Ich vertraute mich eher meinen Freunden und meinen Schwestern an als meinem Mann.«

Mancher mag von sich denken, er sei eben kein »emotionaler Typ«. Doch Gefühle sind ein wesentlicher Bestandteil des Menschen, und wir müssen es lernen, über unsere Emotionen zu sprechen, wenn wir in unserer Ehe sinnvoll miteinander reden wollen. Eine Frau, die vor kurzem das Eheseminar besuchte, schrieb auf die Frage, was ihr bei dem Seminar am besten gefallen habe: »Mein Mann *musste* mit mir über seine Gedanken und Gefühle sprechen. Er hat so tolle Gedanken, aber er fasst sie nie in Worte.« Es kann unserem Partner helfen, offener über seine Gefühle zu sprechen, wenn wir ihn in einem geeigneten Augenblick fragen: »Wie denkst du darüber? Was empfindest du?« Wenn wir es lernen, unsere positiven Gefühle in entspannten Momenten zum Ausdruck zu bringen, dann besteht eine größere Chance, auch dann unsere Gefühle zu offenbaren, wenn wir in Stresssituationen stecken.

Im Laufe einer Ehe wird jedes Paar schwierige Momente durchmachen – finanzielle Engpässe, Krankheiten, einen Verkehrsunfall,

Probleme mit einem Kind im Teenageralter, eine Fehlgeburt, Trauer um einen geliebten Menschen ... Wie wir mit einer Krise umgehen, bestimmt, ob eine Ehe stärker wird oder eher zum Scheitern verurteilt ist. Der Tod eines Kindes ist ein Ereignis, das besonders massiven Stress in eine Ehe hineinbringt, und die Scheidungsrate von Paaren, die ein Kind verloren haben, liegt beträchtlich über dem Durchschnitt. In Trauer- oder Depressionszeiten passiert es uns leicht, dass wir unsere Gefühle verleugnen, uns voreinander verschließen oder uns in Arbeit flüchten. Doch ein ganz entscheidendes Element der Bewältigung solcher Krisen als Ehepaar ist das Aussprechen unserer Gefühle, und wenn dies noch so schmerzvoll ist. Auf diese Weise erlauben wir einander, unterschiedlich zu reagieren und den Kummer gemeinsam zu verarbeiten.

In einem Zeitschriftenartikel mit dem Titel *Verstehen Männer Intimität?* wird eine Frau namens Alison zitiert: »James verlässt sich darauf, dass ich mich um den emotionalen Teil unserer Beziehung kümmere ... Er ist Engländer und ziemlich reserviert – er wurde mit acht Jahren auf ein Internat geschickt. Wenn ein kleiner Junge so etwas erlebt, dann lernt er schnell, dass Gefühle ein Leben nur schwieriger machen.«

Alison hatte eine Fehlgeburt und danach entfernten sich die beiden Partner immer mehr voneinander. Alison fuhr fort: »Mir war es eine Hilfe, über die Fehlgeburt zu reden, doch James unterdrückte seine Gefühle. Er verarbeitete diese Tragödie, indem er mich ständig kritisierte und schon bei kleinen Anlässen wütend auf mich wurde. Eines Nachts im Bett wurde mir auf einmal klar, dass auch James seit Wochen deprimiert war. Ich fragte ihn dann, warum er mir nichts davon gesagt hatte.«[6]

Tief gehende Kommunikation setzt voraus, dass wir unsere innersten Gefühle offen legen und uns dem anderen gegenüber verwundbar zeigen. Wenn wir es vermeiden, schmerzvolle und komplizierte Gefühle mitzuteilen und stattdessen versuchen, allein damit fertig zu werden, entfernen wir uns von unserem Partner. Für Menschen, die ihre Gefühle gar nicht *wahrnehmen*, geschweige denn darüber reden können, gibt es jedoch Veränderung. Ein guter Anfang besteht darin, drei oder vier Dinge (von größerer oder auch kleinerer Bedeutung) aufzuschreiben, die uns im Laufe eines ganz normalen Tages widerfahren sind. Zu jedem dieser Vorkommnisse sollte man die damit verbundenen Gefühle notieren. Zum Beispiel:

Mit dem Zug gefahren – fühlte mich gelangweilt/hellwach/müde; habe telefoniert – fühlte mich ärgerlich/hoffnungsvoll/ängstlich; ging zur Bank – fühlte mich gedemütigt/ruhig/verärgert; traf mich mit meinem Partner – fühlte mich glücklich/angespannt/aufgeregt.

Es erfordert etwas Mut, Gefühle zu formulieren, wenn man es nicht gewohnt ist. Wir fühlen uns wie ausgezogen und verwundbar und müssen daher sicher sein, dass unser Partner uns nicht ablehnt, ärgerlich wird oder uns Vorwürfe macht für das, was wir von uns offenbaren.

Den richtigen Moment wählen

Es ist wichtig, keine Geheimnisse voreinander zu haben und unsere Gefühle auszudrücken, doch nicht immer ist ein direktes Ausleben klug. Wir müssen uns gut überlegen, welche Folgen unsere Worte haben können. In der Bibel heißt es in Sprüche 25 Vers 11: »Wie goldene Äpfel auf silbernen Schalen, so sind treffende Worte im richtigen Augenblick.«[7] Ein Teil des Preises, den wir für die Kostbarkeit der Liebe zahlen, besteht in Zurückhaltung, bis sich ein geeigneter Moment ergibt. Das kann bedeuten, dass wir einen Moment abwarten müssen, in dem wir beide nicht übermüdet oder beschäftigt sind und wo wir Zeit haben, eine Sache zu besprechen.

Ein Paar beschrieb uns, was sie tun, wenn sich einer der Partner durch das Verhalten des anderen genervt fühlt und beide wissen, dass es sich um eine heikle Angelegenheit handelt. Sie beten zuerst und bitten Gott, dass sie in einem geeigneten Moment darüber sprechen können. Sie haben gestaunt, wie oft der andere dann die Initiative ergriffen hat, um das Thema anzusprechen.

Zuneigung ausdrücken

Es ist klug, heikle Themen in günstigen Momenten zur Sprache zu bringen, doch es gibt keine guten oder schlechten Augenblicke, wenn es darum geht, positive Aussagen über den anderen zu machen. Wenn man dies häufig tut, wird das einen großen Einfluss auf die Beziehung haben, wie Frank Muir erzählt:

Pol und ich haben die Erfahrung gemacht, dass sich unsere Verliebtheit zu etwas Dauerhafterem entwickelt hat – Liebe. Und Liebe ist viel tiefer als Verliebtheit, eben ein Geben und Nehmen.

Polly und ich sagen uns jeden Abend, wie sehr wir uns lieben, und dann beten wir für den Rest der Familie und Sals Dalmatiner Dotty und unsere Katze Cinto (der Name geht auf den höchsten Berg Korsikas zurück). Sollte ein Journalist einer Frauenzeitschrift heute bei mir anrufen und mich fragen, wie oft ich meiner Frau gesagt habe, dass ich sie liebe, so würde ich nach einer kurzen Berechnung mit dem Taschenrechner erwidern: ungefähr 16 822 Mal. Und ich habe es jedes Mal aufrichtig gemeint.[8]

4 Wie man effektiver zuhört

Zwei Menschen können jahrelang unter einem Dach leben und miteinander reden, aber sich doch nicht wirklich begegnen.[1]

Mary Catterwood

Unser Partner erzählt uns von seinem Tag. Wir schauen weiterhin fern oder lesen die Zeitung und lassen hin und wieder ein »aha« hören. Das Telefon klingelt. Einer unserer Freunde ist am Apparat. Wir legen die Zeitung hin und hören aufmerksam zu, was der Anrufer sagt. Unser Partner hört, wie wir lebhaft antworten und echtes Interesse, Sympathie oder Freude während des Gesprächs zeigen. Es gibt längere Pausen, wenn er gut zuhört, was am anderen Ende der Leitung gesagt wird. Wir machen unserem Partner Zeichen, das Fernsehen leiser zu stellen und setzen uns mit dem Rücken zu ihm, um dem Telefonat unsere ganze Aufmerksamkeit zu widmen.

Die meisten von uns sind vollkommen dazu fähig zuzuhören, doch wir vernachlässigen das Zuhören oft gegenüber der Person, die wir am meisten sehen und deren Stimme wir am häufigsten hören. Viele denken einfach, der wichtigste Teil der Kommunikation sei das *Reden*: sich gut ausdrücken, interessant erzählen, Wissen weitergeben und Meinungen äußern. Die Bibel stellt sich gegen diese Sichtweise und betont viel stärker die Notwendigkeit des Zuhörens.

Im Buch der Sprüche heißt es: »Wer antwortet, bevor er zugehört hat, zeigt seinen Unverstand und wird nicht ernst genommen« (Sprüche 18,13). Doch wie viele von uns handeln genauso? Der Apostel Jakobus im Neuen Testament fordert uns ebenso auf: »Denkt daran, liebe Brüder: Jeder soll stets bereit sein zu hören, aber sich Zeit lassen, bevor er redet, und noch mehr, bevor er zornig wird« (Jakobus 1, 19). Vielleicht hat uns Gott aus diesem Grund mit zwei Ohren und einem Mund ausgestattet – damit wir doppelt so viel hören wie reden. Wenn wir uns an Jakobus' Ratschlag halten, werden alle unsere Beziehungen besser funktionieren.

Als menschliche Wesen sehnen wir uns am meisten danach, dass man uns zuhört und uns versteht. Das hängt mit dem tiefen Bedürfnis zusammen, das uns allen eigen ist – nicht allein zu sein. Die *Samaritans* führten einmal eine Werbekampagne mit Postern durch, auf denen ein riesiges Ohr abgebildet war; darunter stand, »24 Stunden pro Tag geöffnet«. Es handelt sich dabei um eine Organisation, die Menschen in Not unterstützt, indem man ihnen zuhört – in jedem möglichen oder unmöglichen Moment. Es gibt Menschen, die Therapeuten oder Seelsorger aufsuchen, damit ihnen endlich jemand rund eine Stunde lang zuhört. Aber wir sollten nicht jemanden dafür bezahlen müssen, dass er uns zuhört.

In einer Ehe besteht die Gefahr, dass man sich nicht die Mühe macht, dem anderen zuzuhören – entweder, weil man zu bequem dazu ist, oder weil man meint, man wüsste ohnehin schon, was der andere sagen wird. Wir verfallen leicht in schlechte Gewohnheiten: Wir unterbrechen den anderen, schalten ab oder beenden seine Sätze für ihn. Ein Seelsorger sagte dazu:

Die Gabe, ein guter Zuhörer zu sein, erfordert ständige Übung und ist vermutlich die Gabe, die am meisten heilend wirkt. Das Zuhören ermöglicht es dem anderen, zu sein, sich geborgen zu fühlen; damit verurteilen oder beraten wir nicht, sondern vermitteln eine Unterstützung, die viel tiefer geht als Worte.[2]

Zuhören ist eine sehr wirksame Möglichkeit, dem anderen unsere Wertschätzung zu zeigen – aber es verlangt einen Preis. Es erfordert eine gewisse Mühe, unserem Partner zuzuhören, wenn er über seine Gefühle spricht oder seine Ansichten äußert.

Viele von uns sind keine guten Zuhörer. Doch wenn wir unser Zuhören verbessern, werden wir automatisch auch unsere Ehe verbessern! Wir haben fünf Profile entwickelt, wie wir herausfinden können, wo wir Veränderungen vornehmen sollten.[3] (Einer von uns erkannte sich sogar in allen fünf Profilen wieder!).

Fünf Profile eines schlechten Zuhörers

Der Ratgebende

Der Ratgebende versucht nicht, sich in seinen Partner einzufühlen, sondern ist schnell mit Ratschlägen bei der Hand. Er will das Problem ausräumen und sagt: »Du solltest dieses oder jenes tun.« Wenn man dies bis zum Äußersten treibt, kann es sogar eine Beziehung zerstören, wie folgendes Beispiel zeigt:

Ich lernte Patrick kennen, als er dreiundvierzig Jahre alt und seit siebzehn Jahren verheiratet war. Ich erinnere mich an ihn, weil seine ersten Worte so dramatisch waren. Er saß in einem Ledersessel in meinem Büro, stellte sich mit kurzen Worten vor und lehnte sich dann nach vorn, wobei er heftig sagte: »Dr. Chapman, ich war ein Idiot, ein richtiger Idiot.«

»Wie sind Sie zu diesem Schluss gekommen?«, fragte ich.

»Ich bin seit siebzehn Jahren verheiratet«, sagte er, »und meine Frau hat mich verlassen. Mir wird auf einmal klar, was für ein Idiot ich gewesen bin.«

Ich wiederholte meine erste Frage: »Inwiefern sind Sie ein Idiot gewesen?«

»Wenn meine Frau von der Arbeit nach Hause kam, erzählte sie mir immer von ihren Problemen im Büro. Ich hörte zu und sagte ihr, was sie meiner Meinung nach tun sollte. Ich gab ihr immer einen Rat. Ich sagte ihr, sie sollte gegen das Problem angehen; Probleme verschwinden nicht von selbst. Sie sollte mit den betreffenden Personen oder mit dem Chef reden. Am nächsten Tag kam sie nach Hause und erzählte von demselben Problem. Ich fragte sie, ob sie beherzigt hätte, was ich ihr am Vortag vorgeschlagen hatte. Sie schüttelte den Kopf und sagte Nein. Also wiederholte ich meinen Rat. Ich sagte ihr, sie könne nur so mit der Situation fertig werden. Am darauffolgenden Tag kam sie nach Hause und das Ganze wiederholte sich. Nach vier oder fünf Tagen wurde ich ärgerlich. Ich sagte ihr, sie solle kein Mitleid von mir erwarten, wenn sie sich nicht an meine Ratschläge hielte.

Ich zog mich zurück und ging meinen eigenen Angelegenheiten nach. Ich war ein solcher Idiot! Jetzt wird mir klar, dass sie keinen Rat von mir wollte. Sie wollte, dass ich zuhöre, dass ich ihr Aufmerksamkeit schenke und dass ich ihr zeige, dass ich ihren Stress und Druck und ihre Schwierigkeiten nachvollziehen kann. Sie wollte wissen, dass ich sie liebe und dass sie mit ihren Problemen nicht allein ist. Sie wollte keinen Rat; sie wollte einfach nur wissen, dass ich sie verstehe. Aber ich habe nie versucht, sie zu verstehen. Ich war zu sehr damit beschäftigt, ihr Ratschläge zu geben.«[4]

Der Unterbrechende

Anstatt aufmerksam zu hören, was der andere sagt, verfallen wir leicht in den Fehler, uns schon zurechtzulegen, was wir als Nächstes sagen wollen. Der Bestseller-Autor Stephen Covey schrieb:

Die meisten Menschen hören nicht mit der Absicht zu, den anderen zu verstehen. Sie hören mit der Absicht zu, etwas zu erwidern. Entweder reden sie oder sie bereiten sich darauf vor zu reden. Sie ... übertragen ihre eigenen Erfahrungen auf das Leben anderer Menschen.[5]

Vor einigen Jahren während der Ferien fuhren unsere Kinder Wasserski und redeten aufgeregt über ihre Leistungen. Ein in der Nähe stehender Mann mischte sich in die Unterhaltung ein. Er erzählte über seine eigenen und die Leistungen seiner Kinder beim Wasserski, er redete von der Geschwindigkeit seines Bootes, dem Preis seiner Ausrüstung und so weiter. Unsere Kinder waren damals noch recht jung, doch sie haben diesen Mann nie vergessen. Er verdarb einen glücklichen Nachmittag mit seiner Unfähigkeit zuzuhören und weil er die Kinder immer wieder mit Erzählungen von sich selbst unterbrach.

Im Durchschnitt hört man siebzehn Sekunden zu, bevor man einen Gesprächspartner unterbricht. Das kann so sehr zur Gewohnheit werden, dass Ehepartner gar nicht mehr merken, dass sie sich so verhalten. Es ist eine besondere Gefahr für den, der sich besser mitteilen kann als der andere. Manche tendieren dazu, während des Sprechens ihre Gedanken auszuarbeiten, während andere zuerst ihre Gedanken zurechtlegen und dann reden. Dann müssen wir uns sehr beherrschen, um nicht die Sätze des anderen zu beenden oder auf etwas zu antworten, was der andere noch gar nicht gesagt hat. Wir müssen lernen, zu warten und zuzuhören; ein das Erzählen Unterbrechender kann seinen Partner entmutigen, neben dem Gespräch über allgemeine, alltägliche Dinge auch tiefere Gefühle und Gedanken zum Ausdruck zu bringen.

Der Verharmlosende

Der Verharmlosende ist jemand, der vorzeitig, noch bevor ein Satz zu Ende gebracht wurde, mit Kommentaren einspringt, etwa: »Wahrscheinlich ist es nicht so schlimm, wie du meinst« oder »Ich bin sicher, das wird sich finden« oder »Morgen wirst du dich schon viel besser fühlen«. Verharmlosende verhindern jede echte Äußerung von Gefühlen – seien es Angst, Enttäuschung oder Schmerz. Häufig hängt das damit zusammen, dass sie selbst die Sicherheit brauchen, dass ihnen kein größeres Problem begegnen wird und dass ihr eigenes Leben ohne Unterbrechungen weiterlaufen wird.

Der Rationalist

Der Rationalist konzentriert sich darauf zu erklären, *warum* der andere sich so fühlt, wie er sich fühlt. Als Antwort auf den Satz: »Ich hatte heute einen schrecklichen Tag« wird so jemand möglicherweise erwidern: »Das ist zweifellos auf mehrere Dinge zurückzuführen – das Wetter war schlecht, du stehst unter Druck und du machst dir vermutlich wegen unserer Finanzen Sorgen.«

Der vom Thema Abschweifende

Manche Menschen gehen nicht auf das Thema ein, über das ein anderer spricht, sondern greifen einen Aspekt heraus, der sie interessiert. Sie sagen: »Das erinnert mich an …« und schlagen eine ganz andere Richtung ein.

Wir können alle gute Zuhörer werden, doch wir müssen ehrlich sein und zugeben, wo unsere Schwachpunkte sind, und neue Fertigkeiten erlernen. Die folgenden Leitlinien erscheinen zunächst vielleicht künstlich, doch sie bilden die Grundlage für gutes Zuhören und haben uns dabei geholfen, unsere Kommunikation im Lauf der Jahre zu trainieren.

Zuhören lernen

Volle Aufmerksamkeit schenken

Vor kurzem sahen wir einen Film über ein Mädchen im Teenager-Alter, das gegen die Werte seiner Eltern rebellierte. In einer der ersten Szenen versucht die Tochter mit ihrem Vater über einige Probleme zu sprechen, die sie beunruhigen. Der Vater will unbedingt eine bestimmte Arbeit fertig machen und arbeitet weiter an seinem Computer, während seine Tochter all ihren Mut zusammennimmt, um ihre Sorgen zu formulieren. Die Augen des Vaters bleiben die ganze Zeit über auf dem Computerbildschirm haften, und nach einigen Minuten beschließt die Tochter, überhaupt nichts mehr zu sagen. Das mangelhafte Zuhören des Vaters wird verheerende Auswirkungen auf das Leben seiner Tochter haben.

Im Gegensatz dazu schreibt eine Frau über ihren Vater:

Ich war so stolz auf ihn, denn er hatte eine hohe Position in der indischen Regierung inne. Ich sehe ihn noch vor mir, perfekt gekleidet, wie er vor dem Spiegel steht und seinen Turban zurechtrückt, bevor er ins Büro aufbricht. Die freundlichen Augen unter buschigen Augenbrauen, das nette Lächeln, die scharf geschnittenen Gesichtszüge und die adlerähnliche Nase. Eine meiner wertvollsten Erinnerungen ist die, meinen Vater im Arbeitszimmer sitzen zu sehen ... Als ich ein kleines Mädchen war, ging ich oft in sein Arbeitszimmer, wenn ich ihn etwas fragen wollte. Ich blieb dann an der Tür stehen und traute mich nicht, ihn zu stören. Dann fing er meinen Blick auf. Er legte seinen Füllhalter hin, lehnte sich im Stuhl zurück und rief: »Keecha?« Langsam ging ich in sein Arbeitszimmer, den Kopf gesenkt. Er lächelte mich an und klopfte auf den Stuhl neben sich. »Komm her, mein Schatz, setz dich.« Dann schlang er seinen Arm um mich und zog mich an sich. »Nun, meine kleine Keecha«, sagte er sanft, »was kann ich für dich tun?« Es war immer dasselbe mit Vater. Es störte ihn nicht, wenn ich ihn unterbrach. So oft ich ein Problem oder eine Frage auf dem Herzen hatte, legte er seine Arbeit zur Seite und schenkte mir seine ganze Aufmerksamkeit – egal, wie beschäftigt er war.[6]

Dieser Vater zeigte, dass er zuhörte. Der Vater aus dem ersten Beispiel versäumte das. In der Ehe wie auch im Umgang mit unseren Kindern vermitteln wir unsere Liebe, wenn wir dem anderen unsere volle Aufmerksamkeit schenken.

Studien im Kommunikationsbereich haben gezeigt, dass weniger als zehn Prozent dessen, was wir mitteilen wollen, in unseren Worten zu finden ist. Der Ton, den wir benutzen, nimmt etwa vierzig Prozent ein und unsere Körpersprache die restlichen fünfzig Prozent. Dies ist für das Zuhören genauso von Bedeutung.

Körperliche Nähe verhilft zum Reden. Wenn man von einem Raum zum anderen etwas ruft, ist das nicht besonders wirkungsvoll. Wenn unser Partner uns etwas sagen will, das ihn beunruhigt, so können wir ihm durch unsere Körpersprache unser Interesse vermitteln: Wir können uns nahe zu ihm setzen, den Arm um ihn legen und ihm vor allem in die Augen sehen. Augenkontakt enthält die Botschaft: »Ich interessiere mich für das, was du sagst, und ich schenke dir meine volle Aufmerksamkeit.«

Mit Ablenkungen umgehen

Sila: *Mir fällt es sehr schwer, Nicky meine volle Aufmerksamkeit zu schenken, wenn es praktische Dinge gibt, die in diesem Moment einfach getan werden müssen. Nicky kann mitten im Chaos sitzen oder aufräumen und gleichzeitig ein tiefgründiges Gespräch führen. Ich kann nur daran denken, dass die Reste vom Frühstück aufgeräumt werden müssen, dass das Haus in Ordnung gebracht oder die schmutzige Wäsche in die Waschmaschine gesteckt werden muss. Ich weiß, dass ich mich in solchen Situationen nicht auf das konzentriere, was Nicky sagt, daher sage ich lieber: »Kann ich vorher noch zehn Minuten aufräumen?« Manchmal ist aber dafür nicht genug Zeit, und dann muss ich mich enorm anstrengen, um meine Arbeit liegen zu lassen, Nicky anzusehen und ihm mit ungeteilter Aufmerksamkeit zuzuhören.*

Es ist auch schwierig, jemandem aufmerksam zuzuhören, wenn es viele Hintergrundgeräusche gibt.

Nicky: *Wenn der Fernseher läuft, ist es für mich praktisch unmöglich, jemandem zuzuhören. Ich werde auch leicht durch ein anderes Gespräch im gleichen Raum oder eine interessante Schlagzeile in der Zeitung abgelenkt.*

Doch es gibt noch ein weit größeres Hindernis beim Zuhören als der Fernseher oder die Zeitung – wir verbringen oft unbewusst Zeit im Gespräch damit, *uns selbst* zuzuhören. Es ist so, als ob in unserem Innern das Fernsehen läuft und unsere Aufmerksamkeit ablenkt. Die Worte des anderen lösen ständig eigene Gedanken und Erinnerungen in uns aus.

Wenn unser Mann sagt: »Ich habe heute mit Chris gesprochen; er hat gerade seine Mutter verloren«, dann denken wir sofort daran, wie wir uns fühlten, als unsere eigenen Eltern starben. Wenn unsere Frau sagt: »Auf dem Heimweg habe ich die blühenden Bäume bewundert ...«, kommen gleich die Gedanken an zu erledigende Gartenarbeiten. Unsere eigenen Gedanken und Erinnerungen behindern unser Zuhören, und es kann passieren, dass unsere nächste Bemerkung wenig mit den Äußerungen unseres Partners zu tun hat.

Es ist schwierig, diese eigenen Gespräche in unserem Kopf abzuschalten, insbesondere, wenn wir beschäftigt sind oder unser Kopf ohnehin schon voll ist. Wir sollten uns darum bemühen, unsere eigenen Gedanken abzustellen und das zu begreifen, was der andere uns sagen will. Steven Covey betont:

Wenn ich in einem Satz das wichtigste Prinzip zusammenfassen sollte, das ich auf dem Gebiet von zwischenmenschlichen Beziehungen gelernt habe, so würde ich sagen: Bemühe dich zuerst darum, den andern zu verstehen, und dann, verstanden zu werden. [7]

Bezeichnenderweise beinhaltet das chinesische Schriftzeichen für Hören neben dem Symbol für das Ohr auch Symbole für die Augen, das Herz und den Sinn.

Interesse zeigen

Wenn wir entschlossen sind, uns für das zu interessieren, was ein anderer sagt, so hören wir aufmerksam zu; ansonsten können unsere Gedanken schnell abschweifen. Eine Frau berichtete uns über die Besuche bei ihrer Mutter. Sie wollte diese Gelegenheiten nutzen, um über wichtige Angelegenheiten, den Sinn des Lebens und so weiter zu sprechen. Ihre Mutter dagegen sprach lieber über alltägliche Dinge wie den Kartoffelpreis, den Hund des Nachbarn oder ein kürzlich ausgestrahltes Fernsehprogramm. Die Tochter hörte schon bald nicht mehr zu und dachte nur, was für ein langweiliges Leben ihre Mutter führte.

Eines Tages wurde ihr plötzlich bewusst, dass das Leben ihrer Mutter eben so *war*. Sie wurde nachdenklich. Sie erinnerte sich: »Ich sagte mir, dass meine Mutter sich stets für alles interessiert hatte, was mich betraf, während ich ihr gegenüber nicht gerade aufmerksam gewesen war. Also bemühte ich mich ganz bewusst, mich für sie zu interessieren und zuzuhören, und das hat unsere Beziehung von Grund auf verändert.«

Es ist unvermeidbar, dass Menschen unterschiedliche Interessen haben. Wenn wir uns bemühen, dem zuzuhören, was andere interessant finden, so zeigen wir auf eindrückliche Weise unsere Liebe. Der

Autor und Redner Dale Carnegie schreibt über die Fähigkeit, gut zu kommunizieren:

Um interessant zu sein, müssen Sie Interesse zeigen. Stellen Sie Fragen, die Ihr Gesprächspartner gern beantwortet.[8]

Klug zuhören

Eine schmerzvolle Erfahrung oder ein lang anhaltendes Problem erneut zu durchleben und in allen Einzelheiten zu beschreiben, ist mitunter sehr mühsam. Es ist einfacher, das Problem nur anzuschneiden oder durch witzige Bemerkungen darauf anzuspielen. Manchmal müssen wir hören, was sich *hinter* den Worten des anderen verbirgt. Ein guter Zuhörer nimmt die Mühe auf sich, den anderen durch vorsichtige Fragen im richtigen Moment dazu zu bringen, dass er aus sich herausgeht.

Wir müssen einander genug Zeit zum Reden geben, denn oft sind wir uns nur teilweise darüber im Klaren, warum wir uns so oder so fühlen. Wenn wir unsere Gefühle formulieren, können wir allmählich klarer sehen. Fürchten Sie sich nicht vor stillen Momenten in Gesprächen. Manche Menschen brauchen eine solche Pause, um ihre Gedanken zu ordnen, und wenn wir dann ruhig abwarten, zeigen wir unsere Anteilnahme.

Unkritisch zuhören

Kommunikation wächst, wenn man sich gegenseitig akzeptiert; durch Kritik wird sie dagegen zerstört. Wir müssen zuhören können, ohne uns einzumischen. Wenn wir ausloten können, was unser Partner fühlt, dann haben wir mindestens die halbe Strecke zur Lösung einer schwierigen Situation zurückgelegt.

Oft reden wir mit unserem Partner in solchen Situationen, in denen wir uns emotional verwundet fühlen. Unsere Worte erscheinen dann verwirrt und widersprüchlich. Vielleicht ändern wir unsere Meinung im Laufe unseres Berichtens. Der Zuhörer liegt völlig (und grausam) daneben, wenn er diese Erzählweise kritisiert und uns auf Lücken oder Ungereimtheiten in unseren Ausführungen hinweist.

Die Gefühle des Partners bestätigen

Es ist sehr hilfreich, mit unseren eigenen Worten zu wiederholen, was der andere gesagt hat. Das gilt besonders, wenn tiefe Gefühle ausgedrückt werden. So weiß unser Partner, dass wir auf der gleichen Wellenlänge liegen und wir ihn richtig verstanden haben.

Eine Frau sagt zum Beispiel: »Die Kinder haben mich heute ganz verrückt gemacht – sie haben den ganzen Tag nur Krach gemacht und sich gestritten.« Anstatt sofort eine Lösung vorzuschlagen, könnte ihr Mann ihre Gefühle bestätigen, indem er sagt: »Das war bestimmt schwer zu ertragen.«

Oder ein Mann sagt: »Ich weiß einfach nicht, wie wir es schaffen sollen. Ich kann nicht mehr verdienen. Das macht mir wirklich Sorgen.« Seine Frau könnte zeigen, dass sie seine Gefühle nachvollziehen kann, indem sie antwortet: »Es tut mir richtig Leid, das du dir solche Sorgen machst. Lass uns darüber reden.«

Oder eine Frau meint: »Ich war ziemlich durch den Wind, als du mir neulich gesagt hast, dass du vielleicht einen neuen Job annehmen wirst. Ich will den Kontakt zu unseren Freunden nicht verlieren, und deshalb habe ich Angst vor einem Umzug.« Auch hier sollte der Mann zeigen, dass er gut zugehört und die Gefühle seiner Frau verstanden hat. Er könnte vielleicht antworten: »Ich war mir nicht darüber im Klaren, dass du dir Sorgen darüber machst, wir könnten den Kontakt zu unseren Freunden verlieren.« Wenn wir die gleichen Worte verwenden, zeigen wir wenigstens, dass wir genau zugehört haben.

Es erscheint zunächst vielleicht unnatürlich und gekünstelt, auf diese Weise die Gefühle des anderen zu bestätigen, aber es ist tatsächlich ein wirksames Mittel, um zuhören zu lernen und emotionale Vertrautheit zu vermitteln.

Nicky: *Vor einigen Monaten gab einer der Leiter seinen Kurs auf. Meine Abende waren zwar schon mit Verpflichtungen ausgefüllt, aber ich sah keinen anderen Ausweg, als diese Gruppe selbst vier Abende lang zu* *übernehmen. Ich erzählte Sila davon und rechnete damit, dass sie mir Verständnis wegen des zusätzlichen Arbeits- und Zeitaufwandes entgegenbringen würde. Stattdessen reagierte sie ärgerlich und unvernünftig, jedenfalls schien es mir so.*

Einige Wochen später sagte sie mir, dass sie so sauer gewesen war, weil ich einige unserer freien Abende verplant hatte, ohne mich vorher mit ihr abzustimmen. Ich tat mir nur selbst Leid und verteidigte sofort meine Entscheidung. Später wurde mir klar, dass ich Sila einfach hätte zuhören sollen, um ihre Gefühle zu begreifen. Sie war verletzt. Sie hatte das Gefühl gehabt, die Kursteilnehmer seien für mich wichtiger gewesen als unsere Familie.

In solchen Situationen ist das Ziel des Zuhörens das Begreifen und Annehmen der Gefühle des Partners – es geht nicht darum zu beurteilen, ob diese Gefühle falsch oder richtig sind.

Nur Rat geben, wenn man darum gebeten wird

Wir müssen vor der Versuchung auf der Hut sein, einen Prozess *zu stoppen*. Es ist oft kontraproduktiv, einen Rat zu erteilen, denn meistens will der andere gar keine schnelle Lösung. Wenn wir sofort mit einem Rat bei der Hand sind, sieht das für den anderen so aus, als ob wir seine Gefühle nicht wirklich ernst nehmen. Wenn wir unsere Gefühle sondieren und auf Verständnis und Einfühlungsvermögen stoßen, so ist dieser Prozess *an sich* die Lösung. Wenn unser Partner wirklich einen Rat sucht, so wird er in der Regel ausdrücklich darum bitten.

Es kann unsere Ehe von Grund auf verändern, wenn wir es lernen, einander zuzuhören. Viele Paare, die am Ehekurs teilgenommen haben, schrieben über diese Veränderung:

- Wir hören uns viel besser zu und haben nicht das Gefühl, dass wir uns gegenseitig Schuld zuweisen müssen.
- Ich habe gelernt, auf die wirklichen Bedürfnisse meiner Frau zu hören.
- Es hat uns geholfen, einander mitfühlend zuzuhören.
- Bei jedem von uns hat sich das Zuhören verbessert. Wir lassen den anderen nun immer ausreden.
- Ich habe es gelernt, auf ganz neue Art zuzuhören. Die kleinen Dinge sind wirklich von Bedeutung.

Abschnitt 2 – Die Kunst zu kommunizieren

Schlussfolgerung

Diane Vaughan, eine an der Universität von Oxford arbeitende Soziologin, hat zehn Jahre lang Gründe für das Scheitern von Ehen erforscht. Ein Teil ihrer Schlussfolgerungen lautet:

Es beginnt mit dem Partner, der sich zuerst unzufrieden fühlt. Er oder sie wird zunächst versuchen, diese Unzufriedenheit zu verbergen und so zu tun, als ob sie nicht existiert oder zu hoffen, dass sie verschwinden wird. Stattdessen nimmt die Unzufriedenheit zu, und er oder sie wird versuchen, den Partner durch vage Hinweise oder Klagen diese Unzufriedenheit spüren zu lassen. Solche Hinweise werden fast immer ignoriert. (Die Hervorhebung stammt von uns).[9]

Mit anderen Worten: Die Soziologin hatte nach zehn Jahren Forschung herausgefunden, dass der Grund nahezu jeder gescheiterten Ehe ein Mangel an Kommunikation ist.

Es gibt keinen Ersatz für effektives Reden und Zuhören in einer Ehe. Zwei Individuen mit unterschiedlichen Gedanken und Gefühlen kommen zusammen. Kommunikation ist die Brücke, die beide Partner miteinander verbindet – denn wir können weder Gedanken lesen noch in das Herz des anderen hineinschauen. Wenn wir nicht kommunizieren, lassen wir die Zugbrücke hoch und ziehen uns in unsere einsame Festung zurück. Wenn wir uns für Kommunikation entscheiden, lassen wir die Zugbrücke herunter und laden einander ein. So ermöglichen wir dem Partner den Zugang zu unseren geheimsten Plätzen.

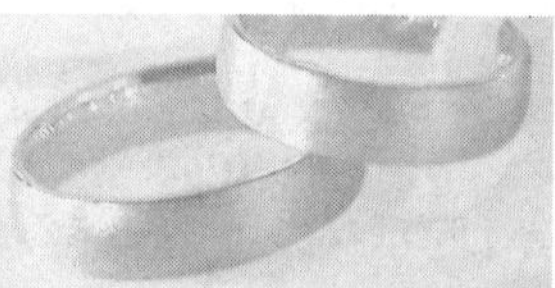

Zweite goldene Eheregel

Hören Sie nicht auf, miteinander zu reden und einander zuzuhören.

Abschnitt 1: Tragfähige Fundamente bauen

Abschnitt 2: Die Kunst zu kommunizieren

Abschnitt 3: Praktische Liebe

Abschnitt 4: Konfliktbewältigung

Abschnitt 5: Die Kraft der Vergebung

Abschnitt 6: Eltern und Schwiegereltern

Abschnitt 7: Ein erfülltes Liebesleben

5 Die fünf Sprachen der Liebe

Es ist möglich, ohne Liebe zu geben, aber es ist unmöglich zu lieben, ohne zu geben. Anon

Einer Gruppe von Kindern wurde die Frage gestellt, warum sich Menschen ihrer Meinung nach verlieben. Ein Neunjähriger antwortete darauf: »Keiner weiß, warum das passiert, aber ich habe gehört, dass es mit dem Geruch zu tun hat. Deshalb sind Parfüms und Deodorants so wichtig.« Ein Achtjähriger hatte eine andere Theorie: »Ich glaube, dass man von einem Pfeil getroffen wird, aber der Rest tut dann nicht mehr so weh.« Der siebenjährige Gary war davon überzeugt, dass es um mehr als die äußere Erscheinung geht: »Es hat nicht immer nur damit zu tun, wie man aussieht. Guckt mich mal an. Ich finde mich echt hübsch, aber ich habe noch keine, die mich heiraten will.«

Auch viele Erwachsene tappen im Dunkeln, was die Liebe betrifft. Sie sind mit dem Gedanken aufgewachsen, dass Liebe in erster Linie ein Gefühl ist, über das man nur wenig Kontrolle hat. Diese Auffassung wird durch einen Großteil der populären Musiktexte bestärkt. Unsere Kinder entdeckten neulich zu ihrem größten Vergnügen einige Schallplatten aus den sechziger Jahren mit Sätzen wie:

Bevor der Tanz zu Ende war
wusste ich, dass ich in dich verliebt bin,
und ich wusste nicht, was ich tun sollte,
also flüsterte ich: »Ich liebe dich.«

Das Gefühl, von einem anderen verzaubert zu sein, kann durch die äußere Erscheinung genauso leicht ausgelöst werden wie durch echte Kenntnis der betreffenden Person und kann genauso schnell und geheimnisvoll wieder verschwinden, wie es gekommen ist. Dieses Phänomen wird oft als Fazit von Liebe dargestellt. Die allgemeine Auffassung von Liebe wurde weitgehend auf *Gefühle* reduziert.

Aber es gibt eine andere Art der Liebe, die bewusst und aktiv ausgedrückt wird und die über lange Zeit gepflegt wird. In der Novelle *Captain Correlli's Mandolin* von Louis de Bernière beschreibt Dr. Iannis seiner Tochter eine Art der Liebe, die andauert:

Liebe ist nicht Hetze, Aufregung, das Versprechen ewiger Leidenschaft; sie ist nicht das Verlangen, jede zweite Minute des Tages miteinander zu schlafen, und auch nicht das Wachliegen während der Nacht mit der Vorstellung, dass er jedes Fleckchen deines Körpers küsst. Nein, werde nicht rot, ich will dir ein paar Wahrheiten sagen. Das alles ist nur Verliebtheit, und das kann jeder Idiot erleben. Liebe ist das, was übrig bleibt, wenn die Verliebtheit erloschen ist ... Deine Mutter und ich hatten eine solche Liebe, wir hatten Wurzeln, die unterirdisch zueinander hinwuchsen, und als in späteren Jahren die schönen Blüten von unseren Zweigen fielen, entdeckten wir, dass wir nicht mehr zwei Bäume, sondern ein einziger geworden waren.[1]

Viele Menschen heiraten, weil sie verliebt sind. Sie glauben, dass ihre starke gegenseitige Anziehungskraft ausreichen wird, um ihre Ehe lebendig zu erhalten. Doch die Verzauberung wird unausweichlich nachlassen, und wenn wir dann nicht lernen, wie man eine sich entwickelnde Liebe aufbaut, werden sich keine Wurzeln verflechten und die Ehe wird verwelken.

»ICH DACHTE, DU KÖNNTEST DIE FOLIE VON DER KAFFEEDOSE ABMACHEN.«

Die christliche Liebe, wie sie im Neuen Testament beschrieben wird, ist kein abstraktes Substantiv, sondern ein aktives Verb. Liebe ist mit Handeln verbunden. Es bedeutet, sich um den anderen zu bemühen und seine Bedürfnisse zu erfüllen, manchmal auf Kosten der eigenen Person. In einer Ehe kann dies bedeuten, dass man aus Liebe zum Partner den Abwasch erledigt, obwohl man viel lieber fernsehen würde. Es bedeutet, sich mit dem Partner hinzusetzen und zu reden, obwohl man eigentlich eine dringende Arbeit zu erledigen hat. Es bedeutet, unseren Partner liebevoll in die Arme zu nehmen, wenn wir wissen, dass er einen anstrengenden Tag hatte. Nur *diese* Art der Liebe wird eine Ehe jahrelang aufrechterhalten, und die Beziehung wird reifer und tiefer werden.

Es gibt fünf Möglichkeiten, unserem Partner aktiv unsere Liebe zu zeigen:

1. Liebevolle Worte
2. Hilfsbereitschaft
3. Zweisamkeit – Zeit nur für den anderen
4. Geschenke, die von Herzen kommen
5. Zärtlichkeit

Diese Möglichkeiten, Liebe aktiv zu zeigen, werden in dem hervorragenden Buch von Gary Chapman »*Die fünf Sprachen der Liebe*« genannt. Chapman verwendet die Metapher »Sprache«, um die verschiedenen Formen zu erklären, mit denen wir Liebe vermitteln und begreifen.[2] Seine Arbeit als Eheberater hat über die Jahre gezeigt, dass jeder von uns über eine *vorrangige Liebessprache* verfügt – genauso, wie jeder von uns eine Muttersprache hat, in der er sich problemlos ausdrücken kann.

Alle fünf sind wichtige Wege, Liebe zu zeigen, doch welcher Weg ist der wichtigste? Ein Mann kann seine Frau mit *Geschenken* überschütten, doch sie braucht vielleicht viel eher freundliche *Worte* vonseiten ihres Mannes, um sich geliebt zu fühlen. Eine Frau kann viel im Haushalt tun, damit ihr Mann sich wohl fühlt, doch er braucht vielleicht in erster Linie körperliche Zuwendung.

Das größte uns allen gemeinsame Bedürfnis ist das Wissen, dass wir geliebt werden, wir dem anderen etwas bedeuten und wir für ihn etwas ganz Besonderes sind. Daher müssen wir uns fragen: »Was muss ich tun, damit mein Partner sich geliebt fühlt?« Wir können es im Gespräch und durch bewusstes und aufmerksames Beobachten herausfinden. Einer unserer Freunde, der seit vielen Jahren verheiratet ist, drückte sich so aus: »Ehepartner müssen *sich regelrecht studieren*, um eine glückliche Beziehung zu führen.« Wenn wir das tun, werden wir wichtige und manchmal unerwartete Informationen erhalten.

Während der Flitterwochen gibt es unzählige romantische Möglichkeiten, ohne viele Worte seine Liebe auszudrücken, aber auch im Alltag müssen wir die gleiche Sprache finden, um miteinander zurechtzukommen. Tägliche Liebe ist nur möglich, wenn wir die bevorzugte Liebessprache unseres Partners kennen (und möglichst auch die an zweiter und dritter Stelle rangierende Liebessprache).

Nicky: *Ich habe erkannt, dass gemeinsam verbrachte Zeit und Berührungen die für Sila passendeste Art ist, Liebe zu erhalten. Ich brauche dagegen vor allem Worte und Aktivität, um mich geliebt zu fühlen. Es wäre verheerend für unsere Ehe, wenn ich Zeit und Berührungen allein für meinen Computer reservieren würde, oder wenn Sila ihre Liebe durch Worte und Taten den Kindern, aber nicht mir gegenüber ausdrücken würde.*

Wenn wir entdeckt haben, wie wir unserem Partner am wirkungsvollsten unsere Liebe zeigen können, müssen wir diese Erkenntnis dann auch entschlossen umsetzen. Zunächst mag das unnatürlich erscheinen, und es wird auch Zeit, Entschlusskraft und Übung erfordern – so als ob man eine fremde Sprache erlernen würde. Manche Menschen sind in Familien aufgewachsen, in denen körperliche Zuwendung kaum eine Rolle gespielt hat. Solche werden ihrem Partner wohl kaum natürlich und spontan körperliche Zuwendung schenken können. Aber man kann es lernen. Es ist sogar außerordentlich wichtig, es zu lernen, wenn unser Partner sich in erster Linie auf diese Weise geliebt fühlt. Andere haben während ihrer Kindheit kaum liebevolle Worte gehört, und wenn sie einen Partner haben, dem genau das wichtig ist, so müssen sie es lernen, diese Art der Liebesbezeugung einzuüben. Mit der Zeit wird es ihnen immer leichter fallen, liebevolle Worte zu finden.

Wir beschäftigen uns so intensiv mit den »fünf Sprachen der Liebe«, weil wir aus eigener Erfahrung wissen, dass es sich dabei um ein Prinzip mit tiefen Auswirkungen handelt, das jedes Ehepaar nutzen kann, um eine gesunde und starke Beziehung aufzubauen. Wir kennen viele Paare, die sich noch lange Zeit nach dem Verlöschen der ersten Verliebtheit sehr stark zueinander hingezogen fühlen, weil sie Jahr für Jahr ihre Liebe zum Partner Tausende Male auf die Weise zum Ausdruck bringen, die der Partner am besten versteht.

Manche Ehepaare erforschen nie die bevorzugte Liebessprache des anderen. Vielleicht beobachten sie einander, jedoch mit einer negativen Absicht – sie sind eher darauf aus, den anderen zu kritisieren, als seine Bedürfnisse zu entdecken. In der Kurzgeschichte *The Eyes of Love* (Die Augen der Liebe) geht es um ein amerikanisches Paar, Kenneth und Shannon, die nach einer Familienfeier nach Hause fahren:

Noch bevor er ihn unterdrücken kann, steigt der Ärger in ihm hoch und breitet sich in Hitzewellen über sein Gesicht aus. »Okay, was ist los?«, fragt er ...

Sie antwortet nicht sofort. »Ich bin müde«, erwidert sie, ohne ihn anzuschauen.

»Nicht wirklich«, sagt er. »Ich möchte wissen, was los ist. Komm schon, spuck es aus.«

Nun dreht sie den Kopf zu ihm. »Ich habe es dir heute Morgen gesagt. Ich will einfach nicht ständig die gleichen Geschichten von deinem Vater hören.«

»Sie sind nicht alle gleich«, sagt er mit einem Gefühl der Verärgerung.

»Natürlich sind sie alle gleich ... Deine Mutter verdient einen Orden.«

»Ich mag die Geschichten. Mama mag sie. Jeder mag sie. Auch dein Vater und deine Schwester mögen sie.«

»Immer und immer wieder«, murmelt sie und schaut erneut zu Seite. »Ich möchte einfach nur schlafen gehen.«

»Weißt du, was bei dir los ist?«, fragt er. »Du bist eine kritische Person. Das ist dein Problem. Du musst alles bewerten. Auch über mich. Besonders über mich.«

»Über dich?«, fragt sie.

»Ja«, sagt er. »Über mich. Denn hier geht es überhaupt nicht um meinen Vater. Es geht um uns.«

Kenneth ist der Meinung, dass sie den ganzen Abend das Geschichtenerzählen seines Vaters mit kritischen Augen beobachtet hat. Das Gespräch geht weiter:

Einen Augenblick lang bleibt er still, doch der Ärger in ihm ist noch nicht abgeklungen. »Weißt du, was das Problem mit dir ist?«, fragt er. »Du siehst rein gar nichts mit Liebe an. Du beurteilst alles nur mit deinem Kopf.«

»Rede nur ...«, erwidert sie.

»Alles läuft bei dir über den Kopf«, sagt er und nimmt einen langen Zug aus der Zigarette, bevor er sie im Aschenbecher ausdrückt.

Er lässt das Auto an. »Kennst du die Leute, die hinter unserem Haus leben?«, fragt er. Die Situation ist für ihn beinahe philosophisch geworden.

Sie starrt ihn mit feuchten Augen an, und genau jetzt fühlt er sich mächtig und glücklich.

»Kennst du sie?«, wiederholt er.

»Natürlich.«

»Ich habe sie neulich beobachtet. Wie er mit dem Garten umgeht ... Wir haben uns den ganzen Sommer lang darüber lustig gemacht – über seinen ständigen Kampf mit dem Unkraut und das ewige Bearbeiten des Rasens.«

»Müssen wir gerade jetzt über diese Leute reden?«, fragt sie.

»Ich möchte dir etwas sagen, was du unbedingt hören solltest«, sagt Kenneth.

»Ich will es jetzt nicht hören«, sagt sie. »Ich habe den ganzen Tag anderen zugehört. Ich bin zu erschöpft.«

Kenneth schreit sie an: »Ich werde nur noch dieses eine hier sagen, und dann werde ich für den Rest des Jahres die Klappe halten, wenn es das ist, was du willst!«

Sie erwidert nichts.

»Ich sage dir was über diese Leute. Der Mann ging mit einem kleinen Plastikbeutel herum und hob den Hundekot auf. Okay? Und die Frau beschnitt gerade einen ihrer Büsche. Eine Sekunde lang dachte ich, ich wüsste, was sie denkt. Ihr Gesicht verriet gar nichts, aber ich fühlte mich so superschlau, weißt du, so wie wir beide es sind, Shannon. Ich hielt mich für so toll, dass ich wusste, was sie denkt. Ich hatte so viel Einfühlungsvermögen für diese Leute, die wir noch nicht einmal kennen. Diese Leute, mit denen wir nicht reden, weil wir meinen, sie wären unter unserer Würde.«

»Du bist derjenige, der sich über sie lustig macht«, sagt Shannon.

»Lass mich ausreden«, sagt er. »Ich sah, wie die Frau ihren Mann vom anderen Ende des Gartens aus ansah, und ich hatte den Eindruck, ich könnte die Worte in ihrem Kopf hören: »Er hebt schon wieder den Hundekot auf. Ich halte das keine Minute mehr aus.« Verstehst du? Aber es stimmte nicht. Das waren nicht ihre Gedanken. Sie ging zu ihm hinüber und half ihm – sie zeigte ihm ein paar Stellen, die er ausgelassen hatte. Und dann gingen die beiden Arm in Arm mit der Tüte voller Hundekot ins Haus. Verstehst du, was ich sagen will? Diese Frau sah ihn mit Liebe an. Sie sah nicht das, was ich sah – es war keinerlei Kritik darin.«

Kenneth und Shannon hören schließlich auf zu streiten.

Der Streit ist vorbei. Sie dreht sich zu ihm herum und kneift ihn zärtlich in seinen Unterarm. Er nimmt ihre Hand und drückt zurück. Dann hat er wieder beide Hände am Steuer. Ihr Haus ist nun in Sicht, die Straße herunter auf der linken Seite. Er dreht den Kopf und schaut sie an, seine Frau, hier im verschwommenen, schattenhaften Licht, und dann schaut er schnell wieder auf die Straße. Es kriecht kalt in ihm hoch, dass ein Teil von ihm in diesem kurzen Moment das hässliche Abfallen ihrer Mundwinkel, die zu scharfe Form ihrer Kiefer – den ganzen zerzausten, etwas verwahrlosten Anblick ihres Gesichts – wahrgenommen hat; wie ein Fremder, jemand, der sich nicht vorstellen kann, was ein anderer Mann, andere Männer, jemand wie er selbst, Liebenswertes an ihr finden könnte.[3]

Am Ende der Geschichte wird dem Leser klar, dass Kenneth und Sharon im Gegensatz zu dem Ehepaar, das hinter ihrem Haus wohnt, sich nur noch kritisch beurteilen. Wir ernten, was wir säen. »Du siehst rein gar nichts mit Liebe«, sagt Kenneth. Doch dann macht er den gleichen Fehler und sieht seine Frau nicht mit Augen der Liebe. In einer Welt voller Kritik sollten wir unseren Ehepartner nicht mit kritischem, sondern mit liebevollem Blick ansehen, um zu erkennen, was unser Partner braucht, um sich geliebt zu fühlen.

In den beiden nächsten Kapiteln werden wir jede der fünf Liebessprachen beschreiben. Dabei sollten Sie sich folgende Fragen stellen:

1. Bringe ich regelmäßig meine Liebe auf diese Weise zum Ausdruck?
2. Wie wichtig ist diese Sprache der Liebe für meinen Ehepartner?
3. Wie wichtig ist diese Sprache der Liebe für mich?

Wir machen leicht den Fehler, von unserem Partner zu erwarten, dass er instinktiv über unsere Bedürfnisse Bescheid weiß, und sind verletzt, wenn er unseren Erwartungen nicht entspricht. Wir alle wollen lieber Liebe auf eine Weise ausdrücken, die wir selbst am liebsten mögen. Trotz unserer guten Absichten wird das jedoch nicht klappen, wenn unser Partner andere Bedürfnisse hat.

Wir können unsere Ehe einfach laufen lassen. Wenn wir uns nach echter Vertrautheit sehnen und uns miteinander wohl fühlen wollen, dann müssen wir uns mit Augen der Liebe ansehen und entsprechend handeln. Wir sollten unsere Worte, unsere Taten, unsere Zeit, unser Geld und unseren Körper so einsetzen, dass wir unserem Partner die Art von Liebe zeigen, die er braucht.

6 Worte und Taten

Freundliche Worte sind wie Honig: süß für den Gaumen und gesund für den ganzen Körper. Sprüche 16,24

Wo es an Liebe fehlt, säe Liebe, und du wirst bald Liebe ernten.
St. John of the cross

Liebevolle Worte

Der Spielplatzreim »Stöcke und Steine können meine Knochen brechen, doch Worte können mich nie verletzen« stimmt nur, wenn man ihn nach körperlichen Gesichtspunkten beurteilt. Die Bibel erinnert uns jedoch öfter an die Macht von Worten: »Wörter haben Macht über Leben und Tod ...« (Sprüche 18,21).

Studien haben gezeigt, dass Worte das Verhalten und die Fähigkeiten von Menschen außerordentlich stark beeinflussen können. Wenn man einem Kind sagt, dass es für Mathematik völlig unbegabt ist, so wird es in diesem Fach vermutlich sehr schlechte Leistungen erbringen. Wenn man einem Kind dagegen sagt, dass es glänzende Aufsätze schreibt, wird es sich wahrscheinlich über Nacht zu einem ehrgeizigen Schriftsteller mausern. Die Menschen leben in der Regel entsprechend den Aussagen, die man über sie macht.

Die Art und Weise, wie wir als Ehepartner miteinander sprechen, ist deshalb von entscheidender Bedeutung. Unser Umgangston muss Liebe, Freundlichkeit und Achtung ausdrücken. Wir dürfen nicht in die Gewohnheit verfallen, den anderen durch Worte zu erniedrigen. Wir sollten unseren Partner vielmehr durch das, was wir sagen, aufbauen – sowohl zu Hause als auch in der Öffentlichkeit. Es ist äußerst verletzend, wenn wir unseren Partner zur Zielscheibe unseres Spotts machen.

Wenn wir unserem Partner durch unsere Worte Liebe zeigen wollen, so müssen sie Bestätigung ausdrücken: durch Komplimente, durch die Art, wie wir uns bedanken, durch ermutigende und freundliche Worte und durch die Art, wie wir Fragen stellen. Wenn wir nicht klug und freundlich mit unserem Partner reden, ist er gefährdet, Versuchungen von außen zu erliegen. Der folgende Auszug aus einem Gedicht, das vor über hundert Jahren von Ella Wheeler Wilcox geschrieben wurde, beschreibt eine Erklärung (keine Entschuldigung!) für die Affäre einer Frau:

Tag für Tag
haben wir uns, die wir zu Beginn eins waren,
immer mehr voneinander entfernt.
Die alte Romanze zwischen Mann und Frau war gestorben.
Du sprachst nur noch über Politik und Geschäfte.
Deine Arbeit, dein Club, das verrückte Streben nach Gold
hat deine Gedanken völlig in Anspruch genommen.
Dein pflichtgemäßer Kuss fühlte sich kalt auf meinen Lippen an.
Das Leben verlor seine Würze, sein Prickeln,
bis zu jenem Tag, als das Leben noch langweilig erschien
und dann mit einem Mal hell und wunderschön wurde.

Ich sprach ein wenig, und er hörte aufmerksam zu.
Da lag Interesse in seinen Augen,
und Freundschaft in seiner Stimme,
dass ich mich nicht mehr allein fühlte.
Er schaute mich voller Interesse an,
und sprach über meine Frisur.
Er machte mir Komplimente über mein Kleid.
Es muss Tausende von Jahren her sein,
dass jemand so von mir Notiz genommen hat.
Wären meine Ohren Jahr für Jahr an solche Komplimente gewöhnt gewesen,
wenn du so gesprochen hättest, wie dieser Mann sprach,
dann wäre ich nicht so schwach geworden.[1]

Es gibt viele verschiedene Möglichkeiten, unsere Liebe mit Worten auszudrücken.

Komplimente machen

Menschen, die während ihrer Kindheit kaum Komplimente gehört haben, finden es vielleicht schwierig, mit Komplimenten umzugehen, und noch mehr, Komplimente zu machen. Aber auch dies ist erlernbar. Komplimente lenken die Aufmerksamkeit auf etwas, was wir bei unserem Partner bewundern und wertschätzen. Wir behalten oft solche Gedanken für uns, weil wir meinen, sie wären zu banal oder gar überflüssig – denn unser Partner wisse, dass wir ihn lieben. Doch im Ehegelöbnis haben wir versprochen, *zärtlich füreinander zu sorgen*. Komplimente sind eine hervorragende Möglichkeit, dieses Versprechen in die Praxis umzusetzen, und jeder von uns kann das lernen. Versuchen Sie es ganz einfach und direkt:

»Du siehst in diesem Anzug wirklich toll aus.«
»Du hast dieses Gespräch ganz hervorragend bewältigt.«
»Ich mag es so, wie du immer genau das Richtige sagst.«

Danken

Dankbarkeit vermittelt Wertschätzung. Wenn wir Tag für Tag zusammenleben, übersehen wir leicht die vielen Dinge, die unser Partner für uns tut. Manche sind eher unbedeutend und wiederholen sich regelmäßig; andere erfordern große Sorgfalt und Anstrengung.

»Danke, dass du den Abfall nach draußen gebracht hast« oder »Danke, dass du meine Hose in die Reinigung gebracht hast« klingt vielleicht banal, doch es ist wichtig, dass wir auch für kleine Handlungen der Liebe Dankbarkeit zeigen. »Ich bin so dankbar, dass du an Mamas Geburtstag gedacht hast«, drückt Wertschätzung für etwas aus, was man leicht als selbstverständlich hinnehmen könnte. »Danke, dass du mir bei Toms Geburtstagsfeier so toll geholfen hast; ohne dich hätte ich das nicht geschafft«, zeigt, dass man für die Bemühungen des anderen dankbar ist.

Ermutigung aussprechen

Eine andere Möglichkeit, positive Worte zu gebrauchen, ist zu ermutigen – das Hineinlegen von *Mut* in den anderen. Wir haben alle Bereiche in unserem Leben, die uns verunsichern: Es fehlt uns an Mut. An uns liegt es, unseren Partner so zu ermutigen, dass er sein Potenzial ausschöpfen kann. Wenn wir dagegen Kritik üben, werden durch unsere Worte das Selbstwertgefühl und das Selbstvertrauen des anderen geringer. Wenn wir einander ermutigen, sagen wir damit: »Ich glaube an dich.«

Sila: *Es gibt Dinge in meinem Leben, die ich vermutlich nicht getan hätte, wenn Nicky mich nicht dazu ermutigt hätte. Als Hausfrau und Mutter habe ich so oft Worte von ihm gehört, die mir unendlich viel bedeutet haben – sie haben mir Selbstwertgefühl und Selbstvertrauen gegeben, und das war besonders wichtig, weil die Mutterrolle heutzutage unterbewertet wird.*

Überlegt reden

Gut überlegte Worte bauen den anderen auf, während unbedachte Worte, vor allem zum falschen Zeitpunkt ausgesprochen, einer Beziehung viel Schaden zufügen können.

Sila: *Ich habe in meiner Ehe gelernt, vorsichtig mit meinen Worten umzugehen. Ich rede gern sofort nach einem Ereignis über das Erlebte; als wir jung verheiratet waren, dachte ich kaum daran, dass es manchmal besser sein könnte, zu warten – besonders, wenn Nicky empfindlich nach einer bestimmten Situation war.*

Ich brauchte einige Zeit um zu begreifen, dass das Mittagessen am Sonntag nicht der geeignete Moment ist, um seine Predigt oder seine Got-

tesdienstleitung auseinander zu nehmen. Ich habe verstanden, dass es besser ist, mindestens bis zum nächsten Tag zu warten, damit er selbst objektiver damit umgehen kann.

Und selbst dann muss ich meine Worte sorgfältig wählen. Ich halte nichts von falschen Komplimenten, aber es erfordert eine gewisse Aufmerksamkeit, so zu reden, dass unsere Worte ermutigend, freundlich und aufbauend sind. Im Laufe der Jahre ist mir klar geworden, wie wichtig meine Worte für Nicky sind. Bestätigende Worte sind für ihn der entscheidende Weg, meine Liebe zu spüren, und sie geben ihm eine Vertrauensgrundlage, die alle Bereiche seines Lebens beeinflusst.

Bitten aussprechen

Es ist ein riesengroßer Unterschied, in einer Ehe Bitten zu formulieren oder Dinge zu fordern. Wenn wir unseren Partner um etwas bitten, bestätigen wir damit seinen Wert und seine Fähigkeiten. Wenn wir dagegen Dinge fordern, werden wir intolerant und tyrannisch, ohne es zu merken. Es ist schwierig, mit jemandem zu leben, der auf diese Weise Ansprüche stellt. Wir werden fordernd, wenn wir unseren Partner (seine Angebote und Fähigkeiten an uns) als selbstverständlich hinnehmen.

Sila: *Nicky ist sehr praktisch veranlagt und kann alles im Haus reparieren. Doch es gibt Situationen, in denen ich das als selbstverständlich voraussetze. Ich sage dann zum Beispiel: »Du hast das Loch noch nicht geflickt, oder? Ich brauche das Fahrrad morgen.« Es wäre viel besser zu sagen: »Nicky, könntest du wohl bis morgen meinen kaputten Reifen* *flicken?« Wenn ich ihn so um etwas bitte, gebe ich ihm die Möglichkeit, mir seine Liebe zu zeigen, indem er auf meine Bitte eingeht. Wenn ich dagegen selbstverständlich fordere, gebe ich ihm diese Möglichkeit nicht.*

Wenn unser Partner viel Wert auf bestätigende Worte legt und längere Zeit keine mehr zu hören bekam, fühlt er sich wahrscheinlich ziemlich mies. Wenn er erneut positive Worte von Ihnen hört, wirkt das wie eine Oase in der Wüste auf ihn. Lernen wir es, unseren Partner durch Worte aufzubauen, dann haben wir eine neue Stufe von Liebe und Vertrautheit in unserer Ehe erreicht. Unsere Worte haben die Macht, unsere Liebe täglich zu erneuern. Kritik und Selbstmitleid bewirken Trennung. Bestätigende Worte dagegen führen zusammen.

Hilfsbereitschaft

Der Apostel Paulus beschreibt Freundlichkeit als zweites Merkmal der Liebe. Wir zeigen unserem Partner gegenüber Freundlichkeit, wenn wir praktische Dinge für ihn tun. Das kann sich auf verschiedene Weise zeigen: eine Tasse Kaffee machen, den Abfall hinausbringen, die Windschutzscheibe des Autos putzen, den Lieblingskuchen des anderen backen, ein Hemd bügeln. Natürlich können Routinetätigkeiten als selbstverständlich hingenommen werden, doch wenn sie gern getan werden, sind sie ein Ausdruck von Liebe. Doch es sind eher die von der Routine abweichenden Dinge, mit denen wir unsere Liebe zeigen, wenn unser Partner auf diese Art der Liebessprache besonderen Wert legt.

Nicky: *Ich kann mich an viele Situationen erinnern, in denen Sila Dinge für mich erledigte, mit denen ich nicht gerechnet hätte. Als ich unter großem Zeitdruck stand und über Nacht wegfahren musste, kümmerte sie sich um mein Gepäck. Als ich mühsam eine Rede vorbereitete, kam sie mit Tee und Gebäck in mein Büro. Häufig habe ich mir selbst Stress verursacht, weil ich zu viele Verpflichtungen angenommen hatte, und dann tat es mir sehr gut, dass Sila so aufmerksam war.*

Nach so vielen Ehejahren bin ich immer noch erstaunt und erfreut über die vielen Dinge, die Sila für mich tut, egal, ob es Routinearbeiten oder außergewöhnliche Dinge sind. Manchmal frage ich mich, warum sie das tut. Und die einzige Antwort, die ich dann jedes Mal finde, ist: Sie liebt mich!

In *Captain Corelli's Mandolin* gelingt es Dr. Iannis, einen alten Mann namens Stamatis von seiner Schwerhörigkeit zu befreien, indem er eine getrocknete Erbse aus dem Ohr entfernt, die seit seiner Kindheit drin war. Stamatis geht danach erneut mit der Bitte zum Arzt, ihm die Erbse wieder ins Ohr einzusetzen, da er das ständige Nörgeln seiner Frau nicht ertragen könne. Dr. Iannis lehnt dies ab, schlägt jedoch eine Alternative vor. Er empfiehlt eine Kur gegen das Nörgeln seiner Frau:

»Mein Rat lautet: Seien Sie freundlich zu Ihrer Frau.«

Stamatis war geschockt. Dass sich die Dinge so entwickeln würden, kam völlig unerwartet. »Ähem ...«, protestierte er, doch er fand nicht die richtigen Worte.

»Holen Sie das Holz herein, bevor sie Sie darum bittet. Bringen Sie ihr jedes Mal, wenn Sie vom Feld hereinkommen, eine Blume mit. Wenn es kalt ist, legen Sie ihr einen Schal um die Schultern, und wenn es heiß ist, bringen Sie ihr ein Glas Wasser. Es ist ganz einfach ...«

»Also werden Sie nicht das, eh ... streitsüchtige und kämpferische Objekt wieder einsetzen?« (Er bezog sich auf die Erbse.)

»Natürlich nicht. Das wäre gegen den hippokratischen Eid. Das kann ich nicht zulassen. Hippokrates selbst sagte: »Extreme Behandlungen sind nur für extreme Krankheiten angemessen.«

Stamatis wirkte niedergeschlagen: »Hippokrates hat das gesagt? Dann muss ich also nett zu meiner Frau sein?«

Der Arzt nickte, und Stamatis setzte seinen Hut wieder auf ... Er sah dem alten Mann durchs Fenster nach. Stamatis trat auf die Straße und machte sich auf den Rückweg. Dann hielt er an und schaute auf eine kleine Mohnblume am Straßenrand. Er ging in die Hocke, um sie zu pflücken, doch dann zuckte er wieder hoch. Er schaute sich um, ob auch niemand zusah. Er zog an seinem Gürtel, als ob er ihn fester zuziehen müsste, spähte auf die Blume und machte sich wieder auf den Weg, doch dann hielt er an. Wie ein kleiner Junge, der ein Bonbon klauen will, huschte er zurück, pflückte die Blume, versteckte sie unter seinem Mantel und stapfte mit einer übertrieben zur Schau gestellten Sorglosigkeit davon. Der Arzt lehnte sich aus dem Fenster und rief: »Bravo, Stamatis!«, und freute sich ein wenig über dessen Verlegenheit.[2]

Eine tragfähige Ehe braucht zwei Partner, die immer wieder Gelegenheiten finden, einander kleine Dienste zu erweisen und die Wertschätzung für das Handeln des anderen zum Ausdruck zu bringen.

Wenn es hektisch zugeht, denken wir oft instinktiv: »Wieso hilft er oder sie mir jetzt nicht?« Wenn unser Partner dagegen fragt: »Wie kann ich dir helfen?« oder spontan etwas erledigt, was er eigentlich gar nicht gern macht, dann handelt es sich unmissverständlich um »praktische Liebe«.

Eine Freundin schrieb dazu:

Mein Mann muss morgens oft sehr früh aus dem Haus, bevor die Kinder und ich wach sind. Häufig kommen wir später nach unten und sehen, dass die Spülmaschine ausgeräumt, der Tisch gedeckt ist und mein Mann für jedes Kind eine kleine Überraschung vorbereitet hat, nichts Großartiges, vielleicht einen Wackelpudding im Eierbecher oder eine Schokocreme. Doch dann kann ich regelrecht spüren, wie es mir warm ums Herz wird, und wir beginnen alle drei den neuen Tag mit besonders guter Laune (die in der Regel das ganze Frühstück über anhält). Die nächste Herausforderung für mich besteht darin, auch fröhlich zu sein, wenn dies nicht vorkommt. Wie schnell nehmen wir den anderen und das, was er tut, als selbstverständlich hin!

7 Zeit, Geschenke und Berührungen

Du weißt genau, dass Liebe vor allem das Verschenken der eigenen Person ist.[1]
Jean Anouilh

Zweisamkeit – Zeit nur für den Anderen

Ein Ehepaar, das vor zwei Jahren unser Eheseminar besuchte, kam neulich von Australien nach London zurück. Ihr Flug hatte Verspätung, und so mussten sie vier Stunden auf dem Flughafen von Hongkong herumbringen. Sie lasen Zeitungen und Zeitschriften und versuchten ihre kleine Tochter zu unterhalten. Danach saßen sie zwölf Stunden lang nebeneinander im Flugzeug.

Auf dem Weg vom Flughafen nach Hause sagte der Mann zu seiner Frau: »Ich habe neulich unsere Ehezeit vermisst. Wir müssen das wieder einplanen.« Seine Frau war überrascht. »Was meinst du?«, fragte sie, »Wir haben gerade eben sechzehn Stunden miteinander verbracht.« Doch ihr Mann meinte etwas anderes, er wünschte sich mehr. Er wollte ungestört mit seiner Frau zusammen sein, ohne die Ablenkungen und Sorgen, die mit einem Flug oder der Ankunft zu tun hatten.

Jedes Ehepaar braucht regelmäßig gemeinsam verbrachte Momente, wie wir in Kapitel 2 bereits besprochen haben. Für einige Menschen jedoch sind diese Zeiten ihre bevorzugte *Liebessprache*. Sie sehnen sich nicht nur nach körperlicher Nähe, sondern hungern regelrecht nach uneingeschränkter Aufmerksamkeit des Partners.

Nicky: *Für Sila spielen die Umgebung und die Art des Beisammenseins nur eine untergeordnete Rolle, dagegen ist es äußerst wichtig für sie, dass wir uns zuhören und miteinander reden, Ideen austauschen und unsere*

Hoffnungen und Ängste teilen. Solche regelmäßig miteinander verbrachten Momente helfen ihr, mit dem Druck und den Anforderungen ihres Lebens fertig zu werden, weil unsere Liebe ihr Selbstvertrauen gibt. Ich habe gelernt, dass unsere wöchentlichen »Augenblicke der Zweisamkeit« doppelt so wertvoll sind, wenn wir mit größter Wahrscheinlichkeit keine Bekannten treffen.

In Kapitel 2 haben wir von unserem Projekt berichtet, jedes Jahr zwei oder drei Nächte auswärts und ohne Kinder zu verbringen. In den beiden letzten Jahren waren wir in Paris und haben die Stadt erkundet, Kunstgalerien besucht und in kleinen Cafés gegessen. Diese zwei oder drei Tage waren sehr romantisch und haben uns viel Spaß gemacht. Für Sila sind solche Tage außerordentlich wichtig für ihr Gefühl, geliebt zu werden. Noch lange nach unserer Rückkehr konnte nichts ihre Freude und ihre gute Stimmung trüben. Ich habe immer mehr begriffen, dass diese besonderen Zeiten die besten Investitionen in unsere Ehe sind.

In der Bibel werden wir aufgefordert: »Euer ganzes Leben soll von Liebe bestimmt sein. Denkt daran, wie Christus uns geliebt und sein Leben für uns gegeben hat ...« (Epheser 5,2). Die meisten von uns sind nicht dazu berufen, unser Leben für den anderen hinzugeben, doch wir können unsere Liebe für den Partner ausdrücken, indem wir uns regelmäßig Zeit für ihn nehmen.

So kann es nötig sein, dass wir uns nach der Arbeit eine halbe Stunde hinsetzen, um dem anderen zuzuhören, was er an diesem Tag erlebt hat. Es kann auch bedeuten, morgens früher aufzustehen, um ein wenig Zeit vor Beginn des Tages miteinander zu verbringen. Es kann bedeuten, dass wir unsere Tagesplanung ändern und gemeinsam zum Mittagessen ausgehen. Oder wir sollten Vereinbarungen mit den Kinder treffen, damit wir unsere »Augenblicke der Zweisamkeit« allein genießen können. Praktische Liebe erfordert Überlegungen und Opfer, doch es lohnt sich: Die Belohnung übertrifft die Kosten bei weitem.

Geschenke, die von Herzen kommen

Geschenke waren schon immer Liebesbezeugungen, die sich durch alle Kulturen hindurchziehen. Geschenke sind sichtbare Symbole von Wertschätzung. Für manche Menschen sind sie so wichtig, dass sie ohne sie an der Liebe des Partners zweifeln. Ein Mensch, der gut schenken kann, wird in der Regel auch gern Geschenke *erhalten*. Wenn das auf unseren Partner zutrifft, sollten wir uns die Kunst des Schenkens aneignen.

Dabei handelt es sich um die Kategorie der fünf Liebessprachen, die am leichtesten zu erlernen ist. Wir müssen zuvor vielleicht unsere Einstellung zum Geld ändern. Wenn wir sowieso gerne Geld ausgeben, werden wir keine Schwierigkeiten damit haben. Wenn wir aber eher sparsam sind, müssen wir uns anstrengen, um Geld ausgeben zu üben. Es geht hier nicht um das Thema Großzügigkeit oder Geiz.

Sila: *Nicky ist einer der großzügigsten Menschen, die ich kenne, aber er ist von Natur aus sparsam. Er gibt nicht leicht Geld für Dinge aus, die für ihn entbehrlich sind, und daher weiß ich, dass es ihm schwer fällt, mir etwas nicht unbedingt Notwendiges zu kaufen. Doch er hat entdeckt, dass Geschenke eine Investition sind. Für mich sind Geschenke nicht die wichtigste Liebessprache, aber wenn Nicky unerwartet mit einem Blumenstrauß oder mit Schokolade auftaucht, obwohl ich nicht Geburtstag habe und wir auch nicht unseren Hochzeitstag feiern, dann registriere ich, wie sehr er mich liebt und wie er an mich denkt.*

Es gibt einige Hinweise für das Kaufen von Geschenken, die man berücksichtigen sollte:

Geschenke müssen nicht teuer sein – aber sie können wertvoll sein. Zum Beispiel kann eine aus dem Garten gepflückte Blume mit einer kleinen Karte Liebe genauso wirksam ausdrücken wie ein gekaufter Blumenstrauß.

Warten Sie nicht auf besondere Gelegenheiten. Spontane und unerwartete Geschenke machen den anderen sehr glücklich und geben ihm das Gefühl, dass er etwas Besonderes ist. Ein Geschenk kann jemanden in schwierigen Zeiten aufmuntern – wenn man unter Druck steht, sich unwohl fühlt oder Stress am Arbeitsplatz hat. Wenn unser Partner uns irgendwo geholfen hat, so kann ein Geschenk für ihn zeigen, dass wir seine Hilfe nicht als selbstverständlich hingenommen haben.

Finden Sie heraus, was Ihr Partner besonders gern mag. Es lohnt sich aufzuschreiben, welche Geschenke unserem Partner im Laufe der Jahre Freude gemacht haben – Geschenke von uns oder auch von anderen Personen. Wenn wir bummeln gehen, könnten wir uns merken, worauf er in einem Schaufenster zeigt.

Sila: *Im Laufe der Jahre haben wir blaues und weißes Porzellan verschiedenster Sorten und Muster gesammelt. Nicky hat mir einmal ein Paar blauweiße Frühstückstassen geschenkt, die etwas ganz Besonderes geworden sind. Ich bringe sie mit einem ausgedehnten Frühstück am Samstagmorgen in Verbindung. Jedes Mal, wenn wir sie benutzen, denke ich daran, wie Nicky diese Tassen liebevoll für mich ausgesucht hat.*

Es gibt zahllose Möglichkeiten. Der Schlüssel, um zu einem guten Schenkenden zu werden, ist: Das Geschenk muss etwas sein, was dem anderen Freude macht, nicht etwas, was wir selbst gern hätten!

»ICH HABE GEDACHT, DASS DU VIELLEICHT EINE NEUE STOẞSTANGE FÜR DAS AUTO HABEN MÖCHTEST, JANET.«

Man könnte diese Form der Liebessprache als materialistisch oder oberflächlich abtun. Doch wir sind alle unterschiedlich. Ein Ehemann, dem Geschenke nur wenig bedeuten, entdeckte erst nach mehreren Ehejahren, dass Geschenke für seine Frau außerordentlich wichtig sind. Anfangs gab er sich nur wenig Mühe mit dem Einpacken oder wie das Geschenk aussah. Mittlerweile ist ihm klar geworden, dass die Sorgfalt beim Einpacken und Übergeben des Geschenks für seine Frau fast genauso wichtig ist wie das Geschenk selbst.

Wenn unser Partner von uns erwarten würde, ihm einmal pro Woche einen Diamantring oder einen Sportwagen zu schenken, dann hätten wir allen Grund, seine Motive zu hinterfragen. Wir sollten uns auch hüten, unseren Partner mit Geschenken abzuspeisen als Ersatz für gemeinsam verbrachte Zeit oder Gespräche über schwierige Themen. Die Zeit und die Sorgfalt, die wir beim Aussuchen eines Geschenks aufwenden, machen es wirklich zu einem wertvollen Präsent. Wenn wir entsprechende Mühe in das Geschenk investiert haben, wird seine Auswirkungen seine Kosten weit übersteigen.

Zärtlichkeit

Viele Menschen, die sich nach einer langen Umarmung oder ausgiebigem Kuscheln im Bett sehnen, müssen sich mit einer neuen Küche oder Ferien auf den Bahamas zufrieden geben.[2]

Jeder Mensch hat das tiefe Bedürfnis, durch Berührung Liebe zu erfahren. Babys brauchen körperliche Zuwendung, um sich gesund zu entwickeln. Bilder von Waisenkindern in Rumänien oder China verdeutlichen diesen Zusammenhang auf tragische Weise. Mutter Teresa wusste über die Bedeutung von körperlicher Zuwendung Bescheid. Wenn sie sich um einen sterbenskranken Menschen kümmerte – egal, ob es ein Baby, ein Kind oder ein älterer Mensch war – hielt sie die Person im Arm und streichelte sie. Sie wusste, dass Liebe durch Zärtlichkeit oft besser ausgedrückt werden kann als durch Worte.

Zärtlichkeit ist ein wichtiger Aspekt der ehelichen Liebe und nicht nur ein Vorspiel für den Geschlechtsverkehr. Jemand schrieb: »Wer meinen Körper berührt, berührt mich als Person. Sich vor meinem Körper zurückzuziehen, bedeutet, sich von mir als Mensch zu distanzieren.«[3] Für Menschen, die sich in erster Linie durch Berührungen geliebt fühlen, kann eine Umarmung sämtliche Probleme der Woche vertreiben, während ein Mangel an Zärtlichkeit für eine solche Person zu Isolation, Leere und einem Gefühl von Ablehnung führt. Wenn wir in einer Familie aufgewachsen sind, in der Berührungen kaum eine Rolle gespielt haben, müssen wir diese Praxis der Liebesbezeugung mit großer Wahrscheinlichkeit erlernen. Wenn einer der Partner im Gegensatz zum andern nur wenig Erfahrung mit Berührungen hat, kann das anfangs verlegen machen. Halten Sie durch!

In der Ehe kann liebevolles Berühren auf vielerlei Arten geschehen: Man kann sich an den Händen halten, den Arm um die Schulter oder die Taille des Partners legen, sich küssen, sich umarmen, beim Vorbeigehen den anderen streifen ... Und es gibt eine große Vielfalt von Berührungen, um den anderen als Vorbereitung auf den Geschlechtsverkehr zu erregen.

Sila: *Ich liebe es, wenn Nicky und ich uns an den Händen halten, wenn wir nebeneinander hergehen. Obwohl ich weiß, dass es in bestimmten Situationen nicht unbedingt zu ihm passt, hat er gelernt, dass es sich lohnt, verlegen dabei zu sein, weil sich seine Frau durch diese Geste geliebt fühlt. Er weiß auch aus jahrelanger Erfahrung, dass er, wenn ich ängstlich oder besorgt bin, nichts anders zu tun braucht, als mich in die Arme zu nehmen, mich zu drücken und mich zärtlich zu küssen – meine Sorgen schmelzen dann förmlich dahin!*

Sowohl die sexuelle als auch die nicht sexuelle Berührung haben ihren Platz in der Ehe, doch wir sollten uns darüber im Klaren sein, dass Mann und Frau auf diesem Gebiet im Allgemeinen sehr unterschiedlich reagieren. Für die meisten Frauen ist der Wunsch nach körperlicher Berührung häufiger mit ihrem Bedürfnis nach Zuwendung als mit Lust auf Sex verbunden. Männer dagegen betrachten Berührungen meistens als Teil des sexuellen Vorspiels und werden dadurch schnell erregt.

Diese unterschiedlichen Reaktionen können zu einem Teufelskreis werden. Wenn eine Frau nicht genug Zuwendung erfährt, wird sie sich ihrem Partner häufig sexuell entziehen. Und wenn ein Mann nicht genug Sex bekommt, hat er mit Sicherheit wenig Lust, liebevoll und zärtlich zu sein. Häufig führt das in eine Sackgasse, und die sexuelle Beziehung beginnt zu verarmen. Wir müssen erkennen, was da passiert, darüber sprechen und miteinander vereinbaren, wie wir uns helfen können, um dieses gefährliche Muster zu durchbrechen.

Für einige Menschen ist das sexuelle Verlangen und die Sehnsucht nach körperlicher Zuwendung eine Gratwanderung. Man kann beides nicht so leicht voneinander trennen.

Matt und Penny, ein Ehepaar, das am Eheseminar teilgenommen hat, haben nach der Geburt ihres zweiten Kindes eine sehr angespannte Situation durchgemacht. Penny hatte keine Lust auf Sex, während Matt frustriert war und versuchte, sie trotzdem zum Geschlechtsverkehr zu bewegen. Sie berührte ihn bald überhaupt nicht mehr, aus Angst, er könnte ihre Berührungen als Ermutigung zum Geschlechtsverkehr auffassen. Je mehr er sich nach Sex sehnte, desto weniger war sie dazu bereit, und je weniger sie dazu bereit war, desto mehr hatte er Lust darauf. Beide wurden unzufrieden. Matt konnte nicht begreifen, warum seine Frau ihn ablehnte. Berührungen sind für ihn der wichtigste Ausdruck von Liebe, und so fühlte er sich ungeliebt und wertlos.

Penny dagegen war mittlerweile verletzt und verärgert und interpretierte sein Drängen auf Sex als mangelnde Sensibilität für ihre emotionale Verfassung. Sie gerieten in einen Kreislauf von gegenseitigen Beschuldigungen und vermieden irgendwann jeden körperlichen Kontakt.

Schließlich suchten sie den Rat von Freunden, und daraufhin bat Matt seine Frau um Verzeihung dafür, dass er seine Bedürfnisse über ihre Bedürfnisse gestellt hatte. Sie vergab ihm. Er stellte das Thema Sexualität für ungefähr zwei Monate zurück. Das war ein wichtiges Signal für Penny, dass seine Entschuldigung ernst gemeint war, und gab beiden die Möglichkeit, ihre seelischen Wunden heilen zu lassen. Schließlich öffnete sie sich ihrem Mann wieder. Sie konnten erneut zusammenrücken und einander berühren, ohne vor Missverständnissen Angst zu haben. Schon bald ging Penny auf Matts Annäherungen ein und begann sogar, wieder selbst behutsam die Initiative zu ergreifen.

Wenn körperliche Zuwendung für unseren Partner die wichtigste Liebessprache ist, können wir ihm gerade in Krisenzeiten durch Umarmungen und Berührungen zeigen, wie sehr wir ihn lieben. Zärtliche, liebevolle Berührungen werden dann auch lange nach dem Verblassen der Krise in Erinnerung bleiben.

Abschnitt 3 – Praktische Liebe

Schlussfolgerung

Es gehört zum Wichtigsten in einer Ehe zu erkennen, wodurch sich der Partner geliebt fühlt. Diese Entdeckung muss dann in die Praxis umgesetzt werden, wobei man berücksichtigen sollte, dass die Bedürfnisse des anderen ab und zu und unter anderen Bedingungen variieren können. Wir sollten nicht versuchen, unseren Partner zu ändern, sondern vielmehr seine Bedürfnisse akzeptieren und lernen, diesen Bedürfnissen entsprechend unsere Liebe zu zeigen.

In den Evangelien zeigte Jesus seine Liebe in allen fünf Liebessprachen: Durch Worte, Handlungen, Zeit, Geschenke und Berührungen. Er sprach aufbauende *Worte* zu den Jüngern: »Ich habe euch Freunde genannt ... Nicht ihr habt mich erwählt, sondern ich habe euch erwählt ...«. Er diente ihnen durch praktische *Handlungen*: Er wusch ihre Füße, als niemand diese erniedrigende und unangenehme Arbeit tun wollte. Er verbrachte *Zeit* mit den Jüngern, wo sie sich mit ihm ausruhen konnten. Er schenkte ihnen *Gaben*, als höchste Gabe die des Heiligen Geistes. Und er zeigte seine Liebe durch *Berührungen*: Er nahm Kinder in die Arme, berührte Leprakranke und erlaubte einer Prostituierten, seine Füße mit ihrem Haar zu trocknen. Beim letzten Abendmahl sagte Jesus seinen Jüngern: »Ihr sollt einander so lieben, wie ich euch geliebt habe« (Johannes 15,12). Wir müssen dieses Gebot zuallererst bei unserem Ehepartner erfüllen, indem wir ihm unsere Liebe in der Weise zeigen, die für ihn besonders wichtig ist und ihm das Gefühl gibt, für uns etwas ganz Besonderes zu sein.

Kennen Sie die bevorzugte *Liebessprache* Ihres Ehepartners? Und wie steht es mit Ihnen selbst? Wir müssen über das reden, was der andere tut oder unterlässt und durch was wir uns geliebt oder vernachlässigt fühlen.

Drücken Sie sich nicht davor! Es kann zu überraschenden Entdeckungen über Ihren Partner führen.

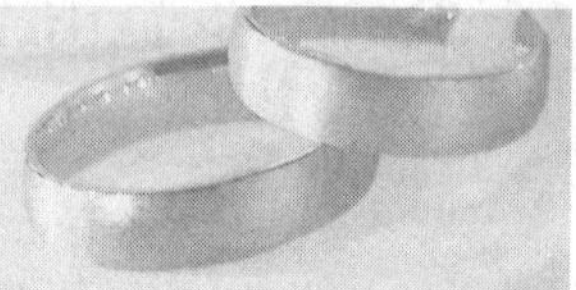

Dritte goldene Eheregel

Finden Sie heraus, auf welche Weise Ihr Partner Ihre Liebe am deutlichsten spürt.

Abschnitt 1: Tragfähige Fundamente bauen

Abschnitt 2: Die Kunst zu kommunizieren

Abschnitt 3: Praktische Liebe

Abschnitt 4: Konfliktbewältigung

Abschnitt 5: Die Kraft der Vergebung

Abschnitt 6: Eltern und Schwiegereltern

Abschnitt 7: Ein erfülltes Liebesleben

8 Unterschiede wertschätzen

Pol und ich sind theoretisch ziemlich gegensätzlich, und das ist ein wichtiger Bestandteil einer guten Partnerschaft.[1] Frank Muir

Ohne Unannehmlichkeiten ist keine Veränderung möglich, selbst vom Schlechteren zum Besseren.[2] Richard Hooker

Nicky: *Ich kann mich noch lebhaft daran erinnern, wie ich als Siebenjähriger für den Dreibeinwettlauf an unserem Schulsporttag trainierte. Mehrere Wochen vor dem Ereignis lief ich mit meinem linken Bein an das rechte Bein meines Freundes gebunden herum. Am Anfang war es eine Qual. Wir machten unterschiedlich große Schritte; wir vergaßen ständig, mit welchem Bein wir beginnen wollten; wir fielen vornüber auf den geteerten Boden, das Taschentuch, mit dem wir unsere Beine aneinander gebunden hatten, rieb an unseren Knöcheln, und wir hatten mehrmals einen heftigen Streit. Doch als der Sporttag kam, konnten wir aneinander gebunden beinahe genauso schnell laufen wie allein. Und wir gewannen das Rennen!*

Die Ehe ist mit diesem Dreibeinwettlauf vergleichbar; es wäre erstaunlich, wenn wir uns nicht von Zeit zu Zeit wünschen würden, allein zu laufen. Paul Tournier, der Autor von *Marriage difficulties* (Eheprobleme), schrieb: »Meinungsverschiedenheiten sind absolut normal. Sie sind sogar positiv. Eine Ehe gelingt, wenn die Partner ihre Probleme gemeinsam angehen und sie gemeinsam überwinden.«[3]

Eine Umfrage von 1998 ergab folgende Motive für Streitigkeiten zwischen britischen Paaren: An erster Stelle steht das Geld, es folgen persönliche Gewohnheiten (besonders Unordentlichkeit), Kinder, Hausarbeit, Sex, Verwandte und Freunde. In der Zeitung *The Times*, in der zwei Tage vor dem Valentinstag über diese Umfrage berichtet

wurde, stand außerdem: »Die häufigste Form der Auseinandersetzung ist offenkundig ein Streit, auf den ein völliger Mangel an Kommunikation folgt ...« Ein Eheberater sagt dazu: »Die Art und Weise, wie Ehepartner ihre Auseinandersetzungen bewältigen, ist der wichtigste Indikator für das Gelingen oder Scheitern einer Ehe.«[4]

In der Ehe sind zwei Menschen mit unterschiedlichem Hintergrund, unterschiedlichen Persönlichkeiten, Wünschen, Ansichten und Prioritäten für den Rest ihres Lebens in der intimsten Beziehung zusammengestellt, die überhaupt möglich ist. Dazu kommt die Selbstsucht, die der menschlichen Natur zu eigen ist: Der Wunsch, dass die Dinge nach *meinen* Vorstellungen laufen, dass *meine* Rechte berücksichtigt werden, dass *meinen* Ansichten beigepflichtet wird und dass *meine* Interessen zum Zug kommen.

Eine seit sechs Monaten verheiratete Frau erzählte, dass sie sich in ihrer Ehe in erster Linie über das gewundert hat, was sie über sich selbst gelernt hat – viel mehr als über das, was sie an ihrem Ehemann entdeckte: »Ich habe den Eindruck, dass man mir einen Spiegel vorhält und ich sehen kann, wie egoistisch ich bin.« Um eheliche Vertrautheit zu erlangen, wird unsere Freiheit, nur das zu tun, was uns gefällt, erheblich eingeschränkt.

Sila: *Ich erinnere mich lebhaft an eine Auseinandersetzung mit Nicky. Unser erstes Kind war damals gerade sechs Monate alt, wir lebten in Japan und ein befreundeter Junggeselle, der zweihundert Meilen entfernt wohnte, lud uns übers Wochenende ein.*

Er war ein echtes Unterhaltungstalent voller Energie, und immer wenn er uns zu einem Wochenende einlud, plante er Frühstückspartys, lud Freunde zum Kaffee ein und fungierte als Gastgeber zum Mittagessen, zum Tee und für Dinnerpartys!

Am Mittwoch vor besagtem Wochenende hatte ich ziemlich Angst vor dem Ereignis; meine sechs Monate alte Tochter hielt mich in Atem, und allein bei dem Gedanken, ein Wochenende bei unserem Freund zu verbringen und mein Baby jedem vorstellen zu müssen, war ich bereits erschöpft. Nicky blieb hartnäckig. Wir hatten die Einladung angenommen und uns war klar, dass viele Einladungen und Arrangements rund um uns drei organisiert worden waren, also mussten wir hingehen.

Wir hielten beide stur an unserem Standpunkt fest. Als es mir nicht gelang, Nicky verbal zu überzeugen und er meine Erschöpfung offenbar nicht berücksichtigte, sah ich rot.

Es war gerade die japanische Apfelsaison und wir hatten eine große Kiste Äpfel gekauft. Ich nahm einen Apfel nach dem anderen heraus und warf sie Nicky quer durch den Raum an den Kopf.

Er konnte sich vor schlimmeren Verletzungen retten, indem er sich hinter der Bank verkroch, bis der Korb leer war. Glücklicherweise kann ich sagen, dass dies die einzigen Gegenstände sind, die ich je nach Nicky geworfen habe, doch es passiert mir durchaus, ihm Worte an den Kopf zu schmeißen, wenn ich ärgerlich bin. Das Ende der Geschichte folgt später in diesem Abschnitt.

Meinungsverschiedenheiten und Konflikte können eine Ehe festigen oder zerstören. Wenn beide Partner entschlossen sind, ihren Willen durchzusetzen, und alles tun, um den anderen von ihrer Meinung zu überzeugen, dann resultiert daraus in der Regel eine Art Stellungskrieg. Wir verschanzen uns, um unsere eigene Position zu festigen, und schützen uns, indem wir den anderen in Schach halten und gelegentlich eine Offensive starten. Auch wenn es so aussieht, als ob einer von uns beiden dieses seltsame Gefecht gewinnen würde, sind wir doch in Wirklichkeit beide Verlierer. Denn zwischen uns befindet sich ein großes Niemandsland, voller Stacheldraht und spitzen Bemerkungen, noch nicht explodierten Bomben und ungelösten Problemen. Der Konflikt hat unsere Vertrautheit zerstört.

Meinungsverschiedenheiten können aber eine Ehe auch festigen, wenn die Partner bereit sind, sie gemeinsam zu bewältigen. Das kann natürlich bedeuten, dass wir uns grundlegend ändern müssen. Beim Dreibeinwettlauf müssen beide Partner ihren Schritt an den des anderen anpassen. Der Reformator Martin Luther hat festgestellt, dass es zwei Möglichkeiten gibt, weniger egoistisch und mehr wie Jesus Christus zu werden: entweder in ein Kloster einzutreten oder zu heiraten!

Im Folgenden finden Sie den ersten Schritt zur effektiven Konfliktlösung.

Unsere Unterschiede wahrnehmen

Anders als der Partner zu sein, kann Konflikte heraufbeschwören, aber auch Spannung und Farbe in eine Ehe bringen. Wenn wir in allen Dingen die gleiche Meinung hätten, wäre unsere Ehe ziemlich langweilig. Die besten Teams bestehen aus Leuten, die ihre unterschiedlichen Talente, Temperamente und Einsichten zugunsten aller Beteiligten einsetzen. Eine Fußballmannschaft bringt keine Erfolge, wenn alle elf

Spieler Verteidiger sind. Ein Unternehmen wird sich nicht erfolgreich am Markt behaupten können, wenn alle Mitarbeiter Visionäre sind und sich niemand für die Entwicklung von Details interessiert.

Im vorigen Abschnitt haben wir uns mit den unterschiedlichen Möglichkeiten, sich geliebt zu fühlen, beschäftigt. Es gibt viele weitere Unterschiede in unserer Auffassung vom Leben, und Gegensätze ziehen sich häufig an. Unbewusst fühlen wir uns zu jemandem hingezogen, der uns ergänzt – der die Eigenschaften besitzt, die uns fehlen.

Zu Beginn einer Beziehung passt man sich aneinander an. Viele Paare sind sich ihrer Unterschiede noch nicht einmal bewusst. Durch das Verliebtsein sind wir sehr tolerant; wir verhalten uns so, dass wir zueinander passen. Wenn die erste Verliebtheit nachlässt, können genau die Unterschiede, die zuerst so anziehend waren, nun zu Konflikten führen.

In dieser Phase wird die gegenseitige Anpassung durch Bemühungen ersetzt, die Unterschiede auszuräumen. Wir versuchen unseren Partner dazu zu zwingen, dass er genauso denkt und handelt wie wir. Wenn wir gerne im Voraus planen, erwarten wir von unserem Partner, dass er auch im Voraus plant. Wenn wir jeden Abend unsere Kleidung in den Kleiderschrank hängen, verlangen wir von unserem Partner, dass er genau dasselbe tut. Wenn wir die Zahnpastatube von unten nach oben ausdrücken, erwarten wir das Gleiche vom anderen. Wir fordern; wir manipulieren und machen unserer Unzufriedenheit Luft. All das zerstört unsere Nähe. Leider kommen viele Paare in diesem Stadium zu dem Schluss, dass sie eben nicht zusammenpassen. Aber das stimmt nicht. Unterschiede ergänzen sich, und wenn man richtig damit umgeht, sind sie ein Vorteil für die Beziehung. Wir müssen von dem Bemühen, unsere Unterschiedlichkeit auszuräumen, dahin kommen, sie bewusst und entschlossen wertzuschätzen.

Verschiedene Persönlichkeiten

Bill und Lynne Hybels, die Leiter einer der größten Gemeinden der Vereinigten Staaten, erlebten eine grundlegende Veränderung ihrer Beziehung von Frust hin zu Verständnis und Wertschätzung, indem sie ihre unterschiedlichen Persönlichkeitsstile erkannten und akzeptierten. In ihrem Buch *Love That Lasts* schrieben sie:

Fachleute auf dem Gebiet Persönlichkeitsentwicklung lehren, dass Menschen nicht nur mit blauen oder braunen Augen, mit schwarzem oder blondem Haar, groß oder klein auf die Welt kommen, sondern dass sie bei ihrer Geburt Veranlagungen für ein bestimmtes Denken, Verhalten und die Auffassung der Welt mitbringen. In den 50er Jahren führten Isabel Myers und Katharine Briggs Karl Jungs Arbeit über verschiedene Temperamente weiter und entwickelten einen Test zur Identifizierung von Persönlichkeitstypen auf der Grundlage von verschiedenen Kombinationen angeborener Eigenschaften. Dieser Test wurde als Myers-Briggs Type Indicator bekannt.[5]

Viele setzen den Myers-Briggs-Test im Geschäftsleben ein, um die unterschiedliche Denkweise ihrer Mitarbeiter besser zu verstehen. So können die Stärken und Schwächen der Einzelnen erkannt werden. In der Ehe sollte man auch die Persönlichkeitsunterschiede der Partner erkennen, und das Verständnis hierfür kann uns viele Jahre von Frust ersparen.

Im Folgenden geben wir eine knappe Beschreibung der vier Kategorien, wobei wir gelegentlich unsere eigenen Begriffe verwenden. In jeder Kategorie haben wir Anteile, die sehr stark oder eher schwach ausgeprägt sind. Wo ein Charakterzug extrem ausgeprägt ist, werden wir uns leicht wieder erkennen; wo er schwach ausgeprägt ist, finden wir uns nicht sofort darin wieder. Während Sie sich mit den vier Kategorien befassen, versuchen Sie herauszufinden, welcher Persönlichkeitstyp auf Sie und welcher auf Ihren Partner zutrifft. Wo uns Unterschiede zwischen uns und unserem Partner bewusst werden, sollten wir darüber nachdenken, ob sie Konflikte auslösen oder aber zu einer größeren gegenseitigen Wertschätzung dienen.

Erste Kategorie: Extrovertiert oder introvertiert

Diese Kategorie hat mit der Energiequelle zu tun, aus der jemand schöpft. Extrovertierte Menschen holen sich Energie aus der Begegnung mit anderen Menschen. Sie wollen möglichst viel Zeit mit anderen zusammen sein und leben auf einer Party so richtig auf. Für sie ist Reden sehr wichtig, denn dadurch können sie ihre Gedanken ordnen. Tatsächlich ist ein großer Teil ihres Redens lautes Denken. Extrovertierte Menschen genießen ab und zu das Alleinsein, aber wenn sie zuviel davon haben, trocknen sie emotional aus. Sie sind auf die Außenwelt angewiesen, um ihre Batterien aufzuladen.

Introvertierte Menschen dagegen schöpfen ihre Energie aus ruhigem Nachdenken. Es liegt in ihrer Natur, sich in die innere Welt ihrer Gedanken und Ideen zurückzuziehen. Sie sind zwar warmherzig, freundlich und fürsorglich, aber zu viele soziale Kontakte erschöpfen sie, und sie brauchen Zeit, um sich wieder allein zu erholen. Sie mögen es im Allgemeinen lieber, wenige enge Freunde zu haben, anstatt viele Bekanntschaften zu pflegen, und entscheiden sich häufig für einen Abend zu Hause statt für ein Treffen mit anderen. Sie sind eher ruhige Vertreter und legen ihre Gedanken zurecht, bevor sie reden.

Ein introvertierter Mensch schätzt die Leichtigkeit, mit der der Extrovertierte auf viele verschiedene Leute zugeht, während der Extrovertierte die ruhige Nachdenklichkeit des Introvertierten bewundert.

Zweite Kategorie: Logisch oder intuitiv

In dieser Kategorie geht es darum, wie wir die Welt um uns herum sehen. Menschen, die sehr logisch veranlagt sind, benutzen ihre fünf Sinne, um Informationen zu sammeln. Sie wollen Fakten und lernen durch Erfahrung. Sie mögen Klarheit und praktische Dinge statt theoretische Vermutungen. Sie interessieren sich für Einzelheiten und lösen Probleme durch sorgfältiges Analysieren von Fakten. Man kann sie als methodisch, pragmatisch und auf das Hier und Jetzt fixiert beschreiben.

Menschen, die intuitiv veranlagt sind, bevorzugen eher theoretische Ideen als Fakten und sind innovativer, ihnen liegt die Praxis nicht so. Sie sehen zuerst ein großes Bild statt Details. Sie spekulieren gern über das, was sein könnte, und denken in die Zukunft. Sie lösen Probleme oft durch Ahnungen oder Gefühle und wechseln rasch von einer

Aktivität zur nächsten. Man würde sie als einfallsreich und unkonventionell beschreiben.

Der erste Typ könnte als »Kleinigkeitskrämer« betrachtet werden, während der zweite Typ als jemand gilt, »der in höheren Regionen schwebt«. Aber für Projekte beispielsweise sind beide Persönlichkeitsmerkmale nötig. Der intuitive Mensch ist eher Visionär und hat einen Blick für große Ideen und Ziele; der logisch veranlagte Mensch konzentriert sich auf praktische Dinge, Einzelheiten und konkrete Aktionspläne.

Dritte Kategorie: Denker oder Fühlender

Diese Kategorie beschreibt, wie wir Entscheidungen treffen. Menschen mit einer hohen Neigung zum »Denken« sind sich über ihre Ziele im Klaren. Effizienz, Gerechtigkeit und Wahrheit motivieren sie. Im Geschäftsleben haben Produktivität und Gewinn für diesen Persönlichkeitstyp oberste Priorität. Wenn er eine klare Zielvorgabe hat, bewegt er sich schnell und konzentriert auf dieses Ziel zu.

Bei Menschen, die eher zum Fühlen neigen, regiert das Herz über den Kopf, und Beziehungen sind wichtiger als Ziele. Sie haben tiefe Empfindungen und können sich sehr gut in andere Menschen hineinversetzen. Ihre Entscheidungen hängen davon ab, welchen Einfluss diese auf andere haben. Sie nehmen die Schuld eher auf sich als andere zu beschuldigen und sehen häufig grau, wo der Denker schwarz oder weiß sieht.

Der Gefühlvolle bewundert möglicherweise das zielstrebige Verfolgen einer Vision des Denkers, während der Denker die Fähigkeit des gefühlvollen Mitmenschen, eine Atmosphäre von Toleranz, Ermutigung und Fürsorge für andere zu schaffen, wertschätzt. Ein effektives Team wird durch beide Persönlichkeitstypen stark.

Vierte Kategorie: Strukturiert oder flexibel

In dieser Kategorie geht es darum, ob wir lieber im Voraus planen oder ob wir lieber spontan sind. Menschen, die ein strukturiertes Leben mögen, entscheiden über den Lauf der Dinge und richten sich dann danach. Flexible Persönlichkeiten legen sich möglichst lange nicht fest, um sich ein Hintertürchen für neue Informationen, ein besseres Angebot oder einen günstigeren Handel offen zu lassen.

Menschen, die eher strukturell veranlagt sind, können sehr gut Prioritäten festlegen und organisieren. Sie sind zufrieden, wenn sie

Zeitvorgaben schaffen oder sogar noch vorher ihr Ziel erreichen, aber sie haben Schwierigkeiten, mit unvorhergesehenen Situationen fertig zu werden.

Flexible Typen schwimmen gerne mit dem Strom. Sie lieben Freiheit und Spontaneität und zögern, Pläne endgültig festzulegen. Sie scheinen oft zu spät dran zu sein und kümmern sich nicht um die genauen zeitlichen Absprachen, denn sie vertrauen darauf, dass sich die Dinge zum Besten entwickeln werden. Manchmal versäumen sie Gelegenheiten, weil sie Entscheidungen hinauszögern. Dagegen können sie sehr gut mit unvorhergesehenen Ereignissen umgehen und erreichen etwas, wo andere pessimistisch sind.

Das Beste aus unseren Unterschieden machen

Wenn wir uns diesen Kategorien zuordnen, verleugnen wir dadurch nicht unsere Einzigartigkeit und Individualität. Jeder Persönlichkeitstyp besteht aus einer außerordentlich großen Vielfalt. Wenn wir uns einem Typ zuordnen, bedeutet dies nicht, dass wir nicht auch entgegengesetzte Eigenschaften des Spektrums entwickeln können. Der Myers-Briggs-Test besagt keineswegs, dass der Denker gefühllos ist oder dass der Gefühlvolle keine Ziele hat, und er legt auch nicht fest, dass ein introvertierter Mensch keine Party mögen oder der Extrovertierte keinen einsamen Waldspaziergang genießen kann. Doch die beschriebenen Schwerpunkte sind von grundlegender Bedeutung für unsere verschiedenen Auffassungen vom Leben.

Der erste Schritt besteht darin, unsere Unterschiede anzuerkennen. Im zweiten Schritt akzeptieren wir, dass es keinen richtigen oder falschen Weg gibt. Unsere instinktive Haltung ist nicht besser oder schlechter als die unseres Partners. Sie ist nur *anders*. Jeder Schwerpunkt leistet einen wertvollen Beitrag, hat aber gleichzeitig auch seine Grenzen. Wenn wir unser Verhalten als normativ und das des anderen als falsch einordnen, so ist die Wahrscheinlichkeit, dass wir eine vertraute Beziehung zum Ehepartner aufbauen können, eher gering.

Der dritte Schritt besteht darin zu glauben, dass unsere Unterschiedlichkeiten sich ergänzen können. Eine Ehe wird wesentlich stabiler, wenn wir das betonen, was wir am anderen bewundern – und nicht auf das starren, was uns an ihm ärgert. Bill Hybels schreibt über seine Frau Lynne:

Lynne ist ein strukturierterer Mensch als ich; ich bin da spontaner. Ich fand es faszinierend, wie sie alles plant … Doch nach mehreren Ehejahren verwandelte sich meine Bewunderung in Frust. Ich begann mich über die Eigenschaften zu ärgern, die ich ursprünglich so anziehend fand … Es ging um Strukturen. Lynne konnte einfach nicht mit offenen Fragen leben – sie wollte immer genau alles absehen können: Wohin wir in Urlaub fahren, wann wir aufbrechen und wann wir zurückkommen – alles im Voraus! … Nun hat sich der Kreis wieder geschlossen: Ich empfinde tiefe Wertschätzung den Unterschieden zwischen uns gegenüber.

Lynne ist ein introvertierter Typ und wir haben ein ruhiges Zuhause – eine Zuflucht. Ich habe ständig mit vielen Menschen zu tun und bin an dieser Stelle oft übersättigt. Ich brauche eine Frau, die die Dinge im Lot hält. Es ist Lynnes strukturierter Art zu verdanken, dass wir ein geordnetes Heim haben. Wir haben saubere Kleidung. Wir ernähren uns gesund. Unser Budget ist in Ordnung. Wir haben zwei Kinder, die genug Disziplin besitzen, um ihre Hausaufgaben korrekt zu erledigen. Und ich muss zugeben, dass einige unserer Abenteuer durch ihr sorgfältiges Planen wertvoller wurden.

Sehr oft war ich versucht, Hammer und Meißel zu nehmen und Lynne zu einer Kopie meiner selbst zu formen. Hin und wieder machte ich das tatsächlich. Gott sei Dank hatte ich damit keinen Erfolg. Mir ist klar geworden, dass einer von meiner Sorte in unserem Haus mehr als ausreichend ist.[6]

Lynne stellt die Dinge aus ihrer Sicht dar:

Ich habe von Bill gelernt, in Bezug auf einen strukturierten Lebensstil etwas lockerer zu werden. Ich mag es immer noch viel lieber, Dinge im Voraus zu planen und mit einer geordneten Routine zu leben, aber ich habe auch entdeckt, dass das Durchbrechen der Routine ab und zu durch ein bisschen Spontaneität viel Freude ins Leben bringt und Beziehungen noch wertvoller macht. Das gilt besonders für den Umgang mit meinen Kindern. Ungeplante, spontane Erlebnisse mit ihnen waren oft die schönsten Momente, und ich hätte diese Gelegenheiten vermutlich versäumt, wenn ich nicht durch Bills eher unkonventionellen und flexiblen Lebensstil beeinflusst worden wäre.[7]

In der Übersicht auf Seite 120 haben wir einige Bereiche aufgelistet, an die Ehepartner sehr unterschiedlich herangehen können. Versuchen

Sie Ihre Position in den einzelnen Bereichen festzustellen und dann zu erkennen, wo Sie sich von Ihrem Partner unterscheiden und ob dies zu einem Konflikt führt. Am Ende der Übersicht ist noch genug Platz, um weitere Bereiche aufzulisten, in denen es Unterschiede zwischen Ihnen gibt.

Über den unterschiedlichen Umgang mit Geld diskutieren

Es geschieht oft, dass ich annehme, meine Auffassung sei die bessere, und meinen Partner dafür kritisiere, dass er anders darüber denkt. Besonders beim Thema Geld wird dies deutlich. Wem es leicht fällt zu sparen, macht dem, der gerne Geld ausgibt, Vorwürfe. Dabei geht er davon aus, dass er sich besonders tugendhaft und »richtig« verhält.

Nicky: *Sila und ich gingen mit ganz unterschiedlichen Einstellungen zum Geld in die Ehe. Darin zeigte sich unsere unterschiedliche Persönlichkeit, und sicher haben auch unsere Eltern zu unserer Haltung gegenüber dem Geld beigetragen.*

Es gibt drei Möglichkeiten, mit Geld umzugehen: sparen, ausgeben oder spenden. Wir konnten uns problemlos darüber einigen, wie viel und wann wir Geld spenden wollten. Doch in Bezug auf sparen und ausgeben sind wir sehr gegensätzlicher Meinung. Sila gibt gerne Geld aus, während ich gern spare. (Ich erinnere mich daran, dass ich als Kind alte silberne Sixpence-Stücke sammelte. Später musste ich feststellen, dass die Münzen kein aktuelles Zahlungsmittel mehr waren, und mein ganzer Spardoseninhalt war nichts mehr wert!)

Als wir jung verheiratet waren, war ich angestellt, während Sila noch studierte. Ich gab Sila monatlich einen bestimmten Betrag für die Haushaltskosten. Ich hoffte, dass sie nicht mehr als diese Summe ausgeben würde, aber diese Hoffnung war vergeblich. Ich hatte stets genug Reserven, um die Mehrausgaben auszugleichen, aber ich ärgerte mich über Silas offensichtliche Unfähigkeit, ihre Ausgaben im Griff zu haben. Sie wiederum hatte Schuldgefühle. Wir dachten beide, dass ich besser mit Geld umgehen könne, weil ich es nicht so leicht ausgebe wie sie.

Nach fünfzehn Ehejahren wurde mir auf einmal bewusst, dass ich mich geirrt hatte. Wir können beide etwas besser: Sila kann besser ausgeben – sie weiß, was wir jede Woche benötigen, und sie kauft gern ab und zu kleine Extras und Überraschungen für die Familie oder Geschenke für andere. Ich dagegen kann besser sparen. Ich kümmere mich nicht darum, wie viel und was wir haben oder nicht haben. Ich erledige das Sparen und sorge dafür, dass wir unsere Rechnungen bezahlen können.

Seitdem wir erkannt haben, dass wir uns in unseren unterschiedlichen Anschauungen ergänzen, bin ich nicht mehr ärgerlich über Silas Ausgaben, und Geld ist nun kein Konfliktherd mehr für uns. Wir haben genau durchgesprochen, wie viel Geld wir für die verschiedenen Bedürfnisse monatlich aufwenden müssen. Sila hat mir beigebracht, nicht übervorsichtig zu sein und großzügiger für uns und für andere auszugeben. Unsere Kinder bekamen als wöchentliches Taschengeld 1 Pence für jedes Lebensjahr: 6 Pence im Alter von 6 Jahren, 8 Pence im Alter von 8 Jahren und so weiter. Ich sah darin kein Problem, bis mir Sila klarmachte, dass unsere zehnjährige Tochter mit 10 Pence pro Woche einfach nicht lernen konnte, wie man sinnvoll mit Geld umgeht. Ich bin so froh, dass Sila mich mit Unterstützung der Kinder dazu bringen konnte, meine Haltung zu ändern.

Andererseits habe ich Sila beigebracht, ihre Ausgaben besser im Griff zu haben und unser Budget nicht zu überschreiten. Nun halte ich keine monatliche Summe mehr zurück, um für eventuelle Notfälle zu sparen, sondern gebe Sila alles, was wir für den jeweiligen Monat auszugeben vereinbart haben, und sie verwendet es für die Dinge, die sie für nötig hält.

Sila: *Für mich ist es nicht von Natur aus selbstverständlich, diszipliniert zu haushalten. Ich kann nicht besonders gut mit Zahlen umgehen, was sicherlich damit zusammenhängt. Ich würde mich nicht als extravagant einstufen, und ich bin auch niemand, der für sein Leben gern shoppen geht. Ich kaufe aber fast alles ein, was wir als Familie brauchen, und auch alle Geschenke. Insgesamt bin ich hauptsächlich fürs Ausgeben und Nicky hauptsächlich fürs Sparen zuständig. Das ergab sich so, ohne dass wir es geplant hätten.*

Ich hatte ständig Schuldgefühle, weil ich dauernd mehr ausgab, als mir zur Verfügung stand (und dabei war ich davon überzeugt, dass ich gar nicht mit weniger auskommen konnte). Nicky frustrierte dies, weil ich mich nicht änderte. Nicky war jedoch so nachsichtig, dass wir es jahrelang nicht für nötig hielten, nach einer echten Lösung zu suchen.

Schließlich führten wir ein offenes Gespräch über unsere Gefühle und was wir tun sollten. Seitdem haben sich unsere Rollen nicht verändert, doch ich habe mit Nickys Hilfe angefangen, besser vorauszuplanen und ihm vor allem Bescheid zu sagen, wenn ich wahrscheinlich das Budget überschritten habe. Mir ist klar geworden, dass es besser ist, diese Dinge offen zu besprechen, als zu hoffen, dass sich die Probleme irgendwie von selbst lösen.

Früher hatte ich Probleme mit dem Geld, es machte mir Angst und ich wollte nicht darüber diskutieren. Das Anerkennen meiner Schwäche und das Besprechen des Ganzen hat meine Ängste ganz erheblich verändert.

Da Finanzen der größte Konfliktherd zwischen britischen Ehepartnern sind, sollte jedes Paar darüber reden, wie es sein Geld nutzen will. Dies ist eigentlich ein ganz normales Thema, aber es ist erstaunlich, wie wenige Paare es tatsächlich tun.

Oft hat ein Ehepaar bestimmte Prioritäten für Ausgaben, daher ist es wichtig, für jeden Bereich eine bestimmte Summe im Voraus einzuplanen. Es kann hilfreich sein, verschiedene Konten zu führen: ein gemeinsames Konto für die Haushaltsführung, Rechnungen und Notwendigkeiten, und ein extra Konto für Geschenke oder andere nicht unbedingt erforderliche Ausgaben. So hat jeder Partner genug Freiraum, eigene Entscheidungen zu treffen.

Wenn es uns schwer fällt, nicht zu viel auszugeben, dann sollten wir besser bar bezahlen und auf Kreditkarten verzichten. (Sollte einer der Partner ernsthafte Probleme haben oder sind Sie hoch verschuldet, dann nehmen Sie Hilfe in Anspruch. Wir haben am Ende des Buches einen Hinweis auf Schuldenberatung gegeben, die auf diese Problematik spezialisiert ist). Wenn wir dagegen feststellen, dass wir zu knauserig mit unserem Geld umgehen, dann sollten wir ausmachen, eine bestimmte Summe für Freizeit, Geschenke, Unterhaltung, Spenden und so weiter vorzusehen.

Wenn einer der Partner arbeitet und der andere zu Hause bleibt, so kann bei dem Verdiener leicht der Gedanke aufkommen: »Ich arbeite mich kaputt, um Geld zu verdienen, und du hast nichts anderes zu tun, als es auszugeben.« In solch einer Situation kommen schnell Missverständnisse über den Tagesablauf des anderen auf. Auf: »Du sitzt doch den ganzen Tag nur zu Hause« entgegnet dann der andere: »Du tust ja nichts anderes, als jeden Mittag fein essen zu gehen.«

Wir müssen in unserer Ehe einig sein, dass alles, was wir haben – einschließlich des Gehalts – beiden Partnern gehört. Beide sollten über die Finanzlage Bescheid wissen. Wenn einer der Partner über die

Einkommenssituation, die Höhe der Ersparnisse oder der Schulden im Unklaren gelassen wird, so kann das ernstliche Probleme geben – nicht nur im Blick auf das Ausgabeverhalten, sondern wir könnten uns auch vom anderen hinters Licht geführt vorkommen. Wir müssen *gemeinsam* erarbeiten, wie wir unser Geld einsetzen wollen. Es kann hilfreich sein, für beide Partner ein Ausgabenlimit für verschiedene Bereiche festzulegen, sodass nicht jedes Mal der Rat oder die Zustimmung des anderen eingeholt werden muss.

Ein am Ehekurs teilnehmendes Paar erzählte uns, dass beide regelmäßig über die Art der Ausgaben miteinander stritten. Die Ehefrau wusste nicht, wie viel Geld sie zur Verfügung hatte, und der Ehemann kritisierte ständig, dass sie zu viel Geld ausgab. Vor zwei Jahren stellten sie gemeinsam ein detailliertes Budget auf und vereinbarten, wie sie ihr Geld verwenden und wie sie es schaffen wollten, dass sich ihre Ausgaben mit ihren Einkünften deckten. Vorher hatte der Ehemann eher willkürlich und planlos die Ausgaben festgehalten, doch schließlich kamen sie überein, dass die Ehefrau für diese Aufgabe besser geeignet sei. Seitdem haben sie sich nie mehr wegen Geldangelegenheiten gestritten.

Gespräche über unsere Finanzen können uns einander näher bringen, doch wenn wir nicht darüber reden, werden wir uns wegen aufkommender Missverständnisse und Ärger voneinander entfernen.

Als Hilfestellung für die Entwicklung eines Budgets haben wir einen entsprechenden Anhang beigefügt. Am besten sprechen wir über sämtliche Ängste und Frustgefühle in Bezug auf Finanzen, während wir diese Arbeit gemeinsam erledigen. Dabei werden wir auch unsere Stärken und Schwächen in diesem Bereich entdecken.

Sinn für Humor bewahren

Unterschiede zwischen zwei Partnern führen entweder zum Konflikt oder sie bringen Farbe und Abwechslung in die Ehe. Wenn wir unsere Unterschiede wertschätzen können, macht uns das Anderssein des Partners Freude. Bei den meisten Paaren spielt das Lachen in der Anfangzeit ihrer Beziehung eine wichtige Rolle. Man amüsiert sich über die Persönlichkeitsmerkmale und das Verhalten des anderen, wo wir uns unterscheiden. Und wenn sich die Beziehung weiterentwickelt, kann man oft über diese individuellen Charakterzüge lachen, was wiederum die Freude am anderen verstärkt.

Solch ein Spaß ist das genaue Gegenteil von boshaftem Necken, mit dem man den anderen bloßstellen und demütigen will. Durch liebevolles Necken drücken wir eine sich vertiefende Vertrautheit in der Ehe aus: Unser gemeinsames Lachen bezeichnet unsere Beziehung, die ausschließlich uns gehört – hier ist Raum für private Späße, lustige gemeinsame Erinnerungen und lebenslangen Humor. All das hilft uns dabei, uns selbst nicht zu ernst zu nehmen und bewahrt unsere Beziehung davor, angespannt oder bedrückend zu werden.

Judith Wallerstein beobachtete fünfzig glücklich verheiratete Paare und versuchte herauszufiltern, welcher gemeinsame Faktor für eine dauerhafte gelungene Beziehung verantwortlich ist. Dabei entdeckte sie, dass Humor einer der entscheidenden Bestandteile einer solchen Beziehung ist:

Immer wieder erzählten diese glücklich verheirateten Paare, dass sie ihr gemeinsames Lachen sehr verbindet. Viele Männer verwendeten den Begriff »lustig«, um ihre Ehefrau zu beschreiben. Diese Paare meinten mit Humor und »lustig« etwas viel Tiefergehendes als die neuesten Witze. Sie beschrieben damit eine sehr vertraute, lockere und spontane Art des Umgangs miteinander, die sie zusammenhält.[8]

Wenn wir immer wieder unsere Unterschiede wertschätzen und einander liebevoll necken, bleiben Lachen und Humor in unserer Ehe lebendig. So vermeiden wir es, einander als selbstverständlich hinzunehmen, und die kleinen Ärgernisse des Alltags verlieren ihr Gewicht. Joan Erikson erwiderte auf die Frage, welcher Faktor für ihre sechzig Jahre andauernde Ehe mit dem Psychoanalytiker Erik Erikson ausschlaggebend war, ohne Zögern: »Sinn für Humor. Wenn man keinen Humor hat, was bleibt dann noch? Humor gleicht vieles aus.«[9]

Zu Veränderungen bereit sein

Wir können zwar *nicht* unser eigene oder die Persönlichkeit unseres Partners grundsätzlich ändern, doch wir *können* neue Gewohnheiten und neues Verhalten einüben und verändern. In einer Ehe ist das notwendig, damit wir uns einander anpassen. Man darf nicht sagen: »So bin ich eben.« Wenn wir uns mit unseren Unterschieden beschäftigen, sollten wir ein einfaches, aber wichtiges Prinzip für eine glückliche Ehe berücksichtigen:

Wir können uns selbst ändern, aber wir können nicht den anderen ändern.

Das ganze Eheleben hindurch sind Anpassungen notwendig. Richard Selzer, ein Chirurg, beschreibt folgenden Vorfall:

Ich stehe neben dem Bett, in dem die junge Frau liegt – ihr Gesicht zeigt die Spuren der Operation, ihr Mund ist durch eine Lähmung verzerrt. Ein winziges Ende des Gesichtsnervs, der zu den Mundmuskeln führt, wurde verletzt. Sie wird von nun an immer so aussehen. Der Chirurg hat außerordentlich sorgfältig gearbeitet, das kann ich versichern. Trotzdem musste ich ein Nervenstück durchtrennen, um den Tumor aus ihrer Wange zu entfernen.

Ihr junger Mann befindet sich im Krankenzimmer. Er steht am anderen Ende des Bettes, und beide sind ganz bei sich, getrennt von mir, ganz privat. »Wer sind diese beiden?«, frage ich mich. »Er und die Frau mit diesem verzerrten Mund, den ich gemacht habe, die sich so intensiv anschauen und berühren.«

Die junge Frau ergreift das Wort. »Wird mein Mund für immer so bleiben?«, fragt sie. »Ja«, antworte ich, »das liegt daran, dass der Nerv durchtrennt wurde.« Sie nickt und bleibt stumm, doch der junge Mann lächelt. »Ich mag es«, sagt er, »es sieht irgendwie süß aus.« Und plötzlich weiß ich, wer er ist, und senke meinen Blick. Man ist nicht überheblich, wenn man Gott begegnet. Aus den Augenwinkeln sehe ich, wie er sich herunterbeugt, um den verzerrten Mund zu küssen. Ich kann sehen, wie er seine eigenen Lippen verdreht, um sie ihren Lippen anzupassen, sodass der Kuss gelingt. Und ich muss daran denken, dass in der Antike die Götter in Menschengestalt erschienen – ich halte den Atem an und lasse das Wunder auf mich wirken.[10]

Wenn beide Partner bereit sind, Veränderungen zu akzeptieren und anzunehmen, kann sich eine festgefahrene Ehe verlockend neu weiterentwickeln.

Nancy und Ric, die ihre Ehe vor dem Zusammenbruch retten konnten, beschreiben die wichtigste Einsicht, die sie aus dieser Erfahrung gewonnen haben:

... Eine Beziehung kann nicht gelingen, wenn man versucht, den Partner in sein eigenes Denkschema hineinzupressen. Soll eine Ehe klappen, muss man die Verschiedenheit des Partners nicht nur tolerieren, sondern wertschätzen.[11]

Tragen Sie Ihre Initialen dort auf der Linie ein, wo Ihre Präferenzen liegen.

Zum Beispiel: (N = Nicky; S = Sila)

Geld	ausgeben (N)	(S) sparen
Pünktlichkeit	(S) pünktlich sein	(N) es nicht so genau nehmen

THEMA:

Kleidung	leger	formell
Unstimmigkeiten	ausdiskutieren	harmoniebedürftig
Urlaub	abenteuerlustig	ruhebedürftig
Geld	ausgeben	sparen
Menschen	gerne mit anderen zusammen	gerne allein
Pläne	Pläne schmieden und sich daran halten	spontan und flexibel sein
Pünktlichkeit	pünktlich sein	es nicht so genau nehmen

Entspannung	ausgehen	zu Hause bleiben
Schlafen	früh ins Bett gehen	spät ins Bett gehen
Sport	begeistert	kein Interesse
Telefon	lange Gespräche	nur, um Dinge zu regeln
Ordnungsliebe	alles ordentlich wollen	gelassen sein, in Unordnung leben
Fernsehen	läuft immer	am liebsten rausschmeißen

ANDERE ASPEKTE:

9 Konzentration auf die Ursache des Konflikts

Rede, wenn du ärgerlich bist, und du wirst die Ansprache halten, die du am meisten bereuen wirst. Anon

In *Love in the Time of Cholera* (Liebe in den Zeiten der Cholera) porträtiert Gabriel García Márquez eine Ehe, die wegen eines Seifenstücks auseinander bricht. Der Ehemann ist der Meinung, dass seine Frau ihn extrem vernachlässigt hat, weil sie vergessen hatte, die Seife an ihren Platz zurückzulegen. Er beschuldigt sie: »Ich habe fast eine Woche lang ohne Seife gebadet.« Sie streitet den Fehler entschieden ab, und so schlafen beide während der nächsten sieben Monate in getrennten Schlafzimmern und sitzen sich bei den Mahlzeiten schweigend gegenüber.

»Sogar als sie alt und gelassener geworden waren«, schreibt Márquez, »gaben sie sich große Mühe, das Thema zu vermeiden, denn sie hatten Angst davor, dass die noch kaum verheilten Wunden wieder anfangen könnten zu bluten, als wären sie erst gestern entstanden.«[1]

Wenn Konflikte entstehen, ist es allzu einfach, sich zurückzuziehen und schweigend zu schmollen – dabei errichtet man eine Mauer, die von Stunde zu Stunde, von Woche zu Woche, von Monat zu Monat und schließlich von Jahr zu Jahr unüberwindbarer wird. Oder aber wir greifen an allen Fronten an, um die Position unseres Partners zu schwächen und ihn zum Aufgeben zu bewegen. Das kann zu verbalen oder sogar körperlichen Übergriffen führen, wenn wir versuchen, unseren Partner zu unserer Sicht der Dinge zu zwingen. Egal, wozu wir neigen, der folgende Rat kann uns dabei helfen, Konflikte zu bewältigen, indem wir uns auf die Ursache des Konflikts besinnen, anstatt einander anzugreifen. Das Ziel lautet: Wir beugen den spezifischen Bereichen vor, in denen Meinungsverschiedenheiten aufkommen und unsere gesamte Beziehung beeinträchtigen können.

Über unsere Unterschiede sprechen

Es werden immer wieder Situationen in einer Ehe auftauchen, in denen wir über unsere unterschiedlichen Einstellungen sprechen müssen.

Nicky: *Einer der Unterschiede zwischen Sila und mir besteht darin, wie viel Zeit wir einplanen sollen, wenn wir einen Zug oder ein Flugzeug nehmen müssen. Wenn es nach Sila ginge, würde sie so früh aufbrechen, dass sie sogar noch den vorherigen Zug oder Flug nehmen kann. Mir dagegen gefällt es, dem Zug oder Flugzeug eine »sportliche Chance« einzuräumen und so knapp wie möglich vor der Abfahrt oder dem Abflug anzukommen. Ansonsten hätte ich das Gefühl, wertvolle Zeit zu vergeuden, die ich für etwas anderes hätte nutzen können. Sila mag Wartezeiten am Bahnhof oder Flughafen, dann unterhält sie sich, beobachtet Leute oder liest eine Zeitschrift.*

Mehrere Jahre lang haben wir nicht darüber gesprochen, warum wir in dieser Hinsicht so unterschiedliche Ansätze haben, doch wir haben deutlich gemerkt, dass wir vor eine Reise immer sehr anstrengende Stressmomente durchmachten. Wir mussten offensichtlich dringend etwas ändern.

»ABER DER ZUG FÄHRT DOCH ERST MORGEN MITTAG, SILA.«

Was sollen wir tun, wenn unsere Verhaltensweisen nicht miteinander im Einklang stehen? Es gibt im Wesentlichen vier Möglichkeiten: angreifen, aufgeben, verhandeln oder die Angelegenheit durchsprechen. Einige Menschen ziehen einen Angriff vor und versuchen ihrem Partner ihre Denkweise aufzuzwingen. Das kann nicht gelingen. Die häufigsten Reaktionen auf Zwang oder Gewalt sind entweder eine defensive Haltung, das starrköpfige Festhalten am eigenen Standpunkt, oder so tun als ob man einverstanden ist, aber mit innerer Wut verbunden.

Andere wiederum geben auf: Sie lassen ihrem Partner seinen Willen und halten sich mit ihrer Meinung zurück. Das ist ebenfalls ungesund und keine ehrliche und dynamische Partnerschaft.

Wieder andere verhandeln und versuchen, sich in der Mitte zu treffen: »Ich komme dir entgegen, wenn du mir auch entgegen kommst.« Das Problem dabei ist, dass unser Verhalten von der Reaktion unseres Partners abhängt. Wenn wir die Ehe als gegenseitiges Geben und Nehmen betrachten, dann beobachten wir vielleicht zu intensiv, was wir geben und was unser Partner nimmt. Jeder von uns hat seine eigene Vorstellung davon, wo sich die Mitte befindet. Wenn wir dann das Gefühl haben, unser Partner erfüllt nicht seinen Teil, hören wir auf, unseren Beitrag zu leisten.

Die vierte und beste Möglichkeit besteht darin, unsere unterschiedlichen Ansätze durchzusprechen. Dazu ist es nötig, dass beide Partner bereit sind, auf den jeweils anderen zuzugehen. Im Gegensatz zum Angriff, der »ich-zentriert« ist, und zum Aufgeben, das auf eine ungesunde Weise auf den anderen bezogen ist, und auch im Gegensatz zum Verhandeln, das ebenfalls »ich-zentriert« ist, befindet sich beim Durchsprechen das »wir« im Mittelpunkt. Wir fragen beide: »Welche ist die beste gemeinsame Lösung?« Manchmal wird ein Ehemann sagen: »Ich muss mich ändern«, und manchmal wird eine Ehefrau sagen: »Ich muss anders an die Dinge herangehen.« In der Regel müssen beide Zugeständnisse machen.

Nicky: *Manchmal gelingt es uns, die Spannungen vor einer Reise abzubauen, indem wir schon lange vorher besprechen, wann wir aufbrechen sollten. Dabei vereinbaren wir einen vernünftigen Spielraum, um Stress zu vermeiden. Ich muss meistens meinen Instinkt unterdrücken, dass ich Sorge habe, durch zu frühes Aufbrechen Zeit zu vergeuden, und Sila muss ihrerseits Abstriche machen und akzeptieren, dass wir nicht übermäßig früh losgehen.*

Dinge durchzusprechen ist eine Fähigkeit, die man trainieren kann, indem man sich an einige Basis-Prinzipien hält.

Den günstigsten Zeitpunkt wählen

Eine Umfrage von *Relate* ergab, dass »die Hälfte aller Streitgespräche zwischen Ehepaaren am Abend stattfinden, und jeder vierte Befragte erklärte, dass Streitgespräche in Stressmomenten vor besonderen Ereignissen aufkommen«. Ein paar enge Freunde erzählten uns von einer einfachen, aber sehr wirksamen Regel in ihrer Ehe: Sie nennen es die »Zehn-Uhr-Regel«. Sie besagt, dass bei einem Streit, der sich nach zehn Uhr abends anbahnt und der intensiv werden könnte, einer der beiden Partner anmahnt, dass man die Sache zu einem geeigneteren Zeitpunkt diskutiert.

Wir haben schon bald eine ähnliche Regel aufgestellt. Wir haben festgestellt, dass die meisten hitzigen Streitgespräche zwischen uns am späten Abend stattfinden, wenn wir vor lauter Müdigkeit eine verzerrte Sicht der Situation haben. Es ist dann viel schwieriger, dem anderen zuzuhören und seine Meinung zu verstehen. Die Zehn-Uhr-Regel erfordert eine gewisse Disziplin, aber sie kann verhindern, dass Meinungsverschiedenheiten in verletzende und sinnlose Streitgespräche ausarten.

Es gibt im Allgemeinen keinen perfekten Zeitpunkt, Meinungsverschiedenheiten auszutragen, aber es lohnt sich, gemeinsam Zeitpunkte festzulegen, die man unbedingt vermeiden sollte. Dazu gehören die wenigen hektischen Minuten vor dem Aufbruch zur Arbeit oder dem Verlassen des Hauses. Wenn man zeitlich unter Druck steht, will man dem anderen schnell seine Meinung aufzwingen und ist gleichzeitig weniger bereit, einander zuzuhören.

Wir haben versucht zu vermeiden, unsere wöchentlichen »Augenblicke der Zweisamkeit« als Gelegenheit zur Konfliktlösung zu verwenden. Wir haben von zwei Ehemännern gehört, die vor einer solchen »Verabredung« mit ihrer Ehefrau Angst hatten, weil sie sich fragten, was sie wohl diese Woche wieder alles falsch gemacht hätten. Der Sinn der »Augenblicke der Zweisamkeit« geht völlig verloren, wenn sie nicht beide Partner genießen können.

Zum Zuhören bereit sein

Wenn es Meinungsverschiedenheiten zwischen uns gibt, so sollten wir diese nicht als Problem unseres Partners betrachten, sondern als unser gemeinsames Problem, für das wir auch gemeinsam eine Lösung suchen müssen. Manchmal sind anstrengende Gespräche nötig, bevor man zu einer Einigung gelangt, aber wir befinden uns im gleichen Boot und greifen nicht einander an, sondern die Schwierigkeit, die wir beide haben. Es kann hilfreich sein, eine Liste von möglichen Lösungen zu erstellen und dann gemeinsam das jeweilige Für und Wider abzuwägen.

Zuhören ist von grundlegender Bedeutung. Mitten in der Hitze einer Auseinandersetzung möchte ich instinktiv, dass der andere *meinen* Standpunkt begreift, aber ich bemühe mich weit weniger, *seinen* Standpunkt zu verstehen. Wenn wir uns darauf konzentrieren, dem anderen zuzuhören, haben wir mehr Erfolg. Wenn wir einander gut zuhören, werden wir einen Lösungsweg finden – weder den Weg des einen noch den Weg des anderen, sondern einen ganz neuen Weg.

Bereit sein, unsere Meinung auszudrücken

Viele Menschen werden laut und streitsüchtig, wenn es zum Konflikt kommt, andere wiederum werden eher still und ziehen sich zurück. Letzteres bewahrt zwar den Frieden, aber ist kein ehrlicher und vertrauter Umgang zwischen den Ehepartnern. Extrovertierte Typen müssen lernen, ihre Gefühle zu kontrollieren und zuzuhören, während introvertierte Typen üben müssen, ihre Ansichten ehrlich auszudrücken und ihre Gefühle zu offenbaren.

Eine Frau namens Jane gewann diesen Mut des Sich-Öffnens, als sie und ihr Mann Rick Christen wurden:

In den ersten Jahren unserer Ehe war ich sehr passiv und unterwürfig. Nur ganz selten habe ich meine eigene Meinung gesagt. Durch meine Beziehung zu Gott habe ich neues Selbstvertrauen gewonnen, sodass ich mich nun viel freier ausdrücken kann. Auch mache ich mir nun keine Sorgen mehr, dass Rick mich verlassen könnte, wenn es in unserer Beziehung Probleme gibt – vorher hatte ich oft Angst davor. Ich weiß, dass wir mit unseren Unterschieden umgehen können, und daher bin ich jetzt so ehrlich, nicht immer mit Rick übereinstimmen zu müssen. Ich trete nun bestimmter auf, aber weniger verurteilend. Die Art und Weise, wie wir mit unseren Konflikten umgehen, hat sich verändert ... Ich lasse die Dinge nicht mehr wie früher gären, unsere Beziehung ist aufrichtiger und Differenzen können ausgetragen werden.[2]

Anschuldigungen vermeiden

Vor unserer Hochzeit gab uns unser Pfarrer einige wertvolle Ratschläge. Noch vierundzwanzig Jahre später können wir uns gut daran erinnern:

In der Ehe gibt es zwei Formulierungen, die man unter allen Umständen vermeiden sollte: »Du ... immer« und »Du ... nie«.

Wir erkannten die Weisheit hinter dieser einfachen Regel damals noch nicht. Aber im Laufe unserer Ehe haben wir festgestellt, wie diese beiden Formulierungen in der Hitze des Gefechts den anderen abstempeln und fertig machen können:

- »Du krümmst nie auch nur einen kleinen Finger, um mir zu helfen.«
- »Du kommst immer zu spät nach Hause.«
- »Du denkst immer nur an dich.«
- »Du hängst immer am Telefon.«

Wenn uns auffällt, dass wir in einem Konflikt »nie« oder »immer« sagen, dann haben wir wahrscheinlich die Sache, um die es geht, aus dem Auge verloren, und greifen den Charakter des anderen an. Die Verwendung von »du« in Verbindung mit »nie« oder »immer« ist im Allgemeinen ein explosives Gemisch.

Sätze mit »ich« und »mir/mich«, in denen wir unsere eigenen Gefühle zum Ausdruck bringen, sind wesentlich sinnvoller als solche, mit denen wir unseren Partner beschuldigen. Die oben stehenden Sätze könnten folgendermaßen abgeändert werden:

- »Ich bin echt erschöpft, und es würde mir viel helfen, wenn du mir ein bisschen zur Hand gehen könntest.«
- »Ich fühle mich einsam und vermisse dich, wenn du am Abend so spät nach Hause kommst.«
- »Ich ärgere mich, weil du dich anscheinend gar nicht für mich interessierst, wenn wir zusammen sind.«
- »Es tut mir weh, wenn du einen großen Teil des Abends am Telefon verbringst, anstatt dich mit mir zu unterhalten.«

Eine solche Sprache drückt Freundlichkeit aus, ein wichtiges Merkmal der Liebe. Meinungsverschiedenheiten können leicht in eine Art Schwertkampf ausarten – allerdings hinterlassen unfreundliche Worte tiefere Wunden, die mehr Zeit zum Heilen brauchen als körperliche Schwerthiebe. Die Journalistin, Rundfunksprecherin und Autorin Libby Purves macht dies sehr eindrücklich klar, indem sie eine junge Frau namens Maureen zitiert:

»Mein Mann sagte mir einmal, dass ich eine selbstsüchtige, dumme, dicke und frigide Schlampe sei. Ich muss zugeben, dass ich vorher noch schlimmere Dinge zu ihm gesagt hatte, aber seine Worte über meine Frigidität

haben mich nicht mehr losgelassen. Immer, wenn wir jetzt miteinander schlafen, muss ich denken, dass er mich für frigide hält. Irgendwie konnte ich ihm nicht mehr vertrauen.« Außerdem hält sie wie besessen Diät, obwohl sie schlank ist, weil ihr Mann sie als »dick« beschimpft hat. Wenn man sagt: »Ich habe das nicht so gemeint«, ist das schön und gut, doch das Opfer der Beleidigung brütet trotzdem darüber nach, warum der andere so etwas gesagt hat. Die alte Weisheit, dass Menschen im Ärger immer Dinge sagen, die sie nicht so meinen, wird durch die ebenso alte Weisheit entkräftet, dass man nur im Zorn zu sagen wagt, was man wirklich meint. Die meisten von uns erinnern sich haargenau an Dinge, die man uns im Ärger gesagt hat.[3]

Wir müssen darauf achten, dass wir Vergangenes nicht wieder ausgraben oder verletzende persönliche Kommentare abgeben. Auch wenn uns die Worte unseres Partners gekränkt haben, müssen wir der Versuchung widerstehen, es ihm mit gleicher Münze heimzuzahlen. Selbstbeherrschung ist auch ein Preis, den man für wahre Liebe zahlt. Kein einziges Streitthema, egal wie stark wir emotional davon betroffen sind, ist wichtiger als unsere Partnerbeziehung. In der Bibel steht sehr deutlich, wie unsere Worte wirken: verletzend oder heilsam:

> *»Sucht nach dem treffenden Wort. Für jeden sollt ihr die rechte Antwort bereit haben.«* (Kolosser 4,6)
> *»Alle sollen sehen, wie freundlich und gütig ihr zueinander seid.«* (Philipper 4,5)[4]

Nirgendwo gilt dies mehr als in der Ehe.

Bereit sein, sich zurückzunehmen

Mit am schwersten fällt uns wohl zuzugeben, dass wir im Unrecht sind. Wir wollen unbedingt gerechtfertigt dastehen. Rob Parsons beschreibt diesen Umstand wie folgt:

Wir haben alle einen »inneren Anwalt«, der für unsere Verteidigung eintritt, sobald wir in eine Konfliktsituation geraten. Dieser beredte Anwalt ist entschlossen, uns die besten Argumente zu unseren Gunsten zu liefern ... Wir werden als sensibel, logisch und freundlich beschrieben – die andere Partei dagegen als aufbrausend und unvernünftig ... Während der innere Anwalt auf der Bank Platz nimmt, sind wir bereits völlig entlastet. Die Jury hat uns für »unschuldig« erklärt. Und alles würde glatt gehen, wenn nicht im gleichen Augenblick, ganz in der Nähe, der Anwalt der Gegenpartei sein Abschlussplädoyer halten würde und – es ist unglaublich –zum gleichen Urteil gelangen würde.[5]

Wenn man einen Streit gewinnt, heißt das noch lange nicht, dass man das gewünschte Ziel erreicht hat. Menschen, die gut mit Worten umgehen und bei anderen das Gefühl wecken können, sie seien klein und dumm, gewinnen zwar kurzzeitig, doch auf lange Sicht erreichen sie ihr Ziel nicht.

Wir haben oft das Gefühl, schwach zu sein, wenn wir eingestehen, dass wir im Irrtum sind. Wenn wir aber beschließen, dass wir nicht immer gewinnen müssen, und stattdessen versuchen, die Angelegenheit mit den Augen des anderen zu sehen, so wird auch unser Partner sich nicht mehr verteidigen müssen. Im Buch der Sprüche heißt es: »Der Anfang eines Streits ist wie eine Sickerstelle in einem Damm: man muss ihn schlichten, ehe es zur Katastrophe kommt« (Sprüche 17,14). Zurückstecken und – wenn nötig – um Vergebung bitten nagt zwar an unserem Stolz, aber wir sind dadurch glücklicher in unserer Ehe. Wenn es uns schwer fällt, einen Streit zu verlieren, sollten wir es einfach mal ausprobieren und dann sehen, was passiert.

Die Streitfrage gemeinsam bewältigen

Martins Eltern trennten sich, als er noch ein Kind war. Sein Vater lebte im Ausland und seine Mutter wurde Alkoholikerin. Im Alter von sieben Jahren wurde Martin auf ein Internat geschickt. Seine Eltern vergaßen häufig seinen Geburtstag, und er konnte froh sein, wenn er zu Weihnachten ein Geschenk bekam. Ab und zu erhielt Martin eine Kleinigkeit, die aber nie liebevoll verpackt war. Mit der erstaunlichen Anpassungsfähigkeit von Kindern akzeptierte Martin seine Lebensumstände und stürzte sich ganz ins Schulleben.

Als Martin erwachsen wurde, fiel es ihm schwer, dauerhafte Beziehungen aufzubauen. Doch schließlich verliebte er sich unsterblich und heiratete; er träumte davon, dass seine Ehe und sein Familienleben dazu beitragen würden, die Nöte und Mängel der Vergangenheit zu beseitigen.

Seine Frau Lucy stammte aus einer Familie mit besonders starkem Zusammenhalt, und sie verehrte ihre Eltern beinahe abgöttisch. Sie fand es schön, wie Geburtstage und Weihnachten in ihrer Familie gefeiert wurden: Alles wurde sorgfältig vorbereitet, es gab Geschenke, und Humor und geheimnisvolle Überraschungen spielten eine große Rolle.

Einige Monate nach der Hochzeit hatte Lucy Geburtstag. Martin fragte sie, was sie sich wünschte. Sie sagte ihm einige Ideen und hoffte, dass ihr Mann sie trotzdem auch überraschen würde. Er kaufte zwei Geschenke von ihrer Liste, die er unverpackt auf dem Kühlschrank liegen ließ, wo sie aus der Einkaufstüte herausragten. Er meinte, dass er sich richtig viel Mühe gemacht hatte – niemand hatte ihm jemals zwei so teure Geschenke zum Geburtstag gekauft. Drei Tage vor ihrem Geburtstag entdeckte Lucy die unverpackten Geschenke auf dem Kühlschrank. Sie fühlte sich abgelehnt, aber sie behielt ihre Gefühle für sich. Was hätte sie auch sagen sollen?

Als sie am Geburtstagsmorgen aufwachte, gab es keine Karte, kein Frühstück im Bett, keine Blumen. Kurz bevor beide zur Arbeit aufbrachen, nahm Martin die beiden Geschenke vom Kühlschrank (sie waren immer noch in der Einkaufstüte) und gab sie lächelnd seiner Frau. Sie brach in Tränen aus und rannte aus dem Haus.

Ihre Beziehung hat sich nie wirklich von den Ereignissen dieses Morgens erholt. Sie redeten auch nie darüber. Lucy nahm an, dass Martin sie entweder nicht liebte oder aber von Natur aus gedankenlos und knauserig war, wahrscheinlich beides. Martin bemerkte, dass Lucy sich ihm gegenüber kühl verhielt, und nahm an, dass sie sich innerlich von ihm entfernt hatte. Er war es gewohnt, zurückgewiesen zu werden. Martin und Lucy lebten noch mehrere Jahre mit vielen unausgesprochenen Missverständnissen in einer unglücklichen Ehe, bis sie schließlich die Scheidung einreichten.

Es ist äußerst tragisch, dass die beiden an diesem verhängnisvollen Tag (Lucys Geburtstag) nicht die Notwendigkeit erkannt hatten, die Ursache des Konflikts zu bearbeiten. Sie hätten sich von ihren unterschiedlichen Kindheitserlebnissen mit Geburtstagen erzählen können. Sie hätten über ihre Ansichten, Gefühle, Erwartungen und Enttäuschungen reden können. So hätten sie erkannt, dass an jenem Tag diese Ursache zu dem Konflikt in ihrer Ehe geführt hatte, die so leicht hätte beseitigt werden können. Stattdessen wurde dieser Konflikt zum ersten schwarzen Fleck in ihrer Beziehung, der sich danach wie Tinte auf Löschpapier ausbreitete, bis ihre Ehe davon überdeckt wurde, woran sie schließlich scheiterte.

Wenn es in Ihrer Ehe ungelöste Konflikte gibt, diskutieren Sie folgende Fragen:

1. Welche Ursache liegt dem Konflikt zu Grunde?
2. Wann ist der günstigste Moment, um darüber zu sprechen?
3. Haben wir die Standpunkte des anderen angehört?
4. Welche möglichen Lösungen kommen uns in den Sinn?
5. Welche Lösung sollten wir zuerst ausprobieren?

10 Unser Leben auf das Wesentliche ausrichten

Die Ehe: eine absurde Erfindung, die nur durch die unendliche Gnade Gottes existieren kann.[1] Gabriel García Màrquez

Lieber Gott, ich wette, es ist sehr schwer für dich, alles an jedem Menschen in dieser Welt zu lieben. In unserer Familie gibt es nur vier Menschen, und noch nicht mal bei denen schaffe ich es.[2] Dan

An Dans Aussage ist etwas Wahres. Konflikte mit Menschen, die uns am nächsten stehen, sind unvermeidbar, und es ist nicht immer einfach, die Liebe aufzubringen, die wir dann brauchen. Die meisten Ehen machen Durststrecken durch. Wir haben in unserer Ehe entdeckt, dass die Gegenwart Gottes eine Lebensquelle ist. Wenn beide Ehepartner ihr Leben in Gottes Hände legen und ihn bitten, im Zentrum ihrer Ehe zu stehen, wird die Beziehung von innen »bewässert« und von einer äußeren Quelle versorgt.

Manche erleben die Gegenwart Gottes in ihrer Ehe so, dass sie bereit sind, Vertrauen aufzubauen oder sich Selbstsucht in liebevolle Sorge um den Partner verwandelt; andere werden durch Gottes Nähe befähigt, zerstörerische Verhaltensweisen zu ändern.

David und Anne begegneten einander, als sie beide fünfzehn Jahre alt waren; mit achtzehn Jahren gingen sie gemeinsam aus. Nach siebzehn Ehejahren und mit zwei Kindern im Teenageralter stand Anne kurz davor aufzugeben. David, dessen eigener familiärer Hintergrund sehr problematisch war, begann zu trinken, um mit den Belastungen seines Jobs fertig zu werden. Er beschreibt es so: »Ich hatte nichts anderes, was mir Halt gab. Ich hatte Schwächen, mit denen ich nicht zurechtkam. Nach ein oder zwei Drinks machten sie mir weniger Probleme.«

Ihre Ehe verschlechterte sich zunehmend. Davids unvorhersehbare Launen und seine Gereiztheit waren schwer zu ertragen und seine

Frau kritisierte ihn dafür. Dann wehrte er sich lautstark und Anne verteidigte sich. Der häufige Spott vonseiten ihres Mannes richtete sie in ihrer Rolle als Ehefrau und Mutter langsam zu Grunde. Die beiden Ehepartner hatten keinerlei Achtung mehr voreinander. Beide fühlten sich isoliert.

Im April 1996 wurde David eingeladen, an einem Alpha-Kurs teilzunehmen – einem Kurs über zehn Wochen, der als praktische Einführung in den christlichen Glauben konzipiert war.[3] David hatte vor kurzem einen neuen Job angenommen, doch er wusste genau, dass er den Gesundheitstest nicht bestehen und seinen Job verlieren würde, wenn er scin Trinkproblem nicht in den Griff bekam. Während der dritten Kurswoche war seine Verzweiflung so groß, dass er sich einigen Kursleitern anvertraute. Sie beteten mit ihm, und an jenem Abend legte David seine Zukunft in Gottes Hände und bat ihn um Hilfe.

Er war nicht darauf vorbereitet, was sich anschließend ereignete. Zur Mittagszeit am nächsten Tag verspürte er kein Bedürfnis zu trinken, was ihn sehr überraschte. Vorher hielt er es nur bis 11.30 Uhr aus und kippte während des Mittagessens noch ein paar Drinks in sich hinein, um den Tag zu überstehen. Es war ein Wunder: Seine Abhängigkeit verschwand, ohne körperliche Nebenwirkungen zu hinterlassen.

David begann, für Anne und für die Wiederherstellung ihrer Ehe zu beten. Obwohl Anne Davids Engagement in der Gemeinde misstrauisch beobachtete und ihn deswegen aufzog, konnten sie und die Kinder die Veränderungen in seinem Verhalten deutlich wahrnehmen. David schoss nun nicht mehr zurück, wenn Anne ihn kritisierte, und sie bemerkte, dass er sich erneut um sie bemühte. Anne nahm am nächsten Alpha-Kurs teil; sie wollte vor allem verstehen, was genau mit David passiert war. Sie beobachtete, wie tief greifend sich ihr Mann veränderte, und zugleich nahm ihr Verstehen des christlichen Glaubens zu. Anne konnte ihrem Mann wieder vertrauen. Anne sagt heute: »Es gab eine vollständige, unausgesprochene Vergebung zwischen uns.«

Anstatt einander anzugreifen, diskutierten sie im Verlauf des Kurses über die Themen, die Woche für Woche behandelt wurden. Sie telefonierten sogar manchmal tagsüber, um sich darüber auszutauschen.

Die Liebe fasste wieder Fuß in ihrer Beziehung, und sie beeinflusste zunehmend ihr Zuhause und die Kinder. »David bemühte sich wieder um mich«, berichtet Anne, »und die zweiten Flitterwochen waren sogar noch schöner als die ersten.« David sagt: »Unsere Liebe stand nun auf einer solideren Grundlage. Ich rutschte nicht mehr aus und die Frische unserer Liebe hielt anders an als früher.«

Es kommt immer noch ab und zu vor, dass Anne und David sich über den anderen ärgern, aber das alte, zerstörerische Muster, dass einer gegen den anderen gewinnen will, existiert nicht mehr. David beschreibt den Unterschied so: »Wir haben uns besser in der Gewalt, wenn wir das Gefühl haben, zu Unrecht angegriffen zu werden. Ich bin nicht mehr ständig in der Defensive. Ich kann nun glauben, dass ich ebenbürtig bin – ohne Alkohol. Bevor ich Christ wurde, war ich wie eine unkontrollierte Rakete. Nun bin ich in meinem Inneren stabil und habe Gott – wie eine Stütze.«

Anne drückt es so aus: »Wenn einer von uns wütend ist, dann schlagen wir die Bibel auf und rücken Gott in den Mittelpunkt. Er füllt uns mit Liebe, sodass unsere Ehe gelingt.«

Gott ist derjenige, der Konflikte lösen kann. Wir kennen viele Paare wie David und Anne oder James und Anna (siehe Kapitel 3), die nicht mehr zusammen wären, wenn Gott nicht im Zentrum ihrer Ehe stehen würde. Ob wir große Hindernisse oder nur die kleineren Probleme des Alltags zu bewältigen haben – wenn Gott im Mittelpunkt steht, ist das der entscheidende Unterschied. Wir wollen erklären, warum das so ist.

Die Ehe ist ein Geschenk Gottes

Als Adam Eva zum ersten Mal sah, sagte er: »Endlich jemand wie ich! Sie gehört zu mir, weil sie von mir genommen ist« (Genesis 2,23). Diese wunderschönen Worte drücken Identifikation, Vertrautheit, Verherrlichung und ein Gefühl von Ergänzung aus.

Häufig kommt es vor – ohne dass wir es merken – , dass wir uns noch nach mehreren Monaten oder sogar Jahren Ehe die Fehler des anderen vorhalten und ihn kritisieren. Wenn wir uns dagegen klarmachen, wie gut es ist, den anderen zu haben, und wenn wir versuchen, seine Stärken zu sehen und Gott dafür zu danken, so wird unsere Liebe zunehmen.

Wir sollten uns nie die Frage stellen: »Warum habe ich meine Frau/meinen Mann geheiratet und nicht jemand anderen?« Wir sollten vielmehr regelmäßig Gott für unseren Ehepartner danken, und unsere Wertschätzung füreinander wird zunehmen. Kritik und Undankbarkeit beleuchten die Schwächen des anderen viel zu stark. Wenn wir unseren Ehepartner als Gottes Geschenk betrachten, bleiben wir dankbar füreinander.

In der Bibel werden wir zu gegenseitiger Achtung aufgefordert

Jesus verkündete seine Lehren über die Ehe in einer Epoche, in der die Frau als zweitklassig galt und dem Verfügungsbereich ihres Mannes unterstand. Unter römischem Recht konnte der Ehemann über alle Bereiche seines Haushalts bestimmen – seine Ehefrau, seine Kinder und seine Sklaven. Die Ehefrau hatte keinerlei Schutz und war auch der körperlichen Gewalt des Mannes ausgeliefert.

Die Lehren des Neuen Testaments galten daher als revolutionär: »Ihr Männer, liebet eure Frauen so, wie Christus seine Gemeinde geliebt hat. Er hat sein Leben für sie gegeben ... So müssen auch die Männer ihre Frauen lieben wie ihren eigenen Körper« (Epheser 5,25 und Vers 28).

Paulus' Anweisungen spiegeln wider, wie Jesus selbst Frauen außerordentlichen Respekt und Fürsorge entgegenbrachte. Einmal vergab Jesus einer Frau, die wegen Ehebruchs festgenommen worden war, entgegen der allgemeinen Meinung der Masse und schenkte ihr Annahme (Johannes 8,1–11). An anderer Stelle lesen wir, wie er mit der herrschenden sozialen Tradition brach, indem er öffentlich mit einer fremden Frau sprach (Johannes 4, 4–10). Bei einem Abendessen kümmerte er sich nicht um die Meinung seines Gastgebers und erlaubte einer Prostituierten, seine Füße mit ihren Tränen zu benetzen und mit ihrem Haar zu trocknen (Lukas 7,36–50).

Jesus verlieh Mann und Frau den gleichen Wert, und dadurch wurde die eheliche Beziehung tief greifend verändert, als der christliche Glaube in Europa Verbreitung fand. Wenn wir dem Beispiel Jesu folgen wollen, so müssen wir einander achten und die Meinung des anderen wertschätzen. Das schließt aus, dass einer der Partner seinen Willen bei Entscheidungen, von denen beide Partner betroffen sind, dem anderen aufzwingen will.

Gott ist die Quelle der Liebe

Viele Menschen gehen mit unrealistischen Erwartungen an den Partner in die Ehe: Sie hoffen, dass er alle Bedürfnisse befriedigt; sie erwarten, dass ihre Unsicherheit durch die bedingungslose und umfassende Liebe des anderen beseitigt wird; sie hoffen, dass ihr Leben durch die Ehe höchste Bedeutung und Sinnerfüllung gewinnen wird. Doch die Erfahrung zeigt, dass ein anderer Mensch niemals alle Bedürfnisse vollständig erfüllen kann. Nur Gott kann das.

Wenn zwei Menschen heiraten und davon ausgehen, dass der jeweils andere die tiefsten Bedürfnisse erfüllen wird, werden sie enttäuscht werden. Unrealistische Erwartungen können eine abwärts führende Spirale auslösen, wo auf Forderungen Enttäuschungen und Anklagen folgen

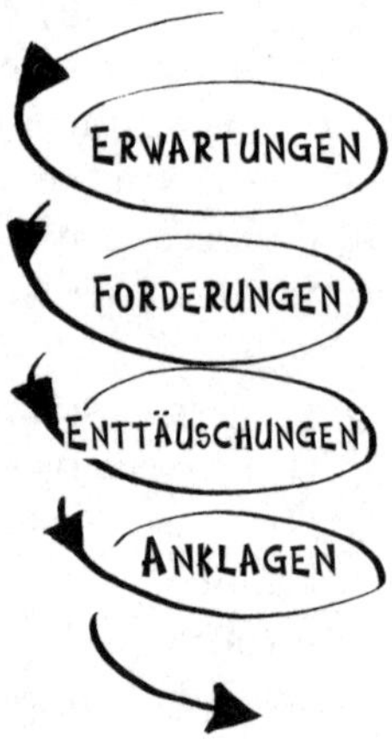

In der Bibel werden wir ermutigt, große Erwartungen an Gott zu stellen und ihn um Liebe, Geduld, Hoffnung, Vergebung, Mut und alles andere zu bitten, was uns fehlt. Wir dürfen aus seinen nie versiegenden Quellen schöpfen und in seiner unendlichen Liebe die ersehnte Sicherheit finden. Christlicher Glaube bedeutet: Man empfängt Gottes Liebe durch eine enge persönliche Beziehung zu ihm, und dann kann man diese Liebe an andere weitergeben.

Wir hörten neulich von einem Paar namens Billy und Debbie, die in Nordirland leben. Sie heirateten vor acht Jahren, und beide hatten keinen kirchlichen Hintergrund. Ihre Ehe war ein Alptraum. 1994 starb Billys Mutter an Krebs, und im gleichen Jahr verlor er seinen

Vater durch einen Unfall. Billy sagt: »Als mein Vater starb, beschloss ich, dass ich nie wieder solche Seelenqualen erleben wollte, und so machte ich mich innerlich absichtlich hart und wollte keine Nähe mehr zulassen. Ich wurde schließlich zu einem schrecklichen Mitmenschen ... Ich war ständig schlecht gelaunt, und es war wirklich kein Vergnügen, mit mir zu tun zu haben.«

1996 starb Debbies Mutter und Billy war unfähig und auch nicht gewillt, ihr in ihrer Trauer beizustehen: »Ich dachte: Debbie hat mir auch nicht viel geholfen, als meine Eltern starben, warum sollte ich ihr also helfen? Das bedeutete, dass Debbie sich absolut unverstanden und allein gelassen vorkam. Stattdessen gab ich ihr die Schuld dafür, dass das ganze Familienleben scheiterte.«

1999 fuhren sie nach Paris in dem vergeblichen Versuch, die Liebe in ihrer Ehe wieder neu zu entfachen. Sie stellten fest, dass sie sich nichts mehr zu sagen hatten. Debbie berichtet: »Unsere Beziehung näherte sich dem Ende. Es ging immer schneller bergab, und ich konnte diese Entwicklung nicht aufhalten, ebenso wenig wie Billy.« Billy erzählt: »Mir war klar, dass ich Debbie liebte, aber es ging einfach immer weiter bergab. Wir hatten nichts mehr in der Hand. Es gab nur noch eine Lösung – Trennung.«

An diesem Punkt angelangt begegneten sie einem christlichen Paar, das sie zu einem Alpha-Kurs bei sich zu Hause einlud. Billy und Debbie gingen darauf ein und waren zu ihrer eigenen Überraschung fasziniert. Sie interessierten sich immer mehr für das, was sie dort hörten. Billy beschreibt, was nach der dritten Kurswoche geschah, als Debbie bereits ihr Leben Jesus Christus übergeben hatte: »Ich sagte Debbie: Ich möchte heute Abend Christ werden. Und genau das tat ich.

Ich saß auf dem Bett und sagte: Herr, ich habe vierunddreißig Jahre ohne dich in dieser Welt gelebt, und ich habe erst jetzt von dir gehört. All die Dinge, die ich in meinem Leben falsch gemacht habe, tun mir so Leid. Ich brauche dich, denn ohne dich komme ich einfach nicht zurecht.

Im Laufe der nächsten Wochen vergab ich jedem, der mich je verletzt hatte; ich nahm wahr, wie die Bitterkeit aus meinem Herzen verschwand.«

Debbie beschreibt die Auswirkungen dieser Umkehr auf ihre Ehe so: »Danach begann unsere Ehe gesund zu werden. Ich hatte das Gefühl, dass wir noch einmal ganz von vorn anfingen und dass all die früheren Jahre keine Bedeutung hatten. Es kam mir vor, als ob ich vorher gar nicht wirklich gelebt hätte. Zum ersten Mal nahm ich alles richtig wahr.

Was Billy betrifft: Er war wie ein neuer Mensch – liebevoller, fürsorglicher. Ich verliebte mich noch einmal ganz neu in ihn.«

Debbie fährt fort: »Bevor wir den Alpha-Kurs besucht haben, hatte ich den Eindruck, so lange ohne Liebe gelebt zu haben, dass ich keine Liebe mehr geben konnte und auch keine Liebe mehr von irgend jemandem erfahren wollte. Nach meiner Hinwendung zu Gott hatte ich das Gefühl, vor Liebe regelrecht zu platzen.«

Billy berichtet abschließend: »Es ist erstaunlich, was Gott aus meinem Leben gemacht hat. Ich war die unfreundlichste Person, die man sich nur vorstellen kann, und dann trat Gott in mein Leben und wälzte es einfach um. Ich war vorher alles andere als geduldig – aber nun habe ich Geduld gelernt. Ich werde nur noch selten wütend. Ich werde nicht mehr laut. Ich hätte mich nie aus eigener Kraft so verändern können. Allein Jesus ist für diesen Wandel verantwortlich.

Ich hatte immer gedacht, dass es beim christlichen Glauben um tausend Dinge geht, die man nicht tun darf – du darfst dies und jenes nicht machen. Aber darum geht es gar nicht. Es geht darum, was man tun *kann*.«

Wenn man Jesus Christus um Hilfe bittet, so erhält man Kraft für die Ehe von einer Quelle außerhalb von sich selbst. Wir sind zur Liebe befreit, weil wir wissen und erleben, dass wir selbst tief und bedingungslos von Gott geliebt sind. Johannes sagt: »Wir können lieben, weil Gott uns zuerst geliebt hat« (1. Johannes 4,19). Wir sind dazu befreit, einander zu lieben, weil wir darauf vertrauen können, dass Gott all unsere Bedürfnisse kennt, und weil er versprochen hat, für uns zu sorgen.

Gott bringt Harmonie in eine Ehe

Im Laufe unserer Ehe haben wir versucht, wichtige Entscheidungen und Meinungsverschiedenheiten vor Gott zu bringen und seinen Weg für uns zu finden. Immer wieder haben wir erlebt, dass durch Gebet eine tiefe Harmonie in die Ehe kommt.

In der Bibel wird uns versprochen, dass zwei Menschen, die gemeinsam oder füreinander beten, viel bewirken können: »Überhaupt soll jeder, der krank ist, den Brüdern seine Verfehlungen bekennen, und sie sollen für ihn beten, dann wird er gesund werden« (Jakobus 5,16). Diese Verheißung bezieht sich nicht nur auf körperliche Genesung, sondern auch auf Heilung für unsere Beziehungen.

Es gab Zeiten, wo wir unterschiedlicher Meinung waren und es keinen Ausweg zu geben schien. Wenn man für eine Sache betet, dann sollte man nicht Gottes Hilfe ausschließlich für seinen eigenen Standpunkt erbitten. Aufrichtiges Beten schließt ein, dass wir Gott um Weisheit bitten und darum, dass er uns *seinen* Willen klarmacht.

Nachdem wir gemeinsam gebetet haben (manchmal auch mit zusammengebissenen Zähnen), sind wir oft erstaunt, dass wir auf einmal den Standpunkt des anderen achten können und außerdem eine dritte Möglichkeit sehen, die uns vorher gar nicht in den Sinn gekommen war. Während wir die Angelegenheit vor Gott ausbreiten, verschwinden unsere negativen, ärgerlichen Gefühle, und wir fühlen uns schließlich einander näher als zuvor.

Nicky: *Ich komme noch einmal auf das Ereignis zurück, als Sila mich mit Äpfeln bewarf (siehe Kapitel 8). An diesem Abend beschlossen wir, gemeinsam Gottes Hilfe und Weisheit zu erbitten. Wir waren beide nach wie vor davon überzeugt, im Recht zu sein.*

Nach dem Gebet entdeckte ich jedoch, dass ich die Dinge plötzlich anders sah. Mir wurde klar, dass ich Silas Müdigkeit wegen des Stillens nicht genügend berücksichtigt hatte. Ich erkannte außerdem, dass ihr Wohlergehen wichtiger war als die mögliche Blamage vor unserem Freund. Allmählich konnte sich Sila vorstellen, mit der Situation zurechtzukommen, wenn ich auf ihre Bedürfnisse Rücksicht nähme.

Wir nahmen die Einladung wahr und erlebten ein wunderschönes Wochenende, nicht zuletzt darum, weil ich begriffen hatte, dass ich vor allem Sila unterstützen musste.

Es ist schwierig, in Konfliktsituationen zu beten. Wir werden dadurch gezwungen, unsere Einstellungen und Gefühle zu überprüfen. Gebet, Wut und Verärgerung passen nicht zusammen. Natürlich wird es uns nur gelingen, in Konfliktsituationen zu beten, wenn wir es gewohnt sind, auch zu »normalen« Zeiten miteinander zu beten. In Anhang 4 machen wir einige praktische Vorschläge zum gemeinsamen Gebet.[4]

Wenn eine Ehe auszutrocknen droht, kann Gott sie wieder bewässern. Wenn eine Ehe stecken bleibt, kann Gott das Hindernis aus dem Weg räumen. Wenn eine Ehe abzusterben droht, kann Gott neues Leben einhauchen.

Abschnitt 4 – Konfliktbewältigung

Schlussfolgerung

Unterschiede und Meinungsverschiedenheiten müssen eine Ehe nicht zwangsläufig zerstören. Die Lösung von Konflikten kann vielmehr eine Beziehung stärken und weiterentwickeln. In der Ehe sollen wir nicht unsere Persönlichkeit verleugnen. Es geht darum, dass wir über unsere unterschiedlichen Meinungen diskutieren und uns darum bemühen, den Standpunkt des anderen zu begreifen und Wege zu finden, unseren Verstand und unsere Fähigkeiten miteinander zu kombinieren. Dabei entdecken wir, dass die Konflikte, die unser Miteinander bedrohten, uns in Wirklichkeit einander näher gebracht haben und sich unsere Beziehung dadurch weiterentwickelt hat.

Wenn wir bewusst in Gottes Gegenwart leben – in dem Wissen, dass er um uns, in uns und mit uns in unserer Ehe ist – und ihn um Weisheit und Liebe bitten, sollen wir nicht die eigenen Anstrengungen für Einheit und Harmonie aufgeben. Wir bekräftigen damit vielmehr unseren Glauben, dass Gott uns zusammengebracht hat und dass es mit seiner Hilfe immer eine Lösung gibt.

Vierte goldene Eheregel

Diskutieren Sie über Ihre Unterschiede und beten Sie zusammen.

Abschnitt 1: Tragfähige Fundamente bauen

Abschnitt 2: Die Kunst zu kommunizieren

Abschnitt 3: Praktische Liebe

Abschnitt 4: Konfliktbewältigung

Abschnitt 5: Die Kraft der Vergebung

Abschnitt 6: Eltern und Schwiegereltern

Abschnitt 7: Ein erfülltes Liebesleben

11 Wie kann die Vertrautheit verloren gehen?

Versöhnt euch wieder miteinander, bevor die Sonne untergeht.
Epheser 4,26

Zwei Wochen vor der Trauung ließ Deborah die letzten Änderungen an ihrem Brautkleid vornehmen. »Ich nahm vom Büro aus ein Taxi. Es war um die Weihnachtszeit und furchtbar viel los in London«, erzählt sie. »Ich blieb im Stau stecken und war ziemlich nervös. Da sah ich ein Paar vor mir, das eng umschlungen über die Straße spazierte. Ich dachte: Hey, die beiden sehen wirklich toll zusammen aus.

Als sich das Taxi dem Pärchen näherte, erkannte ich, dass es Miles – mein Verlobter – war, der seinen Arm um eine andere Frau gelegt hatte. Ich war geschockt. Ich kannte diese Frau, Miles war mit ihr zusammen, bevor wir ein Paar wurden. Ich hatte das Gefühl, in einem Horrorfilm zu sein.

Das Taxi kam nur langsam voran, sodass ich die beiden noch eine Weile beobachten konnte. Ich dachte: Was soll ich tun? Soll ich aus dem Taxi springen? Mein Herz schlug wie verrückt. Ich wollte einfach nicht glauben, was ich da sah. Dann beobachtete ich, wie sie vor dem Büro der Frau stehen blieben und sich verabschiedeten. Sie küssten sich sogar. Es war kein leidenschaftlicher Kuss, aber es war ein Kuss. In dem Moment beschleunigte mein Taxi plötzlich und ich kam am Brautmodengeschäft an. Ich war so durcheinander, dass ich nicht einmal weinen konnte. Während der Anprobe bat ich die Schneiderin, sich zu beeilen. Ich wollte so schnell wie möglich telefonieren. Sobald ich konnte, rief ich Miles an und fragte ihn: »War dein Mittagessen nett?« Er erwiderte: »Wie meinst du das?« Ich sagte: »Ich habe alles gesehen!« Er antwortete: »Ich wollte dir heute Morgen davon erzählen. Ich habe versucht dich anzurufen, um dir zu sagen, dass ich vorhabe, mich mit Anne zum Essen zu treffen.« Ich knallte den Hörer auf die Gabel, kehrte ins Büro zurück und weinte mir die Augen aus. Miles versuchte mich anzurufen, aber ich wollte nicht mit ihm sprechen. Am nächsten Tag versuchte ich Miles zu erklären, wie es mir ging, aber er konnte mich nicht verstehen.

Wir heirateten, und um alles noch schlimmer zu machen, wurde diese Geschichte immer wieder auf Partys aufgewärmt – als Scherz. Miles sagte dann: »Ratet mal, was passierte, als Deborah zur Brautkleidanprobe unterwegs war ...«

Miles erzählt die Geschichte aus seiner Sicht:

»Mir war klar geworden, dass ich vor meiner Hochzeit Anne um Entschuldigung bitten und unsere Beziehung korrekt beenden musste. Anne und ich redeten miteinander und unser Mittagessen zu zweit war sehr schön. Ich war in Hochstimmung, weil die Sache geregelt war. Ich hatte am Morgen mehrmals versucht, Deborah anzurufen und ihr zu erzählen, was ich vorhatte. Leider konnte ich sie nicht erreichen.

Nachdem ich mich bei Anne entschuldigt hatte, fühlten wir uns beide erleichtert, deshalb legte ich ihr den Arm um die Schulter und gab ihr zum Abschied einen Kuss. Als ich zurück im Büro war, rief Deborah an: »War dein Mittagessen nett?« Ich sagte ihr: »Ich habe versucht, dich anzurufen.« Ich hatte getan, was ich konnte, und meine Absichten waren ehrenhaft, aber ich war in der Defensive. Ich habe Deborah nie gesagt, dass mir die Sache Leid tat, weil ich nie das Gefühl hatte, das es nötig sei.

Während des Eheseminars wurden wir aufgefordert aufzuschreiben, wann und wie wir einander verletzt haben, und Deborah und ich notierten beide vier oder fünf Situationen. Deborahs Punkte lagen alle weit in der Vergangenheit, und die Begebenheit kurz vor der Hochzeit stand eindeutig an erster Stelle. Also redeten wir darüber.

Ich versuchte wirklich, mich in ihre Lage zu versetzen: Im Taxi zu sitzen und den zukünftigen Ehemann eng umschlungen mit einer anderen Frau zu sehen. Egal, welche Gründe dazu geführt hatten, allein diese Erfahrung und die Tatsache, dass ich ihre verletzten Gefühle nie zur Kenntnis genommen hatte, waren ein großes Problem für sie. Obwohl ich das kapiert hatte, fiel es mir schwer, darüber zu reden, und ich sagte widerwillig: »Okay, wir werden uns jetzt damit auseinander setzen.«

Erst als ich Gott für diese Sache um Vergebung bat, wurde mir bewusst, wie sehr ich Deborah verletzt hatte. Also sagte ich ihr, dass es mir wirklich Leid tat, und bat sie um Vergebung. Sie vergab mir, und das war toll. Dieser Prozess, Schritt für Schritt eine Sache durchzugehen und mit den Gefühlen, die dabei eine Rolle spielen, umzugehen, erfordert viel Kraft. Aber es hat sich gelohnt und hat uns einander ganz nahe gebracht.«

Deborah erzählt abschließend: »Als ich mit Miles über die Sache redete, wurde mir bewusst, dass ich meine negativen Gefühle unterdrückt hatte, weil der Vorfall ja trotz allem zu einem guten Ende geführt hatte – wir sind immerhin verheiratet. Ich lebte aber weiterhin mit dem Gefühl, verletzt worden zu sein. Jedes Mal, wenn das Thema zur Sprache kam, tat es mir ein bisschen mehr weh. Doch obwohl ich bemerkte, dass Miles mich nicht ernst nahm, versuchte ich, mich davon nicht beeinflussen zu lassen. Als er mir während des Eheseminars zum ersten Mal richtig zuhörte, spürte ich, dass meine verletzten Gefühle immer noch da waren, aber dass Miles sie nun verstand. Das war sehr wichtig für mich. Ich war nun in der Lage, ihm zu vergeben und einen Schlussstrich unter die Angelegenheit zu ziehen.«

Wenn wir uns mit Situationen auseinander setzen, in denen wir einander weh getan haben, werden wir uns wieder vertrauen können. Vertrauen ist in einer Ehe so wichtig wie das Glas für ein Fenster. Die Funktion des Glases besteht darin, das Licht hereinzulassen, aber Wind und Regen auszusperren. Glas ist eines der härtesten Materialien und widersteht auch starken Stürmen. Und doch kann es mit einem Stein- oder Hammerschlag zerstört werden.

Genauso ist es auch mit dem Vertrauen zwischen Ehepartnern – egal, wie lange es schon besteht und wie es bereits gewachsen ist, es bleibt verletzlich. Wenn man nur ein einziges Mal sexuell untreu ist oder nur einmal gewalttätig war, kann dieses Vertrauen kaputtgehen. Es kann auch durch mehrere Lügen, Enttäuschungen, kritische Kommentare oder Unfreundlichkeit zerstört werden. Es ist dann so wie mit Schmutz, der sich auf einer Scheibe sammelt und das Licht abhält.

Vertraute Beziehungen sind auf Vertrauen und Offenheit gegründet. Diese beiden Qualitäten gehören zusammen und bedingen einander. Wo Vertrauen herrscht, sind Ehepartner in der Lage, ihre tiefsten Gefühle zu offenbaren – ihre Hoffnungen und Ängste, ihre

Freuden und Sorgen, ihre Gedanken und Träume. Sie erlauben einander, ihre innere Welt zu kennen, wie sie wirklich ist. Diese Offenheit führt dazu, dass das Vertrauen gefestigt wird, wodurch wiederum größere Offenheit möglich wird.

Wenn wir einander verletzen – ob mit Absicht oder ungewollt – schädigen wir das Vertrauen und verschließen uns voreinander. Das geschieht oft unbewusst und soll unseren Partner auf Distanz halten und uns vor weiteren Kränkungen schützen. Je größer die Kränkung, desto größer der Schaden.

Meistens tun wir so etwas nicht mit Absicht, sondern die Anhäufung kleinerer Kränkungen, die nie besprochen wurden und daher unbearbeitet blieben, zerstören auf Dauer die Nähe. Ein Ehemann, dessen Ehe scheiterte, schrieb einen traurigen und bewegenden Bericht über die Situation, in die er und seine Frau geraten waren:

Unsere Ehe war nicht die reine Hölle, aber sie war einfach entmutigend. Meine Frau und ich empfanden keinen Hass füreinander, aber wir gingen uns auf die Nerven. Über die Jahre hatten wir beide einen Vorrat an kleineren ungelösten Streitigkeiten und Groll angelegt. Unsere Ehe war ein Mechanismus, der mit vielen kleinen Enttäuschungen und Ärgernissen so verkrustet war, dass seine Teile nicht mehr funktionieren konnten.[1]

Jedes Mal, wenn wir den anderen lieblos behandeln, kränken wir ihn. Wenn wichtige Entscheidungen ohne den anderen getroffen werden; wenn der Wunsch nach einem vertraulichen Gespräch mit kalter Gleichgültigkeit beantwortet wird; wenn Kritik die Ermutigung überwiegt; wenn unsere gemeinsame Zeit von anderen Leuten oder Aktivitäten geraubt wird; wenn Geburtstage ohne Geschenke oder besondere Beachtung vorübergehen; wenn an die Stelle von liebevollen Taten Egoismus und Bequemlichkeit treten; wenn Freundlichkeit mit Undankbarkeit beantwortet wird; wenn man auf den Versuch, den anderen zu umarmen und ein bisschen Zärtlichkeit zu erhalten, unwirsch antwortet: »Siehst du nicht, dass ich zu tun habe?«

Selbst in den besten Ehen treten Situationen auf, in denen sich die Ehepartner verletzen. Dann und wann geschieht das bewusst, aber in der Regel passiert es eher ungewollt und man merkt gar nicht, welchen Schmerz man dem anderen zugefügt hat. Solche Verletzungen *müssen unbedingt geklärt* werden, wenn Vertrauen und Offenheit in der Beziehung wachsen sollen. Der Prozess selbst, mit dem wir die Kränkung aus dem Weg räumen, trägt zu größerem gegenseitigen Verständnis und größerer Nähe bei. Wo man die Verletzungen jedoch nicht beseitigt, werden die Mauern um die Herzen höher und der Mörtel härter, bis kein Vertrauen mehr besteht und vielleicht die Ehe ganz auseinander bricht.

In diesem Abschnitt stellen wir Wege vor, die uns helfen sollen, in der Vergangenheit zugefügte oder erlittene Verletzungen aus dem Weg zu räumen, eventuell aufgerichtete Mauern zu beseitigen, und es zu lernen, dass zukünftige Kränkungen nicht mehr so schwerwiegende Folgen haben. Das Ganze ist nicht kompliziert, aber es stellt eine Herausforderung dar, und wir müssen uns bewusst entscheiden. Wir haben die Wahl: Entweder lassen wir es zu, dass unsere verletzten Gefühle unsere Beziehung vergiften, oder wir setzen uns damit auseinander. Je eher wir bereit sind, Verletzungen zu beseitigen, desto einfacher wird der Prozess. Doch wenn wir nicht dazu bereit sind, können selbst relativ unbedeutende Vorkommnisse zu Bergen werden, die uns voneinander trennen.[2]

Ärgerlich werden

Nachdem man gekränkt wurde, stellt sich nur wenig später das nächste Gefühl ein: Wut. Die Kränkung ist ein Gefühl, das wir in Bezug auf uns selbst empfinden, doch Ärger oder Wut ist ein Gefühl, das wir instinktiv gegenüber der Person spüren, die uns gekränkt hat.

Es ist wichtig, sich klarzumachen, dass das *Empfinden* von Wut nicht an sich falsch ist. Doch die Art und Weise, wie wir mit diesem Gefühl umgehen, kann Schaden anrichten.

Am Verhalten zweier Tiere, die körperlich verletzt oder bedroht werden, kann man zwei typische menschliche Reaktionen ablesen. Ein Nashorn handelt aggressiv und wird sehr wahrscheinlich angreifen, wenn es provoziert wird. Ein Igel dagegen bildet bei Gefahr einen Schutzschild um sich, indem er sich zusammenrollt und seinem Gegner die Stacheln zeigt, um ihn sich vom Leib zu halten.

So wie Tiere unterschiedlich auf Angriffe reagieren, so reagieren auch Menschen unterschiedlich, wenn sie verletzt werden und ärgerlich sind. Es gibt zwei dominierende Verhaltensmuster, und wenn man in einem Eheseminar um Handzeichen bittet, stellt man fest, dass ungefähr die Hälfte der Teilnehmer auf das eine und die andere Hälfte

auf das andere Muster zurückgreift. Der eine Teil ähnelt den Nashörnern: Wenn sie wütend sind, zeigen sie das deutlich. Der andere Teil ähnelt den Igeln: Wenn sie wütend oder verärgert sind, verstecken sie diese Gefühle. Sie werden still und ziehen sich zurück. Das bedeutet nicht, dass sie ihren Ärger nicht ausdrücken. Sie zeigen ihn eher unterschwellig: Sie werden kühler, hören von ihrem Partner auf einmal nur noch das, was sie hören wollen oder machen ihn vor anderen schlecht. Diejenigen, die dieser Kategorie angehören, halten sich manchmal für besser als die Nashorn-Typen, doch ihre Reaktionen können sich genauso negativ auf eine Beziehung auswirken.

Bei vielen Ehepaaren – so auch bei uns – gehört einer der Partner der Nashorn-Kategorie und der andere der Igel-Kategorie an. Die Apfelwurf-Geschichte im vorigen Kapitel illustriert recht deutlich, zu welcher Kategorie Sila gehört; die folgende Geschichte zeigt, wie Nickys normale Reaktion aussieht.

Nicky: *Einer der Unterschiede zwischen Sila und mir ist unsere verschiedene Art, uns von einer Abendeinladung zu verabschieden. Wenn wir uns einig sind, dass es Zeit zum Aufbrechen ist, bedanke ich mich bei den Gastgebern, verabschiede mich und bin bereit, nach Hause zu gehen. Sila dagegen beginnt bei der Verabschiedung ein Gespräch, das interessanter ist, als alle im Laufe des Abends geführten Unterhaltungen.*

Ich habe während unserer vierundzwanzigjährigen Ehe festgestellt, dass wir beim Servieren der Vorspeise bereits mit dem Aufbruch beginnen müssen, um zur vereinbarten Zeit nach Hause zu kommen.

Neulich besuchten wir die Geburtstagsparty eines engen Freundes. Da wir für die darauf folgenden Tage besonders viele Aktivitäten geplant hat-

ten, einigten wir uns auf dem Weg zum Fest darauf, dass wir spätestens um Mitternacht zurück sein wollten. Ich beschloss vorher, die Zeit für den Heimweg zu verdoppeln, und so begannen wir um halb zwölf mit dem Aufbruch. Ich verabschiedete mich von unseren Gastgebern und ging schon mal das Auto holen. Ich musste in der engen und überfüllten Straße, in der unsere Gastgeber wohnten, in zweiter Reihe parken, und wartete auf Sila.

Nach einer Viertelstunde war sie immer noch nicht zu sehen. Ich beschloss, den Wagen woanders zu parken, wohl wissend, dass es nicht einfach sein würde, einen Platz zu finden. Nachdem das erledigt war, ging ich zum Haus unseres Freundes zurück, klingelte und fand beim Eintreten meine Frau am Fuß der Treppe in eine angeregte Unterhaltung mit der Gastgeberin verwickelt.

Ich versuchte zu lächeln, um die Stimmung nicht zu trüben, und bemerkte, dass ich im Auto auf sie gewartet hätte und dass es bereits nach Mitternacht sei. Sila erwiderte: »Oh, ich habe gar nicht gemerkt, dass du gegangen bist.« An dieser Stelle musste ich nicht nur mit meinem Frust zurechtkommen, dass wir spät nach Hause und ins Bett kämen, sondern auch mit der Tatsache, dass sie meine Abwesenheit noch nicht einmal zur Kenntnis genommen hatte. Ich ging erneut los, um den Wagen zu holen, und nach rund zehn Minuten erschien sie dann.

Auf dem Rückweg redeten wir über die Einladung. Sila war ganz begeistert wegen der Leute, die sie getroffen hatte, und wegen der interessanten Gespräche, die sie geführt hatte. Ich gab mich nach außen fröhlich, während ich innerlich schäumte. Es ist erstaunlich, wie unser Verstand auf zwei Ebenen zugleich arbeiten kann. Während ich mich weiter mit Sila unterhielt, dachte ich darüber nach, ob ich meinen Frust herauslassen und darüber reden sollte, dass wir viel später als geplant im Bett sein würden. Ich wollte Silas fröhliche Stimmung nicht trüben; andererseits fiel es mir sehr schwer, so entspannt zu sein wie sie.

Schließlich entschied ich mich, meine Gefühle nicht für mich zu behalten, und sagte so beiläufig wie möglich: »Hast du eigentlich bemerkt, dass ich eine Viertelstunde lang im Auto gesessen und auf dich gewartet habe?« Sila hielt plötzlich inne, schaute mich an und sagte besorgt: »Oh, nein! Warst du ärgerlich auf mich?«

Als ich ihr über meine Gefühle und meinen Frust berichtete, sagte sie sofort: »Es tut mir so Leid. Verzeih mir bitte.« Nachdem die Dinge ausgesprochen waren, fiel es mir nicht schwer, ihr zu vergeben, und mein Ärger verschwand beinahe so schnell, wie er gekommen war.

Meine Art, negative Gefühle für mich behalten zu wollen, ist genauso schädlich für unsere Beziehung wie Silas Art, Gefühlen ihren freien Lauf zu lassen. Um eine tragfähige Beziehung zu ermöglichen, musste ich lernen, über meine Gefühle zu sprechen, genau wie Sila es lernen musste, das Ausdrücken ihrer Gefühle besser zu kontrollieren.

Zurückschlagen

Wenn Kränkungen und Ärger länger anhalten, ist unsere nächste instinktive Reaktion, mit gleichen Mitteln zurückzuschlagen: Kränkung für Kränkung, Beleidigung für Beleidigung, Zurückweisung für Zurückweisung. Wir wollen uns rächen, nicht zuletzt deshalb, damit unser Partner weiß, wie man sich bei einer solchen Kränkung fühlt. Wir wollen quitt sein.

Wir fuhren einmal während der Sommerferien in den südlichsten Zipfel Griechenlands, einem Teil der Peloponnes. Die Bevölkerungsdichte war dünn. Zahlreiche Dorfruinen zeugten jedoch davon, dass hier einst mehr Menschen gelebt hatten. Wir waren erstaunt über die Überreste von ungewöhnlich hohen Türmen an den Häusern. Man erklärte uns, dass diese Türme durch die Fehden zwischen Familien im gleichen Dorf entstanden waren.

Damals baute eine gekränkte Familie ihr Haus höher als die umliegenden Häuser, um ihre Widersacher mit Steinen bewerfen oder mit heißem Öl überschütten zu können. Die Nachbarn reagierten, indem sie noch höher bauten, um Vergeltung zu üben.

Solche Fehden führten schließlich zum Zusammenbruch ganzer Dörfer. In der Ehe gibt es ein ähnliches Muster, wenn es beide Partner darauf anlegen, Rache zu üben. Keine Ehe kann ein solches Verhaltensmuster überleben.

Der Furcht nachgeben

Eine dritte Reaktion auf Kränkung ist Furcht: Wir haben Angst davor, erneut verletzt zu werden, und ziehen uns zurück. Diese Reaktion trifft vor allem auf solche zu, die wie die Igel andere auf Distanz halten, um sich zu schützen. Man verschließt sich und weicht tiefer gehenden Gesprächen aus.

C. S. Lewis sagt dazu:

Wenn man liebt, ist man verletzlich. Liebe, und dein Herz wird verletzt und vielleicht gebrochen werden. Wenn du sicher sein willst, dass dein Herz heil bleibt, dann darfst du es niemandem geben, nicht einmal einem Tier. Nähre dein Herz sorgfältig mit Hobbys und kleinen Vergnügungen; vermeide jegliche Liebeleien; schließe es sicher in die Schatulle oder den Sarg deiner Selbstsucht ein. Doch in diesem Sarg – sicher, dunkel, bewegungslos, ohne Luft – wird sich dein Herz verändern. Es wird nicht gebrochen; es wird unverletzlich, unempfänglich, unrettbar verloren.[3]

Schuld mit sich herumtragen

Bei Kränkungen ist nicht nur einer der Partner betroffen. Wir teilen genauso aus wie wir empfangen. Wenn wir den anderen verletzen, tragen wir Schuld mit uns herum, die eine zerstörerische Kraft besitzt. Wir betrügen uns selbst, wenn wir uns weigern, unserer Verantwortung nachzukommen, und dies führt schnell zu emotionaler Trennung.

Die vier Auswirkungen von Kränkungen – Wut, Rache, Angst und Schuld – können unter der Oberfläche einer Ehe schlummern. Die Gefahr solcher Kränkungen, die nie geklärt und aus dem Weg geräumt wurden, kann man in einem anderen Zusammenhang gut verdeutlichen: Es ist das Dilemma bekannt, ehemalige Kriegsschauplätze von Mienen zu säubern, die nicht sichtbar, aber wohl vorhanden sind und Menschen gefährden. In einer Ehe kann oberflächlich gesehen alles in Ordnung sein, doch einer oder sogar beide Partner sind dazu verurteilt, sich vorsichtig zu bewegen, um die nächste mögliche Explosion zu vermeiden. Ein Verlust von Offenheit und Vertrauen baut sich meistens schrittweise im Laufe mehrerer Jahre auf, wenn sich immer wieder neuer Groll aufgestaut hat. Schließlich ist die Vertrautheit der Partner ganz zerstört.

Symptome für eine solche Entwicklung sind mangelnde Kommunikation, Kritik, Wutausbrüche, Groll, wenig Interesse am anderen, mangelnde Freude an Sexualität und die Gewohnheit, Dinge getrennt zu tun. Es können auch andere emotionale Auswirkungen auftreten, zum Beispiel ein schwaches Selbstwertgefühl und Depressionen oder aber – je nach Charakter – Gefühlskälte, um jeglichen Schmerz zu vermeiden.

Manche, die kurz vor einer Trennung stehen, drücken es so aus: »Ich fühle keine Liebe mehr. Ich fühle eigentlich gar nichts. Ich fühle mich wie taub.« Das ist nicht verwunderlich. Unbearbeitete Verletzungen, die sich im Innern angestaut haben, müssen erst beseitigt werden, damit wieder Raum für positive Gefühle wie Liebe, Romantik und Anziehungskraft entsteht. Es geht nicht so sehr darum, dass die Liebe nicht wieder wachsen kann, sondern darum, dass die Liebe durch Kränkung und Ärger regelrecht aus dem Herzen verdrängt wurde.

Die Schriftstellerin Valerie Windsor erzählt die Geschichte einer Engländerin, die in Paris Urlaub macht und einer Eingebung des Augenblicks folgend beschließt, ihren Mann zu verlassen. Es wird klar, dass die Vertrautheit, die einst in ihrer Ehe geherrscht hatte, verloren gegangen war:

Ich versuche zu verstehen, was mich dazu gebracht hat, aber ich habe keine Ahnung. Ich meine: Was genau hat mich dazu bewogen, gerade diesen Moment zu wählen und nicht irgendeinen anderen? Es war ein merkwürdiger Nachmittag. Ich weiß nicht, was mit mir los war. Es war windig, und entweder der Wind oder das Geräusch des Plastikstuhls, der über das Pflaster kratzte, lösten ein eigenartiges Gefühl in meinem Kopf aus. Tony suchte das Café aus, einen dieser salons de glace, in denen teure Cocktails serviert werden.

»Ist es hier okay?«, fragte er und wischte mit dem Taschentuch über einen Stuhl. »Setz dich noch nicht«, sagte er, »die sind noch nicht abgewischt worden«, doch ich setzte mich trotzdem hin ohne hinzuschauen, obwohl ich einen weißen Rock trug. Es ärgerte mich, dass er um solche Kleinigkeiten einen solchen Wirbel machte. Ein Mann sollte sich nicht mit solchen Dingen abgeben, ja, sie noch nicht einmal wahrnehmen. Ich jedenfalls bemerkte sie nicht. Bedeutete sein Verhalten, dass ich solche Dinge sehr wohl bemerken sollte und dass er – weil ich so offensichtlich keine Notiz davon nahm – gezwungen war, sie gegen seinen Willen wahrzunehmen? Das merkwürdige Gefühl in meinem Kopf wurde zu einem dünnen, hohen Summen, als ob eine Wespe in meinem Schädel herumschwirrte.

»Was möchtest du trinken?«, fragte er.

Ich glaube, es war Juni, Mai oder Juni, ich weiß nicht mehr genau. Es war jedenfalls kalt. Es war warm genug, um in einem Straßencafé zu sitzen, und kühl genug, um Lust auf ein warmes Getränk zu haben.

»Kaffee«, sagte ich.

Er studierte die Karte. Hinter ihm stand ein Blumenkübel mit stacheligen, orangefarbenen Blumen.

»Plastik«, sagte Tony, der sich zu den Blumen umdrehte.

»Meinst du? Das glaube ich nicht.« Ich beugte mich vor, um eine Blume zu berühren. Ich wollte, dass sie echt war. Ich wollte, dass sie lebendig war und genauso stachelig, wie sie aussah. Aber er hatte natürlich Recht: Es war Plastik. Das Summen in meinem Kopf nahm zu.

»Was ist los?«, fragte er.

Ich log. »Ich glaube, da ist eine Wespe.«

»Wo?«

»Ich weiß nicht.«

Jegliche Unsicherheit verärgerte ihn. »Entweder ist da eine Wespe oder nicht.«

»Ich weiß nicht, was los ist«, sagte ich und presste meine Finger gegen die Schläfen. Dann kam der Ober.

»Deux cafés«, sagte Tony, ohne ihm auch nur einen flüchtigen Blick zu schenken. Ich musste für uns beide lächeln.

Der Ober lächelte zurück. »D'accord«, antwortete er und wischte den Tisch ab. Tony lehnte sich in seinen Stuhl zurück und atmete aus. »Nun, das ist ja fein«, sagte er. Und das war alles. Es war die Summe dessen, was zwischen uns passierte. Da war keine Atmosphäre. Die Unannehmlichkeiten des Vortages, als wir uns in Neuilly verlaufen hatten, weil ich die Karte falsch gelesen hatte, waren vergessen. In schweigender Übereinkunft erlaubten wir uns nur Oberflächliches und sprachen nie über die unbefriedigenden nächtlichen Rituale, die ich – aus Mangel an Fantasie – nie mit Liebe in Verbindung bringen konnte.

Ich saß da, mit im Schoß gefalteten Händen, und das Summen in meinem Kopf wurde immer dünner und höher, wie ein elektrisches Signal. Ich stand auf.[4]

Sie stand auf und setzte einen Schlussstrich unter ihre Ehe.

Im wirklichen Leben machen viele Menschen, die sich von ihrem Partner trennen, die Erfahrung, dass sie solche negativen Gefühle und Erfahrungen in eine neue Beziehung mit hinüberschleppen. Währenddessen brodeln in ihnen noch viele ungeklärte Gefühle. Die unverheilten inneren Wunden können auch eine neue Beziehung zum Scheitern bringen – sogar schneller als die erste. Wir können dies besonders deutlich bei Menschen beobachten, die mehrmals heiraten und deren Ehe jedes Mal wieder aus ähnlichen Gründen scheitert.

Nicht ohne Grund heißt es in der Bibel: »...versöhnt euch wieder miteinander, bevor die Sonne untergeht« (Epheser 4,26). Groll – egal ob man ihn ausdrückt oder unterdrückt – muss bearbeitet werden, und innere Wunden müssen heilen, damit sich eine Beziehung vertiefen kann. Die tröstliche Botschaft lautet: Wir brauchen es nicht hinzunehmen, dass Kränkungen unsere Vertrautheit zerstören. Der im folgenden Kapitel beschriebene Prozess ist zwar schwierig und kostet uns etwas, doch wir erleben dadurch eine gelingende Ehe.

12 Wie kann die Vertrautheit wieder hergestellt werden?

Vergebung ist kein gelegentlicher Akt, sondern eine Haltung.[1]
Martin Luther King

Zum Zentrum des Problems vorstossen

Wenn die Vertrautheit verloren gegangen ist, kümmern wir uns meistens nicht gründlich genug um die Ursachen. Wir erkennen zwar die Symptome, aber nicht die dafür verantwortlichen Auslöser.

Nicky: *Als wir 1985 zum ersten Mal nach London zogen, stellte ich fest, dass Gemeindearbeit weit vielfältiger ist, als man mir am theologischen College beigebracht hatte. Mitten in einem sintflutartigen Regenfall verstopften die Kanalisationsrohre des Kirchengebäudes und der Gartenweg neben unserem Haus stand unter Wasser. Gemeinsam mit Derek, dem Jugendarbeiter, gelang es mir, die Rohre zu öffnen. Der Abwasserkanal war randvoll und diese Soße vermischte sich schnell mit dem Regenwasser. Ich versuchte mir lieber nicht in allen Einzelheiten vorzustellen, wie dieses Wasser zusammengesetzt war.*

Wir versuchten die Verstopfung mit Stangen zu beheben, aber stellten schon bald fest, dass das von oben unmöglich war. Jemand musste in die bis zum Oberschenkel gefüllte Kloake hinabsteigen, um die Stangen besser einsetzen zu können.

Bevor ich mich dafür zur Verfügung stellen konnte, war Derek – einer der selbstlosesten Menschen, die ich kenne – bereits unten, bis zur Hüfte in dem stinkenden Wasser. Er stieß mit aller Kraft hinein, und nach einigen Augenblicken gab es ein Gurgeln und danach ein herzhaftes Rauschen, als sich die Verstopfung auflöste und das Wasser rasch abfließen konnte. In kurzer Zeit war der Gartenweg wieder trocken. Wir spritzten ihn und auch Derek mit sauberem Wasser ab; der Geruch hatte sich verflüchtigt, und die Krise war überstanden.

Hätten Derek und ich das Wasser nur oberflächlich beseitigt, anstatt die Ursache, die Verstopfung zu beheben, so wäre das keine Lösung gewesen. Beim nächsten Regen oder bei der nächsten Betätigung der Toilettenspülung wäre der Gartenweg erneut überschwemmt worden.

Es kann schmerzhaft und anstrengend sein, sich mit den Kränkungen auseinander zu setzen, die wir uns zugefügt haben, und wir schrecken davor zurück. Doch wenn beide Partner den Mut aufbringen, sich der Vergangenheit zu stellen, wird sich vieles dauerhaft verändern. Wo ein Zuviel an Kränkungen und Groll besteht, müssen wir die Verstopfung folgendermaßen beseitigen:

1. Wir müssen über die Kränkung reden.
2. Wir müssen bereit sein, uns zu entschuldigen.
3. Wir müssen beschließen, einander zu vergeben.

Dieser Prozess bewirkt, dass die inneren Wunden beseitigt werden und unsere Beziehung nicht mehr beeinträchtigen. Sobald wir Kränkungen ausgeräumt haben, die sich über Tage, Wochen, Monate oder gar Jahre angestaut haben, müssen wir uns bewusst dazu entschließen, künftig jede große oder kleine Kränkung gemeinsam auszuräumen und nie wieder eine solche Anhäufung negativer Gefühle zuzulassen.

Für diejenigen, die schon lange verheiratet sind und sich nie von schmerzvollen Erlebnissen gelöst haben, wird der vorhin beschriebene Prozess Zeit in Anspruch nehmen und eine echte Anstrengung bedeuten, aber er wird schließlich zur Befreiung führen. Wahrscheinlich wird man sich nicht sofort besser fühlen. Wenn wir jedoch weitermachen, wird der Heilungsprozess zu einer tief verwurzelten Gewohnheit, und unsere Ehe wird sich zum Besseren wenden.

Über die Kränkung sprechen

Sila: *Nicky und ich waren gerade neun Monate verheiratet, als wir eine Einladung erhielten, mit einer Freundin ihren einundzwanzigsten Geburtstag zu feiern. Wir freuten uns auf ein idyllisches Wochenende. Doch auf der Fahrt dorthin tat oder sagte Nicky etwas – ich habe vergessen,* *was es war –, das mich wirklich verletzte. Ich war sehr verärgert, aber ich wollte unser Wochenende dadurch nicht verderben. Ich versuchte mir einzureden, dass alles in Ordnung war und wir schließlich ein schönes Wochenende vor uns hätten.*

Ich wollte die Kränkung echt vergessen. Ich wollte sie verdrängen, aber es wurde immer schlimmer, und meine Gefühle kochten regelrecht über. Ich konnte Nicky nicht entlasten, indem ich mir sagte: »Ich liebe ihn, also ignoriere ich, dass er mich verletzt hat.« Ich konnte nichts dagegen tun, dass die schmerzliche Situation immer wieder hochkam. Mein Groll wurde immer größer.

Schließlich hielt ich es nicht mehr aus und mir war klar, dass ich mit Nicky über meine Gefühle sprechen musste. Ich suchte mir den wahrscheinlich schlechtesten Moment aus, kurz vor dem Beginn des Festes. Ich erzählte ihm, wie er mich gekränkt hatte, Nicky entschuldigte sich, und ich vergab ihm. Das war eine wichtige Erfahrung in unserer Ehe, und wir haben daraus gelernt, dass Vergebung nicht heißt: »Es ist nicht so schlimm.« Die Kränkung war schlimm und musste beseitigt werden.

Dieser Teil des Prozesses ist wie das Hinabsteigen in die Kloake. Es hat keinen Zweck, so zu tun, als ob alles in Ordnung sei. Kränkungen sind mit aufblasbaren Wasserbällen vergleichbar. Man kann sie eine Weile mit einiger Anstrengung unter Wasser halten, doch dann kommen sie plötzlich mit unerwarteter Wucht wieder an die Oberfläche.

Wir müssen unserem Partner sagen, wann und wie er uns verletzt hat. Wir sollten dabei nicht einen harten oder verurteilenden, sondern einen freundlichen Ton wählen, so dass es für den anderen leichter wird, sich zu entschuldigen. Es lohnt sich, die Empfehlungen aus Kapitel 9 über die »Ich-Formulierungen« zu wiederholen. Anstatt eine allgemeine Kritik anzubringen oder den Charakter unseres Partners anzugreifen, sollten wir uns darum bemühen, ihm unsere Gefühle zu beschreiben – so wie Deborah Miles erklärte, dass es ihr weh getan hatte, wie er über die Geschichte mit Anne gewitzelt hatte (siehe Kapitel 11).

Beispiel:

»Ich fühlte mich zurückgestoßen und verletzt, als du letzte Nacht im Bett von mir weggerückt bist«, ist wesentlich hilfreicher als: »Du schenkst mir nie körperliche Zuneigung.«

»Ich hatte das Gefühl, nicht geschätzt und unterstützt zu werden, als du meine Mühe für die Weihnachtsdekoration nicht wahrgenommen hast«, ist viel besser als: »Du zeigst nie irgendwelche Anerkennung für meine Arbeit.«

Auf die Aussage »Ich habe es noch nicht überwunden, dass du mir nicht die Wahrheit über den Briefinhalt gesagt hast«, kann leichter erwidert werden als: »Du bist ein Lügner und ich kann dir nicht vertrauen.«

»Ich habe es nicht verwunden, als du am ersten Abend nach unserer Rückkehr aus den Flitterwochen in den Pub gegangen bist«, ist hilfreicher als der Vorwurf: »Deine Freunde bedeuten dir sowieso mehr als ich.«

»Ich habe mich verletzt und gedemütigt gefühlt, als du heute Abend vor unseren Freunden gesagt hast, ich wäre so langsam«, ist freundlicher als: »Heute Abend bist du mir wirklich in den Rücken gefallen.«

Vielleicht haben wir den Eindruck, dass unser Partner wie ein Nashorn ist – dickhäutig und kurzsichtig und zerstörerisch. In dem Fall dürfte es für unseren Partner nicht leicht sein zu erkennen, dass er uns gekränkt hat. Aber eine Absicht wird kaum dahinterstecken. Ein Eheberater drückte es so aus: »Wir haben es nicht mit vielen Menschen zu tun, die den ausgeklügelten Plan verfolgen: Wie werde ich am besten meine Ehe zerstören?«

Wir brauchen regelmäßige, geschützte Gesprächsgelegenheiten, um uns mit unseren gegenseitig zugefügten Kränkungen zu beschäftigen – egal ob sie klein oder groß sind. Wir sollten »die Sonne nicht untergehen lassen«, während wir noch Groll in uns haben. Hoffentlich tritt diese Notwendigkeit nicht häufig auf, besonders zu Beginn unserer Ehe; doch es ist wichtig, uns immer wieder Zeit zu nehmen, uns mit Kränkungen und verletzenden Situationen auseinander zu setzen. Früher oder später wird sich diese Notwendigkeit ergeben, selbst in den harmonischsten Beziehungen.

Bereit sein, um Vergebung zu bitten

Für den 1970 entstandenen Film *Love Story* wurde mit der Unterzeile geworben: »Liebe bedeutet, niemals *Entschuldigung* sagen zu müssen«. Diese Aussage könnte nicht falscher sein. In einer wirklich liebevollen Ehe müssen wir uns oft um Vergebung bitten, wahrscheinlich sogar täglich.

Die meisten von uns nehmen nicht gern die Verantwortung für ihre Fehler auf sich. Eltern können das häufig bei ihren Kindern beobachten, die meistens nur mit zusammengebissenen Zähnen *Entschuldigung* sagen, um noch unangenehmere Konsequenzen zu vermeiden. Es ist einfacher, unser Verhalten rational zu erklären und jedem anderen die Schuld zuzuschieben, nur nicht uns selbst. Manche Menschen rechtfertigen ihr Verhalten, indem sie ihre Eltern und deren Erziehung dafür verantwortlich machen. Und andere geben den Umständen die Schuld: »Wenn wir mehr Geld hätten ...« oder »Wenn ich nur nicht unter so großem Druck stehen würde ...«.

Nicky: *Ich erinnere mich daran, wie ich vor ein paar Jahren eine Frau im Krankenhaus besuchte, die schwer an Lungenkrebs erkrankt war. Sie bat mich, mit ihr zu beten, und ich schloss in mein Gebet auch ein Bekenntnis ein, indem ich Gott um Vergebung bat für die Dinge, die wir falsch gemacht haben.*

Sie unterbrach mich sofort, öffnete die Augen und sagte: »Ich kann nicht um Vergebung bitten für Dinge, die ich falsch gemacht habe, denn ich habe nichts falsch gemacht. Ich versuche zu jedem freundlich zu sein. Manchmal habe ich negative Gedanken über manche Menschen, aber ich dränge sie so schnell wie möglich beiseite. Aber ich frage mich, ob Sie nicht für meinen Mann beten könnten, er ist ein Tyrann und behandelt mich oft wie seine Sklavin.«

Später unterhielt ich mich mit den Krankenschwestern auf dem Flur, und sie erzählten mir, dass diese Frau eine der schwierigsten Patientinnen sei, die sie je gehabt hätten.

Es ist nie einfach für uns, hören zu müssen, dass wir andere gekränkt haben. Doch wir müssen uns bemühen, die Dinge aus der Sicht des Betroffenen zu sehen. Wenn unser Partner merkt, dass wir das Ausmaß seiner Kränkung begriffen haben, wird ihm eine Entschuldigung viel bedeuten. Wenn unser Partner dagegen spürt, dass wir nicht verstehen, wie sehr wir ihn verletzt haben, so muss er befürchten, dass wir uns schon bald wieder so verhalten werden. Einige Vorfälle wie in der Geschichte von Miles und Deborah erscheinen uns vielleicht banal oder sogar witzig, aber wir können dabei entdecken, wie wir unseren Partner auch schon tief verletzt haben.

Unsere Entschuldigung darf nicht mit Bedingungen verbunden sein, wenn sie beim Partner ankommen soll. Statt zu sagen: »Wenn du vernünftiger gewesen wärst, hätte ich nicht meine Beherrschung verloren« oder: »Wenn wir nicht deinetwegen zu spät losgefahren wären, hätte ich daran gedacht, den Brief einzuwerfen«, sollten wir unseren Stolz beiseite legen und einfach sagen: »Es tut mir Leid, dass ich die Beherrschung verloren habe« oder, »Entschuldige, dass ich vergessen habe, den Brief einzuwerfen.«

Wir müssen auch aufpassen, dass unser Ton und unsere Körpersprache nicht dem widersprechen, was wir sagen. Es ist möglich »Entschuldigung« in einer Weise zu sagen, die bedeutet: »Entschuldige, aber ...« oder: »Es war eben doch deine Schuld.«

Aufrichtige Entschuldigungen ohne Bedingungen wirken sich sehr positiv auf eine Beziehung aus, denn wir brauchen nicht länger in der Defensive zu verharren, auf Rache zu sinnen oder ebenfalls zu verletzen. Groll und verletzte Gefühle werden durch Entschuldigungen geheilt.

Beschließen, einander zu vergeben

Dies ist der dritte und für viele der schwierigste Teil des Prozesses. Vergebung ist von grundlegender Bedeutung und hat einen enormen Einfluss auf die Heilung einer Ehe. Die in Kapitel 3 beschriebene Versöhnung zwischen James und Anna wäre ohne Vergebung nicht möglich gewesen. Wir haben sie gebeten, uns genauer darüber zu berichten.

James: Anna verließ mich Anfang Januar 1987. Ich erinnere mich, dass ich meinen Freunden am Arbeitsplatz erzählen wollte, was passiert war, und – was wesentlich schwieriger war – warum es passiert war. Es hatte viel mit fehlender Kommunikation zu tun, doch selbst jetzt, dreizehn Jahre später, weiß ich nicht ganz genau, warum unsere Ehe damals zerbrach. Meine Freunde waren nett und mitfühlend, aber sie konnten wenig Hilfreiches sagen außer: »Die Zeit heilt alle Wunden.« Doch die Tage wurden zu Monaten, ohne dass ich etwas von Heilung bemerkt hätte. Der Schmerz steigerte sich eher zu einem explosiven Gemisch aus Ärger und Selbstmitleid und wurde dadurch noch größer.

Ich weiß noch, wie ich morgens wach wurde und sofort das Gefühl hatte, in ein riesiges schwarzes Loch zu fallen. So, als ob mein Verstand hinter meinem Herzen herhinken würde, und erst nach einiger Zeit wurde mir etwas klar: Ich hatte zwei Jahre zuvor nach dem Tod meines Vaters ähnliche Gefühle durchgemacht.

An eine Situation kann ich mich besonders gut erinnern. Einige Monate nach ihrem Auszug wollte Anna vorbeikommen, um ihre restlichen Sachen abzuholen. Ich ließ ein neues Schloss in die Haustür einsetzen, nicht aus Misstrauen ihr gegenüber, sondern weil ich sie verletzen wollte. Es war einer der schlimmsten Momente für mich, weil ich genau wusste, dass mein Verhalten verkehrt war, aber ich hatte keine Kraft, etwas dagegen zu tun. Zwei Tage später flog ich auf meinem Weg in den Urlaub nach Indien über London. Ich weinte hemmungslos, als ich London unter mir sah und daran dachte, was ich da gemacht hatte.

Mir war diese Situation gegenwärtig, als ich, von einem Arbeitskollegen eingeladen, im Dezember 1987 in der *Holy Trinity Brompton Church* saß. Ich bedauerte die Sache mit dem Türschloss und wollte von dem ständig länger werdenden Schatten frei werden, der sich an mein Leben geheftet hatte. Ich weinte wieder, aber diese Tränen waren anders. Ich bat nun nicht um Hilfe, damit ich Anna vergeben konnte, sondern ich bat für mich selbst um Vergebung. Ich weinte über mich, über meinen Anteil am Scheitern unserer Ehe, über meinen Mangel an Sensibilität, über mein ehrgeiziges Erfolgsstreben auf Kosten unserer Ehe. Als ich den Gottesdienst verließ, war ich nicht glücklicher als zuvor – die Umstände hatten sich nicht verändert: Anna lebte immer noch mit einem anderen Mann und wollte immer noch die Scheidung. Doch ich fühlte mich zum ersten Mal seit fast einem Jahr wieder lebendig.

Ich kann nicht beschreiben, wie die Veränderung eintrat. Aber ich war auf einmal in der Lage, Anna zu vergeben, und die ganze Bitterkeit, die mich innerlich vergiftet hatte, löste sich auf. In diesem Augenblick änderte Gott die Richtung meines Lebens. Wenn ich nun Anna und unsere beiden hübschen Töchter anschaue, danke ich Gott.

Anna: James' Vergebung war so echt, dass ich sie zunächst befreiend fand, aber nicht gleich damit zurechtkam. Konnte er tatsächlich jeden Vorfall, jede Kränkung vergeben, ohne mich je wieder daran zu erinnern oder es gegen mich zu verwenden? Als ich Jesus kennen lernte und selbst seine Vergebung erfuhr, begriff ich, dass Gott James' Herz sehr verändert hatte. Ich bin mir nun ganz sicher, dass er jedes Mal, wenn ich ihn frage: »Meinst du wirklich, dass du mir das vergeben hast?« antworten wird: »Ja, denk' nicht mehr darüber nach.«

James: Viele Leute glauben vielleicht, dass diese außergewöhnliche Wendung in unserer Ehe eine Art himmlische Romanze nach sich zog, in der es keinen Streit, keine Spannungen, keine Verletzungen oder Missverständnisse mehr gab. Die Vergebung ist zwar sofort gültig, aber es gab komplizierte Ursachen für unsere Trennung, die noch gelöst werden mussten. Die Vergebung zu *leben* war ein Prozess, für den wir uns beide bewusst entschieden hatten.

Unser neues gemeinsames Leben ist aus meiner Sicht ein ständiger Prozess von Entscheidungen, in dem wir so offen wie möglich vor Gott und voreinander sind. Wenn wir Fehler machen, gehen wir nun viel schneller aufeinander zu, bitten um Vergebung und vergeben uns. Ich glaube, dass Gott an diesem Punkt beginnt einzugreifen, und wir brauchen sämtliche Hilfen, dic Gott uns geben kann.

Vergebung kann man sich nicht verdienen

C. S. Lewis schrieb: »Vergebung geht über menschliche Gerechtigkeit hinaus. Es geht darum, Dinge zu vergeben, die eigentlich unverzeihlich sind.«[2] Aus diesem Grunde kostet es uns etwas, Vergebung zu üben: Wir müssen unseren Stolz, unser Selbstmitleid und unseren Gerechtigkeitssinn zurückstellen. In unserer Kultur wird viel Wert darauf gelegt, alles zu tun, um unser Recht zu behaupten. Wenn wir vergeben, so verzichten wir auf unser Recht, Gerechtigkeit zu erlangen; und auch auf unser Bedürfnis nach Rache.

Wir können nicht erwarten, dass sich unser Partner unsere Vergebung verdient, und wir können auch nicht sicher sein, dass wir nicht in ähnlicher Weise erneut verletzt werden. Manchmal haben wir den Eindruck, dass unser Partner wieder den gleichen Fehler macht, obwohl er die besten Absichten hat, dies zu vermeiden. Jesus fordert uns in Lukas 17 Vers 4 auf, einander wenn nötig »siebenmal pro Tag« zu vergeben, und dies ist nicht als Übertreibung zu werten.

Wir müssen jedoch weder das Verhalten unseres Partners hinnehmen noch immer wieder vergeben, wenn es sich um körperliche Gewalt, verbale Übergriffe, sexuellen Missbrauch oder Untreue handelt. Eine solche Verletzung des Ehegelöbnisses ist ein unzumutbarer Vertrauensbruch, mit dem man sich unbedingt auseinander setzen muss. Wenn ein derart zerstörerisches Verhalten zur Gewohnheit geworden ist und mit weiterem, schlimmerem Missbrauch zu rechnen ist, sollte die Hilfe eines Außenstehenden hinzugezogen werden. Für Paare, die sich in einer solchen Situation befinden, empfehlen wir das Buch *Getrennt für immer?* von Gary Chapman.

Der Fluss der Vergebung

Die christliche Botschaft lautet: Wenn wir uns an Gott wenden und ihm aufrichtig unsere Fehler bekennen, so erhalten wir seine Vergebung als kostenloses Geschenk. Jesus starb an unserer statt und ertrug die Folgen unseres Fehlverhaltens – alles, was wir je falsch gemacht, gedacht oder gesagt haben, hat er auf sich genommen. Gott vergibt uns bereitwillig, auch wenn er weiß, dass wir erneut stolpern und Fehler machen werden. Er ist unser Vorbild für Vergebung. Der Apostel Paulus schrieb: »Seid freundlich und hilfsbereit zueinander und vergebt euren Mitmenschen, so wie Gott euch durch Christus vergeben hat« (Epheser 4,32).

Wenn wir die unglaubliche Wirkung der ständig zur Verfügung stehenden Vergebung Gottes begreifen, motiviert es uns ebenfalls, anderen zu vergeben. Wir wollen dann Gottes Großzügigkeit auch an andere weitergeben.

Doch selbst durch gute Erfahrungen mit Vergebung kann sie uns als unerreichbares Ziel erscheinen. Wo finden wir das, was wir dazu brauchen? Wir fühlen uns vielleicht blockiert. In unserem Herzen will sich keine Vergebungshaltung einstellen. Wir haben nur den Wunsch, Gerechtigkeit herzustellen. In der Bibel werden wir wiederholt aufgefordert, die Vergeltung Gott zu überlassen: »Ich, der Herr, habe mir die Vergeltung vorbehalten, ich selbst werde sie bestrafen« (Römer 12,19). Wir können Gott unsere Angelegenheiten überlassen. Wir werden aufgefordert:»Vergeltet Böses nicht mit Bösen, und gebt Beleidigungen nicht wieder zurück! Im Gegenteil, segnet eure Beleidiger, so gewiss Gott euch dazu berufen hat, in der kommenden Welt die Fülle seines Segens zu empfangen« (1. Petrus 3,9). Wenn wir unserem Bedürfnis nach Rache nicht nachgeben, so gilt uns Gottes Verheißung, dass er für uns sorgt und uns mit seinem Segen beschenken wird.

Ein See benötigt hineinfließendes und herausfließendes Wasser, um kein Brackwasser zu werden. Wir brauchen den dynamischen Fluss der Vergebung in allen unseren Beziehungen und ganz besonders in der Ehe. Die Vergebung muss von Gott in unser Leben hineinfließen. Wir sollten sie aber nicht für uns behalten. Mit Gottes Hilfe müssen wir die Vergebung in das Leben der Menschen um uns herum weiterfließen lassen, und besonders in das Leben derer, die uns nahe stehen.

Vergebung ist ein Entschluss, kein Gefühl

Vergebung bedeutet die Entscheidung, Vergangenes nicht gegen den anderen einzusetzen. Die Frage lautet nicht: »Spüren wir die Vergebung?« Häufig spüren wir sie ganz und gar nicht. Stattdessen müssen wir uns fragen: »Werden wir vergeben? Werden wir die Verletzung loslassen?« Natürlich gibt es Dinge, die sehr schwer zu vergeben sind, weil sie besonders verletzt haben. Wir hören oft: »Ich kann ihm/ihr nicht vergeben.« Die Formulierung »Ich kann nicht« ist eine andere Form von »Ich will nicht« oder »Ich weiß nicht, wie«. Häufig wartet man darauf, dass sich die richtigen Gefühle einstellen oder dass der Gerechtigkeit Genüge getan wird, bevor man vergibt.

Wir wollen keineswegs unterschätzen, wie schwierig Vergebung sein kann, und wie James es beschrieb, müssen wir Gott immer wieder bitten, uns dabei zu helfen. Wenn wir jedoch willentlich beschließen zu vergeben, so werden die *Gefühle* der Vergebung folgen. Bei manchen wird dies schnell eintreten, bei anderen dauert es länger.

Vergebung befreit uns

Wenn wir vergeben, so wird unser Partner davon profitieren, doch letztendlich sind wir selbst diejenigen, die den größten Nutzen davon haben, denn der Akt der Vergebung befreit *uns*. Der christliche Autor Philip Yancey drückte es so aus:

Der Begriff Groll/Ärger beschreibt, was passiert, wenn der Kreislauf nicht durchbrochen wird. Wörtlich bedeutet Groll/Ärger, etwas »erneut zu fühlen«. Diese Gefühle beziehen sich auf die Vergangenheit, man er-

lebt das Vergangene immer wieder neu, der frische Schorf reißt auf und die Wundheilung wird verhindert.[3]

Die Holländerin Corrie ten Boom war während des Zweiten Weltkriegs im Konzentrationslager Ravensbrück interniert, wo sie Augenzeugin der Misshandlungen ihrer Schwester Betsie wurde, die später daran starb. In ihrem Buch *He Sets the Captives Free* (Er setzt die Gefangenen frei) beschreibt Corrie, wie sie nach dem Krieg einem der Aufseher von damals begegnete, der zwischenzeitlich Christ geworden war und sie um Vergebung bat. Nur durch ein Stoßgebet um Gottes Hilfe gelang es ihr, die menschlichen Instinkte Hass und Rache zu überwinden und das Unmögliche zu tun. Sie schrieb später:

In dem Moment, als ich vergeben konnte, verschwand der Hass aus meinem Herzen. Welch eine Befreiung! Vergebung ist der Schlüssel, der die Tür zum Gefängnis des Grolls und die Handschellen des Hasses aufschließt. Darin liegt eine Kraft, die die Ketten der Bitterkeit und die Fesseln des Egoismus sprengt. Welch eine Befreiung liegt darin zu vergeben.[4]

Nur durch Vergebung können wir von dem Schmerz vergangener Beziehungen befreit werden. Irene war eine junge Südafrikanerin, die gerade die Universität beendet hatte und das Leben und ihre Arbeit in London genoss. Schon bald lernte sie Roger kennen, einen älteren Mann, der sie ziemlich beeinflusste. Er überredete sie, ihren Job aufzugeben und mit ihm zusammenzuziehen. Sie wurde schwanger. Sie heirateten und zogen in ein kleines Dorf außerhalb von London. Einige Monate später kam ihr Sohn Timmy zur Welt.

Irene war zu Hause allein mit dem Baby, getrennt von ihrer Familie, isoliert und hatte keine Arbeitskollegen mehr. In dieser Situation keimten zerstörerische Gedanken in ihr auf: Sie verdächtigte ihren Mann, eine Affäre mit einer anderen Frau zu haben. Roger erklärte seine zunehmende Abwesenheit und die häufige Benutzung einer Telefonzelle mit einer geheimen Arbeit für die Regierung. Es klang nach Ausrede, doch er war sehr überzeugend. Irenes schlimmste Befürchtungen wurden wahr, als eines Abends eine Frau im mittleren Alter aus dem Dorf auf der Türschwelle stand und ihr einen Liebesbrief zeigte, den Roger ihrer sechzehnjährigen Tochter geschrieben hatte. Er und das Mädchen hatten ein Liebesverhältnis. Die Mutter war besonders wütend, weil auch sie selbst eine Affäre mit Roger hatte.

Bald stellte sich heraus, dass Roger nicht nur mit der Mutter und der Tochter schlief, sondern darüber hinaus noch eine Geliebte in London hatte. Später bekannte er Irene, dass er sie zum ersten Mal einen Tag nach ihrer Hochzeit betrogen hatte. Roger war süchtig nach Sex und ein notorischer Lügner. Irenes Welt brach zusammen.

Roger und Irene nahmen mehrere Monate lang eine Eheberatung in Anspruch. Allmählich hielt sich Irene an einige praktische Grundsätze der Bibel und lernte, ihrem Mann zu vergeben und ihn sogar wieder zu lieben – Dinge, zu denen sie sich vorher nicht in der Lage gefühlt hatte. Sie meinte, eine zweite Chance zu erhalten. Doch ein Jahr später verließ Roger seine Frau und seinen Sohn und zog mit seiner Sekretärin zusammen, die ein Kind von ihm erwartete. Irene fühlte in ihrem Alleinsein immer mehr Wut und Bitterkeit gegen Roger in sich hochkommen. Hin und wieder dachte sie sogar an Selbstmord.

Eines Tages wurde ihr während des Betens klar, dass ihre mangelnde Bereitschaft zur Vergebung wie ein Parasit in ihrem Innern war, der sie auffraß und immer größer wurde. Sie fasste den willentlichen Entschluss, Roger zu vergeben. Jedes Mal, wenn sie bemerkte, dass in ihrem Kopf der immer gleiche Film von Kränkungen und Demütigungen ablief, erinnerte sie sich an all die Sachen, für die sie Gottes Vergebung erfahren hatte. Dann begann sie, für Roger und seine neue Familie zu beten. Zunächst musste sie dabei die Zähne zusammenbeißen, aber nach einer Weile kamen diese Gebete von Herzen. Allmählich verschwanden die Bitterkeit und die Unversöhnlichkeit aus ihrem Herzen. Sie spürte eine angenehme Leichtigkeit und Ruhe, und schließlich Freiheit – die Freiheit, neu zu beginnen.

Wenn wir uns zur Vergebung entschließen, können wir uns vorwärts bewegen, ohne durch das Gewicht von »Ketten der Bitterkeit und Handschellen des Hasses« nach unten gezogen zu werden. Zu Beginn werden wir vermutlich tiefen Schmerz empfinden, doch der Prozess der Vergebung ermöglicht Heilung. Es ist so wie bei einem Bienenstich – wenn der Stachel entfernt ist, verheilt die Haut nicht sofort, doch der Heilungsprozess beginnt. Wenn wir vergeben, können wir uns immer noch an das erinnern, was man uns angetan hat, doch wenn wir die Vergebung festhalten, werden die Erinnerungen immer weniger Macht über uns haben.

Unversöhnlichkeit vergiftet nicht nur unsere Beziehung zu der Person, die uns verletzt hat, sondern sämtliche Beziehungen in unserem Leben. Es kann sich negativ auf unsere Ehe auswirken, wenn wir Groll gegen eine dritte Person mit uns herumtragen. Wir haben eine japanische Freundin, die sich intensiv für die Versöhnung zwischen ehemaligen Kriegsgefangenen und ihrem eigenen Volk eingesetzt hat. Wenn Ehemänner, die während des Krieges schrecklich gelitten haben, ihren Folterern vergeben konnten, hat das nach Aussage ihrer Ehefrauen Veränderungen für ihre Ehe nach sich gezogen. Ihre Männer schlafen wieder gut und können mit den kleinen Ärgernissen des Alltags besser umgehen.

Zeit allein heilt keine Wunden. Nur Vergebung kann diesen Heilungsprozess in Gang setzen, aber es ist ein Weg. Vergebung vollzieht sich häufig Schicht für Schicht, wie bei der Zwiebel die Schalen. Es kann sein, dass wir uns täglich zur Vergebung der gleichen Kränkung entschließen müssen, um Befreiung zu erfahren. Je weniger wir vergeben, desto schwieriger wird es. Doch wenn wir einmal vergeben, wird es beim nächsten Mal leichter. Und während wir vergeben, heilen die emotionalen Wunden allmählich und unsere Ehe kann sich weiterentwickeln.

Abschnitt 5 – Die Kraft der Vergebung

Schlussfolgerung

Wenn dieser Prozess des Ausräumens vergangener Kränkungen und Groll neu für Sie ist, so sollten Sie ihn Schritt für Schritt und mit viel Feingefühl durchlaufen, insbesondere, wenn Sie schon seit längerer Zeit verheiratet sind. Bitten Sie Gott um seine Leitung, damit Sie in dem Tempo vorankommen, das Gott für Sie geplant hat. Wir sind sehr verwundbar, wenn wir erkennen, wie man uns gekränkt hat. Wir müssen freundlich zueinander sein, damit unser Partner spürt, dass wir seine Gefühle nachempfinden können. Wo das Vertrauen abgenommen hat, wird es einige Zeit dauern, bis es wieder hergestellt ist. Rechnen Sie nicht damit, dass die gekränkte Person in der Lage ist, die Verletzung zu vergessen und sich von jetzt auf gleich davon zu erholen.

In seiner Beschreibung der Liebe heißt es bei Paulus: »Wer liebt, der trägt keinem etwas nach« (1. Korinther 13,5). Stellen Sie sich einen Moment lang vor, jeder Tag Ihrer Ehe sei eine neue Seite in einem Notizbuch. Jeden Tag sagen oder tun wir Dinge beziehungsweise versäumen, bestimmte Dinge zu sagen oder zu tun, die unseren Partner verletzen – manchmal sind es kleine Kränkungen, manchmal tiefer gehende Verletzungen.

An einigen Tagen wird die Liste länger sein als an anderen, aber es

wird jeden Tag etwas auf der Seite stehen. Wenn man sich mit diesen Dingen nicht auseinander setzt und Vergebung einübt, wird die Seite umgeschlagen und die Liste bleibt bestehen. Auf diese Weise stauen sich Bitterkeit und negative Gefühle an. Selbst wenn wir uns nicht an die Details der einzelnen Listen erinnern, haben wir doch die Kränkungen innerlich registriert – unsere Beziehung wird dadurch geprägt und unser Vertrauen zerstört.

Wenn wir tägliches Vergeben lernen, so ist das, als ob wir jeden Abend die Seite des Notizbuches herausreißen und wegwerfen. So beginnen wir jeden neuen Tag unserer Ehe mit einem sauberen Blatt und keinerlei Rückständen. Keiner der Partner wird sich in der Angriffs- oder Verteidigungsposition befinden. Dann sollten wir in Liebe handeln und die Fehler des anderen wirklich vergessen.

Fünfte goldene Eheregel

Vergeben Sie einander.

Abschnitt 1: Tragfähige Fundamente bauen

Abschnitt 2: Die Kunst zu kommunizieren

Abschnitt 3: Praktische Liebe

Abschnitt 4: Konfliktbewältigung

Abschnitt 5: Die Kraft der Vergebung

Abschnitt 6: Eltern und Schwiegereltern

Abschnitt 7: Ein erfülltes Liebesleben

13 Wie man eine gute Beziehung zu Eltern und Schwiegereltern pflegt

Als ich vierzehn Jahre alt war, konnte ich meinen Vater kaum in meiner Nähe ertragen, weil er so ignorant war.
Als ich einundzwanzig war, staunte ich darüber, wie viel der alte Mann in sieben Jahren gelernt hatte. Mark Twain

»Eltern«, sagte Amy, »sind wegen ihres Alters so seltsam.«[1]
Amanda Vail

Wir dürfen den Einfluss, den unsere Familienbeziehungen auf unsere Ehe haben, nicht unterschätzen. Familien sind komplex; in manchen erleben wir unglaublich viel Herzeleid, das über Jahre und selbst über Generationen anhält; andere wiederum sind eine Quelle der Freude und des Glücks, das sich auf unzählige Menschen auswirkt und viel Segen hervorbringt. Wenn wir uns wünschen, dass sich unsere Familienbeziehungen positiv auf jede Generation auswirken, dann müssen wir zunächst begreifen, wie sich unsere Beziehung zu unseren Eltern während unserer Kindheit und Jugend entwickelt hat.

Die Entwicklung von der Abhängigkeit zur Unabhängigkeit

Es ist von entscheidender Bedeutung für unsere Ehe, wie wir die Entwicklung der totalen Abhängigkeit als Kind von unseren Eltern hin zur allmählichen Unabhängigkeit erlebt haben. Wir durchlaufen mehrere Phasen in unser Entwicklung vom Kind zum Teenager, zum Erwachsenen und schließlich zur verheirateten Person. Wir haben vier Abbildungen entworfen, die illustrieren sollen, wie eine angemessene Eltern-Kind-Beziehung in diesen vier Phasen aussieht. Natürlich entspricht die Realität nie hundertprozentig diesen Abbildungen. Manche Kinder werden von nur einem Elternteil großgezogen. Es gibt viele allein Erziehende, die es schaffen, ein gesundes Klima voller Liebe zu zaubern und wo die Kinder glücklich aufwachsen. Andere wiederum haben vielleicht Scheidung, Tod, Wiederheirat, Stiefeltern und -familien erlebt. Doch die allgemeinen Grundsätze, die für jede der vier Phasen gelten, sind letztlich auf alle anzuwenden.

Schauen Sie sich als Ehepaar die Abbildungen gemeinsam an und versuchen Sie sich an Ihre eigenen Kindheitserfahrungen zu erinnern. Dadurch können wir unsere eigene Kindheit und die unseres Partners besser verstehen und erkennen, ob sich die Beziehung zu unseren Eltern in den jeweiligen Phasen so entwickelt hat wie dargestellt.

Wir müssen offen über die Stärken und Schwächen unserer Eltern und ihrer Ehe reden. Eine erwachsene Beziehung zu unseren Eltern zu haben setzt voraus, dass wir unsere kindlichen Vorstellungen, in denen wir unsere Eltern idealisierten, loslassen – genauso wie unsere Desillusion während der Teenagerjahre, als unsere Eltern in unseren Augen alles falsch gemacht haben. Wir müssen sie als Erwachsene so sehen, wie sie wirklich sind. Wir hoffen, dass es hilfreich für Sie ist, sich mit den vier verschiedenen Phasen auseinander zu setzen, um diesen realistischen Blick zu bekommen.

Frühe Kindheit

Während der frühen Kindheit sorgen die Eltern für die körperlichen Bedürfnisse des Kindes, also für Essen, Trinken, Hygiene, Wärme und medizinische Versorgung. Sie sind auch verantwortlich für die emotionalen Bedürfnisse des Kindes, wie die Pfeile in der Abbildung verdeutlichen – es geht dabei um Zuneigung, Annahme, Sicherheit, Ermutigung, Trost und so weiter. Die emotionalen Bedürfnisse eines Kindes sind genauso wichtig wie die körperlichen, auch wenn sie weniger sichtbar sind. Die Erfahrung, elterliche Liebe zu erhalten, sorgt für die Entwicklung des kindlichen Selbstvertrauens, was für den Aufbau von Beziehungen im späteren Leben von entscheidender Bedeutung ist. Beziehungen bergen immer Risiken in sich, und wir brauchen alle Selbstvertrauen, um das Risiko von Ablehnung einzugehen. Wenn wir die bedingungslose Liebe unserer Eltern erfahren haben, können wir dieses Risiko eingehen und in Liebe und Vertrauen auf andere zugehen.

Der Kreis in der Abbildung repräsentiert die Grenzen, die unsere Eltern zu unserer Sicherheit stecken mussten. Kleine Kinder müssen in

ihren Aktivitäten aus nächster Nähe beaufsichtigt werden, um vor Gefahren beschützt zu werden. Die Eltern müssen verhindern, dass sich Kinder in Situationen begeben, die für sie zu gefährlich sind. Kleine Kinder können solche Situationen noch nicht selbst einschätzen.

Teenagerzeit

Können Sie sich an Ihre Teenagerzeit erinnern? Während dieser Jahre gewährten uns unsere Eltern zunehmend Unabhängigkeit und gaben uns die Möglichkeit, in möglichst vielen Bereichen eigene Entscheidungen zu treffen. Das betraf zum Beispiel die Wahl unserer Freunde, die Gestaltung unserer Freizeit, unsere Kleidung, unsere Frisur (wenn sie sich trauten) und die Ausgestaltung unseres Zimmers.

Dieses allmähliche Loslassen ist ein wichtiger Teil des Übergangs von der totalen elterlichen Kontrolle zur Unabhängigkeit. Als junge Teenager benötigten wir jedoch immer noch bestimmte Grenzen. Die Abbildung zeigt nun keinen Kreis mehr, sondern ein Oval und soll zeigen, dass sich innerhalb dieser von den Eltern festgelegten Grenzen eine zunehmende Freiheit entwickelt. Wir waren noch nicht reif genug, sämtliche Entscheidungen selbst zu treffen, und hätten – wenn wir ganz

ehrlich gewesen wären – zugegeben, dass wir die Sicherheit dieser Grenzen auch geschätzt haben. Die Teenagerjahre brachten viele Fragen mit sich, denn wir waren damit beschäftigt, unsere eigene Identität aufzubauen, und brauchten die emotionale Unterstützung unserer Eltern.

An diesem Punkt haben wir wahrscheinlich begriffen, wie wir unseren Eltern eine Hilfe sein konnten. Dies ist mit der gestrichelten Linie gemeint.

Erwachsenwerden/das Elternhaus verlassen

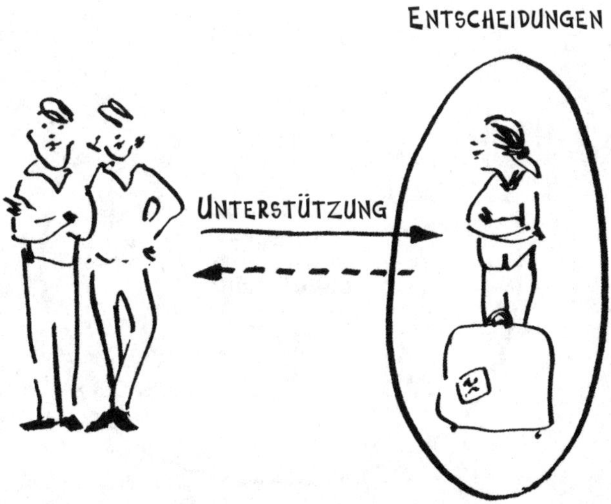

Viele von uns wohnten im Alter zwischen 18 und 21 Jahren immer noch zu Hause bei den Eltern. Dennoch übten wir Unabhängigkeit ein, trafen unsere eigenen Entscheidungen über unsere weitere Ausbildung, über die berufliche Laufbahn, andere Beziehungen, die Verwendung von Geld und so weiter.

Die meisten von uns haben auch in dieser Phase noch häufig den Rat der Eltern, ihre finanzielle Unterstützung und ihren Trost (wenn Dinge schief gelaufen sind) gesucht. Doch die Beziehung zu den Eltern war nun eher die von Erwachsenen zu Erwachsenen. Hoffentlich waren wir weniger mit uns selbst beschäftigt und akzeptierten eine gewisse Verantwortung gegenüber unseren Eltern, zum Beispiel mit ihnen Kontakt aufzunehmen (wenn wir nicht mehr zu Hause wohnten) und ihre Bedürfnisse nach Wertschätzung, Unterstützung, Zuneigung oder Ermutigung zu erkennen.

Heiraten

Viele Situationen sind komplexer als in der Abbildung dargestellt, doch es geht eigentlich immer um das Gleiche, egal, wie sich unsere speziellen Umstände darstellen. Der Kreis um das verheiratete Paar illustriert die Notwendigkeit, unser eigenes Zuhause einzurichten, eigene Entscheidungen zu treffen und gegenseitig für unsere Bedürfnisse zu sorgen. Unsere Loyalität wird sich nun in erster Linie auf einander konzentrieren, und wir müssen die emotionale Abhängigkeit von unseren Eltern hinter uns lassen.

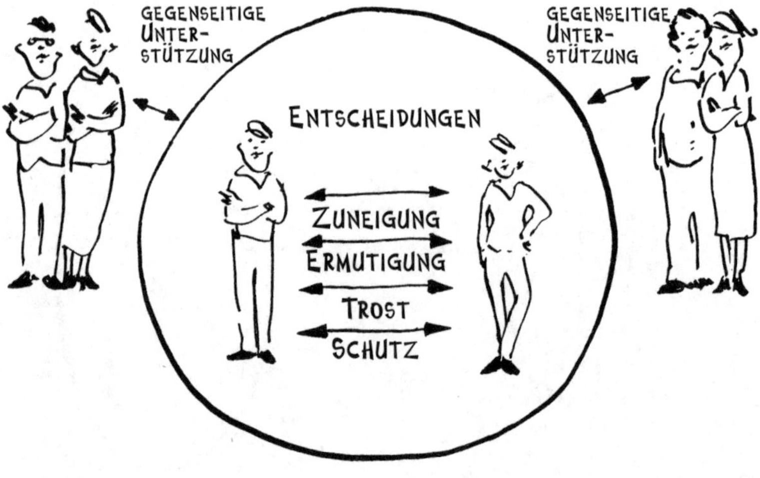

Diese veränderte Zugehörigkeit bedeutet jedoch keineswegs, dass wir alle Brücken zu unseren Eltern abbrechen sollen. Wenn unsere Beziehung auf einer gesunden Grundlage steht, können Eltern (und Geschwister) eine wichtige Unterstützung für unsere Ehe sein. Wir selbst haben diese Erfahrung gemacht, und unsere Eltern waren eine Quelle der Liebe, Unterstützung, Freude und engen Freundschaft. Wir legen auch großen Wert auf die besondere Beziehung zu unseren Geschwistern und ihren Familien. Obwohl wir Hunderte von Meilen voneinander entfernt leben, spielen diese Beziehungen eine wichtige Rolle in unserem Leben und im Leben unserer Kinder. Diese Beziehungen wurden über die Jahre gepflegt, und wir bemühen uns beidseitig, in Kontakt zu bleiben und Zeit füreinander zu haben.

Wenn wir uns zu Weihnachten, zum neuen Jahr und teilweise in den Ferien sowie zu bestimmten Geburtstagen oder Familienfeiern mit der Großfamilie treffen, so sind das wertvolle Begegnungsmöglichkeiten für die verschiedenen Generationen. Es lohnt sich, solche Gelegenheiten voll auszukosten, denn die Anforderungen und der Druck im Alltag können leicht dazu führen, dass diese besonderen Beziehungen in den Hintergrund geraten.

Im nächsten Kapitel werden wir uns damit beschäftigen, wie wir unsere Unabhängigkeit als Ehepaar gestalten können. Wir befassen uns damit, wie man eine starke, von gegenseitiger Unterstützung geprägte und positive Beziehung zu unseren Eltern, Schwiegereltern und zur Familie im weiteren Sinne entwickeln kann.

Hochzeitsvorbereitungen mit Vernunft treffen

Unsere Zukunftsgestaltung der Ehe beginnt im Allgemeinen durch die Hochzeitsvorbereitungen. Es kommt selten vor, dass eine Hochzeit ohne Anspannung vorbereitet wird. Häufig werden bestimmte Auffassungen mit großer Entschlossenheit verteidigt. Manche Eltern haben diesen Tag schon Jahre im Voraus in ihrem Kopf geplant.

Die künftigen Eheleute hören unterdessen von ihren Freunden, dass es doch schließlich *ihr* Tag sei. Tatsächlich gehört dieser Tag in erster Linie dem Hochzeitspaar, doch die Eltern sind ebenfalls stark daran beteiligt – zum Teil, weil sie vermutlich für die Kosten oder einen Teil davon aufkommen (wobei sie in der Regel sehr großzügig sind), aber auch, weil viele Gäste alte Freunde der Familie sind, deren Ansichten für die Eltern nicht ganz unwesentlich sind.

»ICH MÖCHTE ALLES WUNDERSCHÖN HABEN – IST DAS KLAR?«

Es ist ganz natürlich, dass die Eltern in die Pläne und Vorbereitungen für die Hochzeit mit einbezogen werden. Es ist sozusagen ihre letzte Handlung für den Sohn oder die Tochter und hilft ihnen, ihr Kind loszulassen. Die Organisation einer Hochzeit bedeutet in der Regel intensive, wochenlange Vorarbeit, und viele Paare sind geschockt, wenn sie entdecken, wie viele Entscheidungen für dieses Ereignis zu treffen sind. Unterschiedliche Ansichten, die gefühlsbeladene Situation und Erschöpfung bilden ein Gemisch, das Spannungen und Streit in sich birgt. Geduldiges Zuhören und Kompromissbereitschaft sind erforderlich, um den Frieden zu wahren.

»ICH WERDE DIESEN HUT TRAGEN.«

Unsere Wertschätzung zeigen

Alle Eltern blühen auf, wenn ihre Kinder ihnen Wertschätzung zeigen. Die Wochen vor einer Hochzeit bieten hierfür eine gute Gelegenheit. Selbst wenn wir nicht aus einem glücklichen oder harmonischen Elternhaus kommen, können wir uns an Situationen erinnern, in denen sich unsere Eltern gut um uns gekümmert haben, zum Beispiel als wir noch sehr klein waren oder während einer Krankheitsphase. Es gibt nur sehr wenige Eltern, die überhaupt keine Opfer für ihre Kinder gebracht haben. Manche Paare schreiben ihren Eltern einen Brief, in dem sie ihren Dank ausdrücken. So etwas kann ganz erheblich zur Freude und zum Stolz der Eltern beitragen, wenn sie ihr Kind loslassen müssen, und es wird auch einen positiven Umgangsstil für die künftige Beziehung zwischen den Eltern und dem verheirateten Paar bewirken.

Wenn wir bereits verheiratet sind, können wir über Möglichkeiten nachdenken, unseren Dank schriftlich zum Ausdruck zu bringen, zum Beispiel mit einer Geburtstagskarte oder einer Karte zum Mutter- oder Vatertag. Eine unserer Freundinnen schrieb ihrem Vater zu seinem sechzigsten Geburtstag einen langen Brief, in dem sie ihre glücklichen Kindheitserinnerungen an seine Liebe und Unterstützung beschrieb. Sie war damit einverstanden, dass ein Teil dieses Briefes hier abgedruckt wird:

Ich mochte unsere Reisen, besonders wenn ich die Karamellbonbons aus der runden Dose essen durfte. Ich fand es auch beeindruckend, wie du mit Schulproblemen umgegangen bist – entweder warst du amüsiert oder wütend über die allzu strengen Lehrer. Dadurch hatte ich das Gefühl, dass du auf meiner Seite standest und nicht etwa auf Seiten der Lehrer. Ich habe nie daran gezweifelt, dass du mir mehr glauben würdest als ihnen. Heute ist mir klar, dass dein Verhalten ungewöhnlich und sehr ermutigend für mich war.

So war es auch an einem der Elternsprechtage, als du einem Lehrer, von dem ich mich massiv unter Druck gesetzt fühlte, ins Gesicht lachtest. Ich wartete in der Eingangshalle, und du hast mir anschließend keine negativen Dinge gesagt, sondern mir Mut gemacht. Ich wusste, dass ich für dich als Person mehr zählte als die beste Note. Du übtest keinerlei Druck auf mich aus. Du gabst mir jede Menge Freiraum, meine eigenen Entscheidungen zu treffen.

Ihr Vater war sich nie darüber im Klaren gewesen, was diese Dinge für seine Tochter bedeutet hatten, und ihr Brief trug dazu bei, die enge und besondere Beziehung zwischen ihnen aufrecht zu halten, von der nicht nur sie, sondern auch ihr Mann und ihre Kinder profitieren.

In Kontakt bleiben

Wenn wir verheiratet sind, müssen wir gemeinsam erarbeiten, wie wir mit unseren Eltern Kontakt halten wollen. Regelmäßige Gespräche sind sehr wertvoll, doch die Gewohnheit, täglich mit den Eltern zu telefonieren, kann den Ehepartner durchaus ärgern, besonders wenn solche Gespräche lange dauern und gerade nach dem Heimkommen am Abend stattfinden. Beschließen Sie ganz bewusst, die *beste* Zeit des Tages für das Gespräch mit Ihrem Partner zu reservieren. Bleiben Sie mit Ihren Eltern in Kontakt, aber nicht zum Schaden Ihrer Ehe.

Wir müssen gemeinsam entscheiden, wie oft wir unsere Eltern sehen wollen. Wenn einer der Partner das Problem hat, in die alte Abhängigkeit von den Eltern zurückzufallen, oder unfähig ist, einer Einmischung der Eltern zu widerstehen, dann sollte man sie am besten zu sich nach Hause einladen. Wenn die Beziehung angespannt ist, so können häufige, aber dafür kürzere Besuche zu einer positiveren Beziehung beitragen. Eine angenehme Atmosphäre ist für kurze Zeit leichter zu erreichen; wenn man sich zu lange sieht und nichts zu tun oder zu sagen hat, können Spannungen entstehen.

Eine Frau erzählte uns, dass sie ihren Schwiegervater nicht mochte und es für sie äußerst schwierig war, Zeit mit ihm zu verbringen. Solche Gefühle kann man nicht über Nacht verändern. Aber wir können die Hilfsmittel zum Aufbau einer Beziehung, die in den ersten fünf Abschnitten dieses Buches beschrieben wurden, in Anspruch nehmen – insbesondere unter Berücksichtigung der fünf Liebessprachen und der bevorzugten Liebessprache für jede Person. Wenn wir das tun, werden wir mit der Zeit die guten Seiten der betreffenden Person wahrnehmen, und die Beziehung wird sich verbessern. Wir müssen diese Entscheidung unserem Ehepartner zuliebe treffen.

Eine Freundin von uns entdeckte mehr oder weniger zufällig einen Zugang zum Herzen ihres Schwiegervaters, wodurch sich ihre Beziehung zu ihm erheblich veränderte:

Mein Schwiegervater hält Begriffe wie Pflicht und Bemühen sehr hoch, ganz besonders in Bezug auf Familienbeziehungen. Ich fand das immer recht störend, denn für mich sollten Beziehungen leicht, spontan und ohne hohe Anforderungen sein. Unsere Beziehung schleppte sich so dahin, nicht katastrophal, aber sehr mittelmäßig. Eines Tages beschloss ich – ich weiß nicht mehr genau, warum – ihm zu seinem Geburtstag einen Früchtekuchen zu backen. Wahrscheinlich hatte ich diese Idee, weil wir keine Ahnung hatten, was wir ihm schenken sollten. Er hatte bereits angekündigt, dass er das Abonnement für die Gartenzeitschrift, das wir ihm die letzten drei Jahre zum Geburtstag geschenkt hatten, nicht mehr wollte. Ich wusste, dass er Früchtekuchen sehr mag. Nur hatte ich keine Ahnung, wie man einen solchen Kuchen backt. Aber es dämmerte mir, dass selbst der beste gekaufte Früchtekuchen der Welt nicht so gut ist wie ein selbst gemachter, denn der sollte ja dem für ihn so wichtigen Begriff der Bemühung entsprechen.

Ich gab mir alle Mühe und fabrizierte einen ziemlich traurig aussehenden Kuchen. Ich legte ihn in eine Dose und übergab ihn meinem Schwiegervater mit einer Entschuldigung. Er war völlig überwältigt: »Du hast dir so viel Zeit genommen, obwohl du mit deinem Job so viel zu tun hast!« Mein Schwiegervater findet es ziemlich seltsam, dass ich in einem Bereich arbeite, der nach seiner Ansicht Männern vorbehalten ist. Dies war ein weiteres Problem zwischen uns: Unsere Ansichten über Frauen liefen auseinander. Doch diese seltsame moderne Frau hatte ihm einen Früchtekuchen gebacken – und sie hatte sich nur für ihn so viel Mühe gegeben.

Als wir alle von dem Kuchen probierten, zwang ich ihn gewissermaßen zu dem Bekenntnis, dass dies nicht der leckerste Früchtekuchen war, den er je gegessen hatte – und das sorgte für Gelächter! Seit jenem Tag haben wir viel miteinander gelacht, nicht nur über solche Kuchen, sondern über alle möglichen Dinge – auch über unsere verschiedenen Ansichten über Frauen.

Die bevorzugte Liebessprache meines Schwiegervaters sind Taten; das wurde mir klar, als wir das Eheseminar besuchten. Wenn man etwas ausschließlich für ihn tut, dann fühlt er sich geliebt. Deswegen war es gar nicht wichtig, ob der Früchtekuchen gelungen war oder nicht.

So habe ich die Bedeutung der Liebessprachen gelernt (und auch einen Sinn für Humor), nicht nur für die Ehe, sondern auch für die Beziehung zu meinen Schwiegereltern.

Wir müssen auch entscheiden, in welchem Umfang wir mit unseren Eltern zu tun haben wollen. Viele Eltern sind eine große Unterstützung, insbesondere wenn ein Ehepaar mit kleinen Kindern viel Stress hat. Wenn wir aber erwarten, dass unsere Eltern das ganze Haus streichen, alle Gardinen waschen oder sich zweimal pro Woche um die Kinder kümmern, dann laden wir sie sozusagen dazu ein, unseren Alltag intensiv mit uns zu teilen. Es wäre äußerst lieblos und ausnutzend, nur dann Interesse an unseren Eltern zu zeigen, wenn sie bestimmte Arbeiten für uns erledigen. Wenn wir dies gemeinsam durchsprechen, werden wir vermutlich zu dem Schluss kommen, dass wir unser Leben besser ohne ihren Beitrag zu unserem Alltag meistern sollten. Wir müssen eine ehrliche Beziehung zu unseren Eltern pflegen und dürfen ihre Liebe nicht ausnutzen.

Sich um Konfliktlösungen bemühen

Auch in engen Beziehungen zu den Eltern oder Schwiegereltern werden Meinungsverschiedenheiten auftauchen. Spannungen und schwierige Situationen müssen nach den gleichen Grundsätzen gelöst werden, die wir in Kapitel 12 beschrieben haben: Man muss darüber reden, um Entschuldigung bitten und vergeben.

Wir hatten einmal mit einer Frau zu tun, die seit sieben Jahren verheiratet war und ein sehr problematisches Verhältnis zu ihrer Schwiegermutter hatte. Sie hatten nur wenig gemeinsam, und es war sehr schwierig für beide, sich zu verständigen. Ihr Mann war in den Augen seiner Mutter perfekt. Die Ehefrau wurde durch häufige Vergleiche mit den übrigen Schwiegertöchtern oft verletzt, weil sie schlecht dabei wegkam. Bestimmte Bemerkungen lösten unverhältnismäßig heftige Gefühlsreaktionen bei ihr aus.

Dennoch wurde die Beziehung mit Hilfe ihres Mannes, der sie verstand und ermutigte, und durch die Entschlossenheit der Frau, mit Gottes Hilfe weiterhin zu vergeben und zu lieben, aufrecht erhalten. Im Laufe der Jahre haben sich die Umstände allmählich verbessert, und heute ist die Schwiegermutter viel weniger kritisch und ihre Schwiegertochter ist viel selbstbewusster ihr gegenüber geworden.

Es ist wichtig, ungelöste Konflikte aus der Vergangenheit vollständig zu lösen, am besten noch vor der Eheschließung. Wenn wir dies nicht tun, werden Ärger, Bitterkeit, Groll oder Schuldgefühle immer wieder an die Oberfläche kommen. Manche Leute heiraten mit dem Vorhaben, niemals so wie ihre Eltern zu agieren. Sie haben vielleicht Eltern, die oft die Beherrschung verlieren, die sich nur wenig umeinander bemühen, die emotional auf Distanz bleiben und vielleicht ein Kind bevorzugten. Doch wenige Monate nach der Hochzeit beginnen sie allmählich, sich genauso zu verhalten wie ihre Eltern. Das liegt daran, dass sie sich nicht mit ihrer eigenen Bitterkeit und ihrem Groll gegenüber ihren Eltern auseinander gesetzt haben.

Ein Eheberater kam nach einer Analyse zu dem Schluss, dass wir alle – egal worauf wir uns im Leben konzentrieren – den Hang zur Nachahmung haben. Wenn wir unseren Eltern vergeben und vorangehen, so halten wir uns nicht länger mit deren Fehlern und Schwächen auf; und wir werden allmählich davon befreit, ihr Verhalten unbewusst nachzuahmen.

Wenn wir als Kind jemals auch nur zu einem kleinen Teil für einen Knacks in der Beziehung zu unseren Eltern verantwortlich waren, so müssen wir uns bei ihnen entschuldigen, ohne ihnen Schuld zuzuweisen und ohne unser Verhalten erklären zu wollen. Eine solche Entschuldigung kann sehr weitreichende Folgen haben, wie Mary Pytches, eine erfahrene Therapeutin, aufzeigt:

Ich erinnere mich an die bewegende Geschichte einer älteren Frau, die schwer krebskrank war und im Sterben lag. Ihr Sohn besuchte sie im Krankenhaus und erzählte danach seiner Frau zu Hause, dass seine Mutter sterben würde und dass die Ärzte nichts mehr für sie tun könnten. Als sie das hörte, schlug die Frau ihrem Mann vor, die ungeklärten Probleme zwischen ihm und seiner Mutter vor ihrem Tod aus dem Weg zu räumen. Sie erinnerte ihn daran, wie er als junger Mann von zu Hause ausgezogen war und während eines ganzen Jahres keinen Kontakt mehr zu seiner Mutter gehabt hatte. »Du musst dich mit ihr darüber aussprechen, bevor sie stirbt«, sagte seine Frau. Ihr Mann stimmte zu und besuchte seine Mutter nochmals im Krankenhaus. Er bat sie um Vergebung für sein Verhalten der vergangenen Jahre.

Sie war sehr gerührt und vergab ihm bereitwillig. Sie bat ihn ihrerseits um Entschuldigung dafür, dass sie ihn so unglücklich gemacht hatte, dass er deswegen von zu Hause ausgezogen war. Sie versöhnten sich, und der Sohn ging zurück nach Hause. In der darauffolgenden Woche wurde seine Mutter aus dem Krankenhaus entlassen. Sie war vollkommen gesund. Sie lebte noch viele Jahre in bester Verfassung und starb schließlich in hohem Alter.[2]

Ihre Bedürfnisse berücksichtigen

Als wir klein waren, kümmerten sich unsere Eltern (oder andere fürsorgliche Personen) um unsere Bedürfnisse. Als Erwachsene können wir uns nun um *sie* kümmern. Kinder durchlaufen eine Entwicklung von einer völligen Abhängigkeit von ihren Eltern hin zu einer Beziehung unter Erwachsenen, die aus gegenseitiger Unterstützung besteht, bis sich die Rollen komplett vertauschen und die Eltern, wenn sie sehr alt geworden sind, von ihren Kindern abhängig sind.

Die Schauspielerin Sheila Hancock schreibt gerührt über die Fürsorge, die sie von ihrer Tochter Melanie Thaw erfahren hat. Sie verwendet dabei deren Spitznamen Ellie Jane:

Vor einigen Jahren erkrankte ich an Krebs, und Ellie Jane kümmerte sich um mich. Ich bin davon überzeugt, dass ich durch übermäßigen Stress krank geworden war. Ich hatte es mir angewöhnt, überall dabei zu sein und mich um alles und jeden zu kümmern – auf diese Weise vermied ich es, mich mit meinem eigenen Leben zu beschäftigen. Nach der üblichen Behandlung begab ich mich in die Bristol Clinic, und Ellie Jane begleitete mich. Sie war erstaunlich stark und ausgeglichen und bot mir eine solche Unterstützung, dass unsere Rollen ganz und gar vertauscht wurden. Sie hatte eine beeindruckende innere Stärke, während ich von allem völlig durcheinander und am Boden zerstört war. Wenn mir früher jemand gesagt hätte, dass sie als erwachsene Frau so sein würde, hätte ich das nicht ernst genommen und gelacht ... Ich liebe sie so sehr.[3]

Als Erwachsene müssen wir uns nicht mehr *gegenüber* unseren Eltern für unser Tun verantworten, doch wir tragen weiterhin Verantwortung *für* sie. Das fünfte Gebot »Ehre deinen Vater und deine Mutter« verliert nichts von seiner Relevanz, wenn wir älter werden oder heiraten. Wenn unsere Eltern älter werden, nimmt ihre Abhängigkeit zu und wir haben die Möglichkeit, ihnen einen Teil ihrer Liebe und der Opfer, die sie für uns gebracht haben, zurückzugeben. Das schließt vielleicht praktische Arbeiten in ihrem Zuhause, finanzielle Hilfe oder Zukunftsplanungen ein. Die Schriftstellerin und Rundfunksprecherin Victoria Glendinning beschreibt, wie sehr sich ihr erwachsener Sohn Matthew um sie kümmert und wie viel er ihr bedeutet:

Er hört mir immer sehr aufmerksam zu, versteht, was ich sage, gibt ausgewogene und hilfreiche Kommentare und beschäftigt sich intensiv mit dem jeweiligen Problem. Er drängt mich nie zu etwas.

Neulich war er schon fast im Aufbruch begriffen, als ich etwas über Schwierigkeiten murmelte. »Schwierigkeiten? Was für Schwierigkeiten?« Und sofort setzte er sich wieder an den Küchentisch, als ob er alle Zeit der Welt hätte.[4]

Wenn ein Elternteil allein lebt, sehnt es sich vermutlich mehr als alles andere nach Gesprächen und Gesellschaft. Ein befreundetes Ehepaar mit Kindern im Teenageralter hat die Großmutter, die allein von den vier Großeltern übrig geblieben ist, in ihr Haus aufgenommen. Sie bewohnt einen separaten Teil des Hauses, und dieses Arrangement ermöglicht sowohl für das Ehepaar als auch für die Großmutter ausreichende Unabhängigkeit; darüber hinaus hat sich eine ganz besondere Freundschaft über die drei Generationen hinweg entwickelt.

Die Großfamilie wertschätzen

Es kommt vor, dass junge Paare ihre weiteren Familienbeziehungen blind, rücksichtslos und unüberlegt fallen lassen. Manchmal sind sie dazu gezwungen, weil die Familie Religion, Rasse oder Klassenzugehörigkeit gegenüber intolerant ist und die Ehe nicht gutheißt. Doch meistens geschieht es aus Gedankenlosigkeit: Man zieht fort, schlägt gemeinsam den Weg in die große weite Welt ein und orientiert sich ganz neu.

Doch wenn Kinder geboren werden, ist es plötzlich erwünscht, dass die Mitglieder der alten Sippschaft die junge Familie mit ihrer gewohnten

Hilfe unterstützt. Mit anderen Worten: Wie altersschwach Ihr Familienstammbaum auch aussehen mag, seien Sie nicht so ignorant und sägen Sie den Ast nicht ab, auf dem Sie sitzen. Wenn Sie eine Familie gründen, stellt sich im Allgemeinen heraus, dass die frühere Familie jede Menge unerwarteter Vorteile bietet.[5]

Natürlich ist keine Großfamilie perfekt, im Gegenteil. Doch die Altersunterschiede, die verschiedenen Persönlichkeiten und Ansichten können auch viel Farbe und Abwechslung bieten. Wir leben im Zeitalter der übersichtlichen Kleinfamilien, die die Haustür vor anderen Familienmitgliedern gleichen Namens und gleicher Abstammung oft verschlossen halten. Doch so werden wir einseitig und schotten uns ab. Warum sollen wir uns nicht zu besonderen Gelegenheiten mit der Großfamilie treffen?

Libby Purves empfiehlt Folgendes:

Im Familienjahr müssen besondere Begegnungen vorkommen, etwas im Kalender, auf das man sich freuen kann. Meistens werden solche Daten durch kulturelle oder religiöse Ereignisse vorgeschrieben, man kann sie aber auch einfach als Gelegenheiten nutzen, sich zu freuen, besonders in den düsteren Jahreszeiten. Wir haben früher nicht nur alle Geburtstage und Weihnachten miteinander gefeiert, sondern auch Neujahr, Epiphanias, Ostern, Erntedank, Nikolaus, ... Wenn ich weiter nachdenke, auch noch den Geburtstag von Schiller, Mittsommernacht ... Feste müssen nicht teuer sein: Man besorgt ein bisschen Dekoration, bereitet ein einfaches Essen und eventuell ein Spiel vor.[6]

Das Versammeln des Familienclans hat einige Pluspunkte: Wir Erwachsenen können uns von den Älteren und Weiseren umsorgen lassen, und wir erleben einige lebendige Beispiele, wie unsere Kinder vielleicht in Zukunft sein werden. Kinder genießen den Kontakt zu Vettern und Cousinen, besonders zu solchen, die sich nicht gut benehmen, und wir alle mögen eine senile Großmutter oder einen exzentrischen Onkel. Das gehört zu den Turbulenzen des realen Lebens, und wir werden dadurch geprägt. Wenn wir keine Großfamilie haben, so gibt es andere Möglichkeiten, eine solche Atmosphäre zu schaffen. Eine Freundin von uns (sie ist allein erziehende Mutter) organisierte dieses Jahr eine Pfannkuchenparty am Faschingsdienstag, zu der sie zwanzig bunt gemischte Vertreter aller Generationen einlud.

Ereignisse, die mit der Großfamilie begangen werden, haben ihre Bedeutung, und auch das Pflegen besonderer Beziehungen über die Generationen hinweg hat seinen Sinn. Nicht nur wir profitieren von einer engen Beziehung zu unseren Eltern; eine Großmutter oder ein Großvater kann eine ganz spezielle Rolle im Leben unserer Kinder einnehmen.

Nicky: *Als ich noch klein war, ging ich oft am Samstagmorgen mit meiner Mutter zu meiner Großmutter. Diese Besuche sind ein besonderer Teil meiner Kindheitserinnerungen geworden. Auch meine Großmutter hat sicherlich davon profitiert, obwohl ich das damals noch nicht im Sinn hatte.*

Wenn wir den Kontakt zu unseren Eltern pflegen, können unsere Kinder ihre Großeltern kennen lernen, und wir selbst werden unsere Eltern vielleicht sogar in einem neuen Licht sehen.

Nicky: *Als ich meinen Vater beim Spielen mit meinen eigenen Kindern beobachtete, lernte ich die beeindruckenden Eigenschaften meines Vaters, Freundlichkeit und Humor, erst in ihrer Ganzheit zu schätzen. Ich nehme an, dass ich diese Qualitäten in meiner eigenen Kindheit vergessen oder aber sie als selbstverständlich hingenommen hatte. Als Rentner hatte mein Vater mehr Freizeit, und seine Enkel profitierten am meisten davon.*

Manche Großeltern können eine wichtige Rolle im Leben ihrer Enkel einnehmen. Durch die Ankunft eines Babys können Familienbande sich erneuern oder festigen. Justine, die Tochter der Gründerin von *The Body Shop*, Anita Roddick, schreibt:

Meine Mutter hat mich wirklich überrascht, denn sie vergötterte Maiya vom Augenblick ihrer Geburt an und entwickelte eine ganz neue mütterliche Art. Ich hatte schlimme postnatale Depressionen, und Mama blieb ganze Nächte wach, um sich um das Baby zu kümmern. Maiya hat offensichtlich dazu beigetragen, die Familie zu festigen. Sie verband meine Eltern und tat ihrer Beziehung gut.[7]

Viele Großeltern berichten, wie sehr sie es genießen, Kinder um sich zu haben, für die sie nicht letztlich verantwortlich sind und die sie am Ende des Tages wieder abgeben können. Doch nicht alle Großeltern sind gleich. Manche würden alles tun, um Zeit mit ihren Enkeln zu verbringen. Solche Großeltern können öfter auf die Kinder aufpassen und werden so automatisch mehr Einfluss auf die Erziehung unserer Kinder haben. Andere sind weniger begeistert, wenn es darum geht, sich auch längere Zeit um die Kinder zu kümmern, oder sie werden erst wichtig für die Enkel, wenn die Kinder etwas größer geworden sind. Wir dürfen nicht zu viel von unseren Eltern erwarten. Schließlich haben sie es sich nicht ausgesucht, Enkelkinder zu haben und tragen keinesfalls die Verantwortung, die wir als Eltern tragen.

Wenn wir keine Eltern mehr haben oder wenn sie weit entfernt wohnen, so kann es sich lohnen, unsere Kinder mit anderen Menschen aus der älteren Generation in Kontakt zu bringen. Wir haben dies in unserer Gemeinde erlebt, und es lohnt sich für beide Altersgruppen

Einander verstehen

Auch wenn wir eine gesunde Beziehung zu unseren Eltern und Schwiegereltern pflegen, gibt es Konfliktpotenzial. Zwischen uns liegt eine Generation, und die Kluft zwischen Großeltern und Enkelkindern ist sogar noch größer. Während wir die intensivste Phase des Lebens durchlaufen, wird das Leben unserer Eltern bedächtiger und ruhiger. Es kann echt anstrengend sein, einander darin zu verstehen. Möglicherweise müssen wir uns nicht nur mit den Gesundheitsproblemen unserer Eltern befassen, sondern auch mit der Organisation, die Bedürfnisse unserer Kinder und unserer Eltern unter einen Hut zu bringen. Wenn wir gelegentlich die Vorstellungen unserer Eltern oder Schwiegereltern nicht akzeptieren können, dann sollten wir vielleicht aufhören, sie verstehen zu wollen. Wir sollten stattdessen lockerer werden und sie um ihrer selbst willen wertschätzen, statt ihnen kritisch zu begegnen. Eines Tages werden sie nicht mehr unter uns sein.

In Sheila Hancocks Gedanken über ihre Mutter wird ein ganzes Kaleidoskop von Gefühlen reflektiert, die viele von uns in ähnlicher Weise durchmachen:

Nach dem Tod meines Vaters holte ich meine Mutter nach London, wo sie in eine kleine Wohnung in meiner Nähe einzog. Damals hatte ich meine Tochter Ellie Jane bei mir, und es ärgerte mich, wie sich meine Mutter

plötzlich in unser Leben einmischte. Sie lebte ganz allein in ihrer kleinen Wohnung und hatte außer mir niemanden um sich; aber ich wollte sie nicht ständig um mich haben, weil ich mein eigenes Leben leben wollte. Ich vermute, dass sie sehr unglücklich war, und ich hätte viel netter zu ihr sein sollen, aber sie hat mir nie gesagt, wie schlecht es ihr ging.

Nun weiß ich, wie es ist, wenn die Kinder groß werden und man sich von ihrer Welt ausgeschlossen fühlt. Ich bereue es heute, dass ich mich nicht mehr um meine Mutter gekümmert habe und sie nicht als erwachsene Frau wahrgenommen habe. In ihrem letzten Lebensabschnitt pflegte ich sie, und ich kann mich erinnern, wie ich ihr einmal beim Waschen sagte: »Du hast eine wunderschöne Nase.« Sie antwortete: »Ich habe meine Nase mein Leben lang gehasst. Ich habe immer geglaubt, dass sie sehr hässlich ist.« Ich war verblüfft darüber, dass meine Mutter sich je Gedanken über ihr Äußeres gemacht hatte. Ich meinte: »Das kann ich einfach nicht glauben. Deine Nase ist sehr hübsch. Meine dagegen sieht komisch aus. Und du bist so schön.« Sie hatte keine Ahnung von ihrer Anmut. Sicher habe ich es ihr vorher nie gesagt. Ich hatte immer nur Bemerkungen gemacht wie: »Du wirst doch wohl nicht dieses Kleid zur Jahresschlussfeier anziehen.«

Ich glaube, dass unter ihrer selbstbewussten Fassade eine ziemlich unsichere Frau steckte, besonders als ihre hochnäsige Tochter das Gymnasium besuchte und eine Bildung erhielt, die über ihre eigene hinausging. Sie war stolz auf mich und zugleich ängstlich. Ich glaube, dass ich manchmal extrem unfreundlich war und mein neu erworbenes Wissen zur Schau stellte, vielleicht nicht auf eine demütigende, aber doch spürbar provokative Weise. Intellektuell gesehen begann ich meine Eltern zu überrunden, und damals schätzte ich ihre Weisheit nicht. Heute aber erkenne ich diesen Wert.

Im RADA-Archiv befindet sich ein Brief meines Vaters an den Direktor, in dem er fragte: »Sind Sie sicher, dass meine Tochter Talent hat?« Meine Eltern waren sehr ängstlich und sehr ehrgeizig, was mich betraf. Ich war sehr froh, als sie meine ersten Erfolge miterlebten, doch sie waren von dieser neuen Welt überfordert – genau wie ich. Wenn ich Theater spielte, schrieb meine Mutter mir Briefe, in denen es hieß: »Kümmere dich um deinen Mann«, und andere Dinge, die man heutzutage einem jungen Mädchen nicht mehr schreiben würde. Ich bringe meine Töchter auf andere Weise in Verlegenheit – ich bin ein bisschen extravagant, und ich vertrete meine Meinungen mit großer Überzeugung; wenn ich Auto fahre, schreie ich oft und meine Wortwahl kann andere erschrecken. Als sie noch zur Schule gingen, war ich immer unpassend angezogen – genau wie meine Mutter! Heute bedaure ich es, dass ich nicht erkannt habe, wie außergewöhnlich meine Eltern waren. Ich bewundere sie heute dafür, dass sie aus ihrer bescheidenen Herkunft etwas so Beeindruckendes gemacht haben.[8]

Ob wir glückliche oder traurige Kindheitserinnerungen haben, ob unsere Beziehung zu unseren Eltern harmonisch oder angespannt ist – wir haben eine gemeinsame Vergangenheit und den gleichen Stammbaum wie sie; ihr Blut fließt in unseren Adern; wir teilen unsere Erinnerungen mit ihnen. Es ist ganz normal, dass wir auch unser Heute mit ihnen verbringen möchten: Dass wir füreinander sorgen; dass wir unsere Misserfolge und Erfolge miteinander teilen; dass wir gegenseitig unsere Schwächen tragen und unsere Stärken wertschätzen.

14 Wie man sich von der elterlichen Kontrolle löst

Wir müssen uns in dem Sinne von unseren Eltern lösen,
dass wir uns nicht mehr hängen lassen und von ihnen erwarten,
dass sie uns ständig weiter durchtragen.[1]

Robin Skinner und John Cleese

Lachen, Tränen, der Kloß im Hals, Vorfreude, Nervosität und Aufregung – all das gehört zum Hochzeitstag. Das gilt für die Braut und den Bräutigam und im Allgemeinen auch für deren Eltern. Im Buch Genesis in der Bibel wird die Bedeutung des Hochzeitstages sehr einfach beschrieben mit den Worten: »Deshalb verlässt ein Mann Vater und Mutter ...« (Genesis 2,24).

Neulich unterhielten wir uns mit einem Vater, dessen Sohn am Tag zuvor geheiratet hatte. Uns war bekannt, dass dies eine eng miteinander verbundene Familie ist und der Mann seine neue Schwiegertochter sehr gern hat. Deshalb fragten wir ihn, ob er den Hochzeitstag genossen habe. Er zögerte erst und antwortete dann: »Es ist schwer in Worte zu fassen, was ich erlebt habe – es war jedenfalls komplizierter als erwartet.«

Abgesehen von der Tatsache, dass sein Sohn bereits seit mehreren Jahren nicht mehr im Elternhaus wohnte, hatte dieser Vater begriffen, dass der entscheidende Aspekt des Heiratens darin besteht, Mutter und Vater zu *verlassen*. Entsprechend empfand er an diesem Tag sowohl Freude als auch ein Gefühl des Verlustes; er war stolz und freute sich auf die Zukunft, und zugleich blickte er mit Wehmut zurück.

Nicky: *Wenn ich eine Trauung durchführe, empfinde ich einen bestimmten Moment stets als sehr ergreifend, nämlich wenn der Brautvater mir die Hand seiner Tochter reicht, damit ich sie ihrem Bräutigam übergebe. Diese Handlung symbolisiert, dass beide Elternpaare ihren Sohn bezie-*

hungsweise ihre Tochter loslassen, damit sie ab jetzt füreinander sorgen. Es ist der Höhepunkt vieler Jahre der Verantwortung, von der Geburt des Kindes bis zu dessen Hochzeit, wenn eine neue Familie entsteht. Die Eltern der Brautleute waren bis jetzt die wichtigsten Personen gewesen, und nun müssen sie zurücktreten, um in einer neuen Weise zu lieben und zu ermutigen.

Einige Eltern empfinden das Loslassen ihres Kindes als schwierigsten Teil von Elternschaft, wie Victoria Glendinning schildert:

Als mein jüngster Sohn auszog, war zum ersten Mal kein »Kind« mehr im Haus, und dieser Prozess war für mich sehr schmerzhaft. Ich musste mir selbst eine Art Memo schreiben – ich weiß noch, dass ich damals im Zug saß und dass mir beim Schreiben die Tränen übers Gesicht liefen – um mir klarzumachen, dass ich keine ewigen Rechte an meinen Kindern habe, dass sie mir nur für eine bestimmte Zeit anvertraut waren, und dass ich das größte Monster und der größte Idiot wäre, wenn ich von ihnen tägliche Anrufe erwarten würde... Manche Menschen brauchen mehr Kontakt als andere und sind von Natur aus mitteilsam. Das hat jedoch nichts damit zu tun, wer wen am meisten liebt.[2]

Die Notwendigkeit, unsere Eltern zu verlassen – ein entscheidender Aspekt der Ehe – hat sich heutzutage zumindest in den westlichen Ländern verändert, da die meisten jungen Leute bereits mehrere Jahre vor einer Eheschließung aus dem Haus gehen. Mit dem »Verlassen« ist das *seelische* und *spirituelle* Loslassen gemeint, nicht in erster Linie der örtliche Abstand voneinander. Viele Jahre lang war das Elternhaus, in das wir hineingeboren wurden, das Zentrum unseres Lebens, von dem aus wir immer weitere Kreise gezogen haben, um die Welt zu erforschen und unabhängig zu werden. Doch das Zentrum blieb dasselbe – das Zuhause, zu dem wir ursprünglich stets zurückzukehren hatten und zu dem wir später freiwillig zurückkamen, wenn wir Trost suchten, Rat brauchten, knapp bei Kasse waren oder unsere Schmutzwäsche überhand nahm. Im Elternhaus herrschte Autorität, gab es Fürsorge und Sicherheit. Nach der Hochzeit entsteht ein neues Zentrum, eine neue Struktur, in der Entscheidungen getroffen werden, ein neues Zuhause. Unsere höchste Verpflichtung und Loyalität gilt nun dem Ehepartner – die »Schürzenbänder«, mit denen wir noch an den Eltern hingen, müssen durchtrennt werden.

Selbst nach vielen Ehejahren müssen wir prüfen, ob wir unsere Eltern wirklich in diesem Sinne »verlassen« haben. Denken Sie zusammen über folgende Fragen nach: Ist unser Vater oder unsere Mutter für uns wichtiger als unser Ehepartner? Sind wir immer noch emotional von unseren Eltern abhängig? Versuchen unsere Eltern, sich in unser Leben einzumischen? Erwarten wir von unserer Ehe, dass sie so aussieht oder wird wie die Ehe unserer Eltern?

In diesem Kapitel beschäftigen wir uns mit Strategien, mit deren Hilfe wir uns von einer unguten elterlichen Kontrolle lösen können, um unsere eigene Ehe zu bewahren und zu pflegen.

Erkennen, wem unsere oberste Loyalität gehört

Eine Frau beschrieb ihre Mutter kurz vor der Hochzeit als ihre »beste Freundin«. Sie war zu Recht dankbar für ihre gute Kindheit, aber es war ein wichtiger Entwicklungsschritt für sie, ihren Ehemann als besten Freund anzusehen, dem sie vertrauen konnte und der jetzt für sie emotional zuständig war.

Der neue Mittelpunkt muss unser neues Zuhause und die Beziehung zum Ehepartner sein. Auch wenn unsere Eltern Schwierigkeiten durchmachen, gehören wir nun zuerst unserem Partner und sind für ihn da. Die Schriftstellerin und Journalistin Julie Myerson schreibt über ihre eigene Erfahrung:

Meine Mutter war von dem Mann verlassen worden, den sie liebte, und ich hatte den Mann meines Lebens gefunden. Hat Jonathan meine Mutter als die wichtigste Person meines Lebens ersetzt? Wahrscheinlich. Aber er hat mir klargemacht, dass ich mich noch nicht völlig von meiner Mutter emotional gelöst hatte. Mit vierzehn Jahren habe ich ihr alles erzählt, und als Einundzwanzigjährige machte ich das immer noch. Doch irgendwann muss man damit aufhören.[3]

In vielen Ehen wird dieser notwendige Wechsel der Zugehörigkeit nicht praktiziert. Manchmal üben die Eltern einen ungesunden und wenig hilfreichen Einfluss auf ihr Kind aus, das ärgert den Partner und bringt Stress in die Ehe. In manchen Fällen haben die Eltern einfach nicht erkannt, dass ihr Kind seine eigenen Entscheidungen treffen muss. Vielleicht kontrollierten es die Eltern bisher übermäßig aus

Unsicherheit und Angst. Oder sie klammern sich an ihr Kind, um ihre eigenen Bedürfnisse nach Zuwendung und Hilfe zu befriedigen.

Es ist normalerweise nicht so, dass Eltern versuchen, die Ehe ihres Kindes zu zerstören. Wenn sie unangemessen mit unerwünschten Ratschlägen oder Kritik in das Leben ihres verheirateten Kindes eingreifen, geschieht dies meistens dann, wenn sie meinen, damit eine Hilfe zu sein. Wir sind als Ehepartner gemeinsam dafür verantwortlich, solchen Einmischungen freundlich, aber klar zu widerstehen.

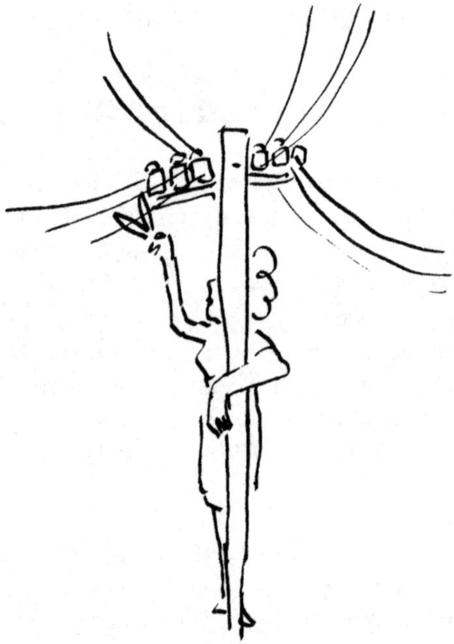

Das kann schwierig für uns sein, wenn wir unser Leben lang eher unterwürfig waren oder wenn sich ein Elternteil schon immer kontrollierend und manipulierend verhalten hat. Eltern können emotionalen Druck ausüben, indem sie dem Kind vorwerfen, undankbar zu sein oder sich nicht genügend um sie zu kümmern. Dadurch werden Schuldgefühle geweckt und wir müssen uns wieder in Erinnerung rufen, wem unsere erste Loyalität nun gilt.

Eigene Entscheidungen treffen

Es ist äußerst wichtig in einer Ehe, dass man gemeinsam über anfallende Dinge diskutiert und gemeinsam Entscheidungen trifft. Wir müssen als Ehepaar entscheiden, wie wir unseren Urlaub verbringen, wie wir mit unserem Geld umgehen, wie wir unser Heim einrichten, welcher Arbeit wir nachgehen, wie wir unsere Kinder erziehen, wie oft wir Besuche machen und so weiter.

Als Tom und Christine vor einem Jahr heirateten, zogen sie in Christines Haus. Tom leidet an einer chronischen Krankheit und kann nur vier Tage pro Woche arbeiten. Zufällig wohnen seine Eltern ganz in der Nähe. Wir fragten Christine, wie ihr das Eheleben gefalle, und sie erzählte uns von einem Vorfall, der zu Reibungen zwischen beiden geführt hatte. Sie war an einem der Tage, an denen ihr Mann nicht arbeitete, nach Hause gekommen und musste feststellen, dass er und seine Mutter einige Möbel im Haus umgeräumt hatten. Es war kein Problem, die Möbel wieder an ihren alten Platz zu rücken, aber sie war ziemlich sauer über den Vorfall. Tom brauchte einige Zeit, um zu verstehen, warum Christine dieser Sache so viel Bedeutung beimaß.

Wir fragten sie, ob ihre heftige Reaktion möglicherweise damit zusammenhing, dass es vor der Hochzeit *ihr* Haus gewesen war. Sie räumte ein, dass das gut möglich sei. Doch ihr eigentliches Problem bestand darin, dass die Entscheidung über die Anordnung der Möbel nicht von Tom und ihr, sondern von Tom und seiner Mutter getroffen worden war. Es war nur ein kleiner Vorfall gewesen, aber er hatte heftige Emotionen ausgelöst. Wenn man zulässt, dass sich solche Dinge häufen, dann kann das die Ehepartner ernsthaft entzweien.

Eltern haben häufig wertvollen Rat zu bieten, weil sie in ihrem Leben viele Erfahrungen gesammelt haben, und es ist eine gute Sache, wenn ein Ehepaar dem Rat der Eltern Gehör schenkt. Aber es ist von höchster Bedeutung, dass die Ehepartner frei sind, diesen Rat zu befolgen oder nicht zu befolgen. Wir dürfen auf keinen Fall eine wichtige Entscheidung mit unserem Vater oder unserer Mutter oder beiden treffen, ohne zuvor mit unserem Ehepartner darüber gesprochen zu haben. Wir müssen auch unbedingt darauf achten, dass unser Ehepartner nicht den Eindruck gewinnt, die Meinung unserer Eltern sei wichtiger für uns als die Meinung unseres Partners. Ein solcher Eindruck wird das Vertrauen des anderen untergraben und zu Spannungen und Konflikten führen.

Wenn ein Paar von den Eltern finanzielle Unterstützung erhält, muss es dennoch frei sein, über die Verwendung dieser Zuwendung selbst zu entscheiden. Wir kennen ein Paar – der Ehemann ist Amerikaner, die Ehefrau Engländerin –, das nach Amerika gezogen ist, um in dem Haus zu wohnen, das die Eltern des Mannes für ihn gebaut hatten. Sie selbst leben ganz in der Nähe. Die Ehefrau fühlte sich bei der Einrichtung des Hauses ständig unter Druck, da sie wusste, dass ihre Schwiegereltern ihren Geschmack nicht besonders mochten. Beide Partner fanden es schwierig, das Haus wirklich als ihr eigenes zu empfinden, weil sie ständig der Kontrolle der Eltern ausgeliefert waren.

Eine solche Einmischung in Entscheidungen ist noch schwerer zu ertragen, wenn Kinder geboren werden. Die meisten jungen Eltern haben keine Erfahrung im Umgang mit Babys, und Ratschläge der Eltern werden leicht als Kritik und Einmischung empfunden, besonders wenn sich die jungen Eltern in ihrer neuen Rolle noch unsicher fühlen. Außerdem gibt es wahrscheinlich Bereiche, in denen wir unsere Kinder anders erziehen wollen, als es unsere Eltern getan haben.

Nicky: *Unsere Eltern gaben uns die Ermutigung und Freiheit, die wir brauchten, um unser Familienleben auf unsere Weise zu gestalten. Dabei haben wir in manchen Dingen völlig entgegengesetzte Ansichten, was zu Schwierigkeiten hätte führen können. Mit einem relativ banalen Beispiel will ich die Situation veranschaulichen:*

Als kleiner Junge wurde mein Haar immer ordentlich von links nach rechts gebürstet, mit einem sauberen Seitenscheitel (in den letzten zwanzig Jahren hat sich der Scheitel ständig vergrößert, so dass man kaum noch sehen kann, auf welcher Seite er sich befindet). Sila und ich haben dagegen eine liberalere Einstellung, was die Frisuren unserer Kinder betrifft. Sie haben die Haare nach vorn gebürstet. Sie haben sie nach hinten gebürstet. Sie haben sie sogar nach oben gebürstet, und manchmal hatten sie auch einen Seitenscheitel. Sie haben es mit Bleichmittel behandelt. Und zeitweise ließen sie sich ihre Haare wie beim Militär kurz rasieren.

Für uns ist dies eine Möglichkeit, unseren Kindern ihre eigenen Entscheidungen zu überlassen und ihre Persönlichkeit auszudrücken. Unsere Eltern mit ihrer eher traditionellen Einstellung fanden die Frisuren unserer Kinder nicht immer besonders gut und äußerten das auch. Je nachdem ob es Silas oder meine Eltern waren, die ihren Kommentar abgaben, unterlagen wir der Gefahr, ihnen zuzustimmen, da die Loyalität

gegenüber unseren Eltern tief in uns verwurzelt ist. Aber in solchen Situationen mussten wir uns ganz bewusst dazu entschließen, als Ehepaar zusammenzustehen und an dem festzuhalten, was wir für unser Familienleben beschlossen hatten.

Wir haben neulich von einer Ehe gehört, die nach dreißig Jahren auseinander brach. Als Grund wurde angegeben, dass die Ehefrau es nie geschafft hatte, sich von ihrer sehr dominanten Mutter zu lösen. Selbst nach so langer Zeit kann die elterliche Einmischung ein echtes Problem sein. Man darf es nicht in der Hoffnung ignorieren, dass es sich von selbst lösen wird.

Einander unterstützen

Freunde von uns hatten kurz nach der Geburt ihres ersten Kindes eine Meinungsverschiedenheit mit den Eltern des Ehemannes, die schnell zu heftigen Emotionen führte. Die jungen Eltern hatten beschlossen, ihrem Baby einen Schnuller zur Beruhigung zu geben, wenn es weinte. Die junge Mutter ahnte, dass ihre Schwiegermutter dies ganz und gar nicht gutheißen würde. Sie machte sich zunehmend Sorgen, besonders für die Zeit, wo sie vorhatte, für eine Weile bei ihren Schwiegereltern zu wohnen, während ihr Mann auf Geschäftsreise war. Ihr war klar, dass sie den Schnuller nicht eine ganze Woche lang verstecken konnte. Sie drückt es so aus: »Ich hatte echt Angst, mich der Kritik meiner Schwiegermutter zu stellen.«

Als sie ihrem Mann von ihren Gefühlen erzählte, meinte er: »Mach' dir keine Sorgen. Ich werde meine Mutter anrufen und die Sache mit ihr regeln.« Seine Mutter explodierte am Telefon: »Keines meiner Kinder hat je einen Schnuller gehabt und ich werde dafür sorgen, dass auch keines meiner Enkelkinder damit gesehen wird.« Nach einem sehr heftigen Schlagabtausch beendete der Mann das Gespräch mit den Worten: »Okay. Ich habe meinen Standpunkt klargemacht, und dabei bleibt es.«

Noch bevor die Ehefrau für eine Woche zu ihren Schwiegereltern fuhr, hatte dieses Verhalten ihres Mannes eine große Wirkung auf sie. Sie berichtet: »Ich spürte, dass wir diese Entscheidung gemeinsam getroffen hatten und dass er für mich eingetreten war – das war alles, was ich brauchte. Danach war es mir völlig egal, was meine Schwiegermutter zu dem Thema sagen würde.« Tatsächlich hat die Schwiegermutter nie wieder ein Wort über den Schnuller verloren.

David Mace, ehemaliger Direktor der *American Association of Marriage and Family Counsellors* (amerikanischer Verband der Ehe- und Familientherapeuten) gibt folgenden Rat:

Wenn beide Ehepartner eine abgesprochene Linie konsequent verfolgen, werden alle Versuche von Ausnutzen oder Manipulation scheitern. Doch sobald sich ein Spalt in der Einheit der Eheleute auftut, haben die Schwiegereltern die Möglichkeit, einen Keil zwischen sie zu treiben.[4]

Wir müssen als Ehepartner eine einheitliche Front bilden. Das bedeutet, dass wir uns nicht auf die Seite unserer Eltern schlagen und dass wir für unseren Partner einstehen, wenn er von den Schwiegereltern kritisiert wird. Wenn wir einander konsequent unterstützen, werden wir allmählich die Einheit unserer Beziehung festigen und mit unseren Eltern eine freundliche, aber klare Sprache sprechen.

Gegebenenfalls Grenzen setzen

Ein Ehepaar, das an unserem Eheseminar teilnahm, erzählte uns, dass der Vater des Mannes viele Jahre lang allein gelebt hatte. Er rief seinen Sohn ein- bis zweimal pro Tag an; oft gerade wenn sie sich zum Essen hinsetzen oder ins Bett gehen wollten. Die Mutter des Mannes war gestorben, als er fünfzehn Jahre alt war, und da er der älteste Sohn war, hatte er eine sehr enge und besondere Beziehung zu seinem Vater. Vor seiner Heirat war das nie ein Problem gewesen.

Doch nach der Hochzeit stellte diese Beziehung zu seinem Vater ein großes Problem für seine junge Ehefrau dar, die sich zunehmend darüber aufregte. Da ihr Schwiegervater einsam war und die Beziehung zu seinem Sohn ihm so viel bedeutete, hatte sie Schuldgefühle und wagte es nicht, mit ihrem Mann darüber zu reden.

Schließlich sah sie ein, dass die Angelegenheit geklärt werden musste, und sagte: »Ich empfinde die Telefongespräche, die du mit deinem Vater führst, immer mehr als Problem. Er ruft immer zu ungünstigen Zeiten an, und ich fühle mich ausgeschlossen, wenn dein Vater zuerst alle Neuigkeiten erfährt. Wenn du aufgelegt hast und mit mir sprechen willst, hast du dann keine Lust mehr, alles noch mal von vorn zu erzählen.« Sie diskutierten darüber und fanden eine Lösung: Ihr Mann wollte jetzt einmal pro Tag vom Büro aus mit seinem Vater telefonieren.

Zunächst klappte diese Lösung nicht, da der Vater nach wie vor jeden Abend anrief. Also sagte der Mann zu seinem Vater: »Wenn du morgen aufstehst, kannst du mich im Büro anrufen, und ich werde sehr gern mit dir sprechen; etwas anderes geht einfach nicht.«

Der Vater probierte es noch ein paar Tage lang. Jedes Mal, wenn er am Abend anrief, sagte sein Sohn: »Es tut mir Leid, Papa, ich kann jetzt nicht mit dir reden. Rufst du mich bitte morgen früh an? Dann können wir uns in aller Ruhe unterhalten.« Doch nach zwei Wochen hatte der Vater »es kapiert«, wie sein Sohn sich ausdrückte. Die Ehefrau erzählte, dass sich daraufhin viel in ihrer Ehe geändert hat: »Mein Mann legte nun mehr Wert auf unsere Beziehung, sie wurde zur Priorität für ihn – und ich fühlte mich prima.« Sie erzählte außerdem, dass sowohl ihre eigene Beziehung zu ihrem Schwiegervater als auch die Beziehung ihres Mannes zu seinem Vater daraufhin enger wurde als vorher.

In solchen Situationen muss der erste Schritt darin bestehen, die Problematik miteinander zu besprechen; wir müssen versuchen, die Gefühle des anderen zu verstehen. Das ist nicht einfach. Wir wollen unsere Eltern instinktiv verteidigen oder ihnen gefällig sein – das gilt besonders, wenn wir sie stets idealisiert haben oder wenn sie krank oder einsam sind. Das kann dazu führen, dass wir uns gegenüber unserem Partner zurückziehen oder seinen Standpunkt nicht verstehen wollen. Möglicherweise erkennen wir das Problem gar nicht. Wir müssen aufmerksam sein (wie in Kapitel 4 beschrieben) und einsehen, dass es für ihn ein Problem gibt. Wenn wir teilnahmsvoll zuhören, haben wir in der Regel schon die halbe Strecke zur Lösung des Problems zurückgelegt. Wir müssen auch erkennen, dass unser Partner unsere Eltern nicht angreift, sondern zu Recht unsere Beziehung als Eheleute verteidigen will. Wenn wir das begreifen, können wir gemeinsam erarbeiten, was nötig ist, eventuell mit Rat und Hilfe von außen.

Ein frisch verheiratetes Paar erzählte uns eine Stunde lang, welche Schwierigkeiten sie mit ihren Eltern hatten. Die Eltern wollten ganz offensichtlich weiterhin das Leben ihrer Tochter kontrollieren und machten keinerlei Anstrengung, eine Beziehung zu ihrem Schwiegersohn aufzubauen. Die Eheleute besprachen das Problem und beschlossen, mit ihren Eltern ein Treffen zu vereinbaren. Wir wissen nicht genau, was sie bei dieser Gelegenheit sagen wollten, aber wir gaben ihnen den Rat, folgende Aspekte in das Gespräch einzubringen:

- Ihre Wertschätzung für die Unterstützung, um die sich ihre Eltern bemüht hatten.
- Ihr Wunsch, weiterhin eine enge Beziehung zu den Eltern zu unterhalten.
- Eine Erklärung (mit konkreten Beispielen), warum sich der Ehemann ausgeschlossen fühlte und inwiefern dies Stress in ihre Ehe brachte.
- Einige praktische Vorschläge, wie sie gemeinsam die Situation verbessern könnten.

Sie besuchten am Samstag ihre Eltern und schnitten das Thema rund eine Stunde vor dem Aufbruch an. Die Atmosphäre war angespannt. Die Eltern hörten ihnen nur widerwillig zu. Doch in den darauffolgenden Wochen hielt das Paar den Kontakt aktiv aufrecht, und die Situation verbesserte sich zunehmend. Die Konfrontation war schmerzhaft, aber auf lange Sicht sehr lohnend gewesen.

Einander vorrangig behandeln

Eric, der heute geschieden ist, gibt zu, dass er in einer Phase, als seine Frau mit ihrem Vierjährigen, ihrem Baby, einem Halbtagsjob und einem großen Haus ohne Bekannte um sich herum ums Überleben kämpfte, regelmäßig nach der Arbeit bei seinen Eltern anhielt, um auf dem Heimweg etwas mit ihnen zu trinken und zu plaudern.

Im Haus seiner Eltern, mit dem superweichen Teppich unter sich und einer Schale selbst gemachtem Käsegebäck neben sich, erzählte er seiner Mutter von den Erfolgen und Anstrengungen seines Tages. Sie war eine interessierte, intelligente und anregende Zuhörerin. (Das werden wir alle eines Tages sein, wenn wir genug Schlaf bekommen und nur noch für unsere eigenen Socken zuständig sind.) Wenn er nach Hause kam und eine erschöpfte Ehefrau antraf, die gerade das Baby gebadet hatte und seufzend das Angebot des Kühlschranks begutachtete, konnte er nicht anders, als die beiden Frauen miteinander zu vergleichen – laut. Es war sein Vater, der ihm schließlich den Marsch blies und eines Abends in seine Unterhaltung mit der Mutter eingriff und (mit großem Weitblick für seine Generation!) bemerkte, dass seine Frau vielleicht sehr froh wäre, wenn er ihr dabei helfen würde, die Kinder ins Bett zu bringen. Doch da war es bereits zu spät. Eileen und die Kinder zogen bald darauf zu ihrer Mutter.[5]

Es muss nicht so kommen, wenn wir die richtigen Prioritäten setzen. Melanie Thaw beschreibt, wie ihre Beziehung zu ihrer Mutter Sheila Hancock jetzt enger, wenn auch anders, ist:

Die Mutterschaft hat uns einander ganz klar näher gebracht, aber die Beziehung verändert sich auch, weil sich die Verantwortung verschiebt. Meine Verantwortung gilt nun in erster Linie meinem Partner und meinem Kind. Es soll nicht so aussehen, als ob ich Mama beiseite schiebe, aber vielleicht empfindet sie es so. Sie ist nun nicht mehr die einzige wichtige Person in meinem Leben. Ihre Rolle hat sich geändert ... Und sie ist eine herzige Oma ...[6]

15 Wie man Verletzungen aus der Kindheit bewältigen kann

Liebe ... hat die Macht, Situationen neu zu gestalten.[1]

Alan Storkey

Unsere Vergangenheit beeinflusst unsere Gegenwart, die wiederum Einfluss auf unsere Zukunft hat. Für keinen Bereich trifft dies mehr zu als für Familienbeziehungen – im Guten und im Schlechten. Wir wenden uns in diesem Kapitel an solche Menschen, deren Kindheit und Erziehung sich negativ auf ihre Ehe auswirken. Wer davon betroffen ist, kämpft vielleicht mit einer traumatischen Vergangenheit oder er hat sogar nicht mal die Verbindung zwischen den vergangenen negativen Erfahrungen und der Gegenwart begriffen.

Teds Mutter war eine dynamische, starke Frau. Sie besaß eine grenzenlose Energie, die sie dafür einsetzte, ihre drei Kinder ständig zu Erfolgen anzutreiben. Sie war von einem zwanghaften Ehrgeiz getrieben, den sie in ihrem eigenen Leben nicht befriedigen konnte. Teds älterer Bruder glänzte beim Sport und seine Schwester beherrschte zwei Musikinstrumente auf sehr hohem Niveau.

Von Ted wurde erwartet, dass er in die Fußstapfen seiner Geschwister treten würde. »Du wirst in die erste Mannschaft aufsteigen, Ted – genau wie Robert«, sagte seine Mutter. »Ich habe während der Ferien zwei Trainingswochen für dich organisiert.« Ein anderes Mal hieß es: »Nein, du kannst nicht eine Woche mit Phil verbringen. Ich habe dich für eine Segelwoche angemeldet, damit du im nächsten Sommer mit Jane am Wettsegeln teilnehmen kannst.« Teds Leben war vom Augenblick seiner Geburt an immer durchorganisiert und verplant worden. Er durfte sich nie gegen diese Pläne auflehnen oder auch nur zeigen, wie es ihm damit ging.

Als seine Frau Julia vorschlug, ein Fahrradwochenende im Lake District zu verbringen, lautete seine scharfe Frage: »Warum versuchst du ständig, mein Leben zu kontrollieren?« Es folgte eine heftige Auseinandersetzung. Beschuldigungen flogen hin und her, und die eigentliche Ursache des Streits wurde in der Hitze des Gefechts ganz vergessen. Ted hatte damals die Kunst vervollkommnet, eine Auseinandersetzung sarkastisch zu beenden, was Julia jedes Mal zum Weinen brachte.

Teds Groll aufgrund der Versuche seiner Mutter, sein Leben zu kontrollieren, und seine angestaute Wut blieben über die Jahre bestehen. Er ließ diese Gefühle jedoch nicht gegenüber seiner Mutter heraus, sondern bei seiner Frau. Ted und Julia waren entsetzt über die vielen Konfliktherde in ihrer Ehe, und da sie nicht wussten, wo sie die Ursachen suchen sollten, nahmen sie Hilfe von außen in Anspruch.

Es gibt keine perfekten Eltern und keiner von uns hat eine perfekte Erziehung genossen. Manchmal lag die Schuld bei unseren Eltern und manchmal auch nicht. Anhaltender Schmerz oder Groll kann durch Tod oder lange Abwesenheit entstanden sein. Oder er geht auf eine Scheidung der Eltern zurück, auf Misshandlungen (körperlicher oder seelischer Art), auf übertriebene Kontrolle oder auf Verdrängung von Gefühlen.

Manche sind in einer Familie aufgewachsen, in der die Liebe der Eltern von Intelligenz, Aussehen, Fähigkeiten, Erfolg in der Schule oder Verhalten zu Hause abhing. Wenn Eltern es versäumen, ihrem Kind bedingungslose Liebe zu schenken, so hinterlässt das in der Regel tiefe seelische Wunden. Der Schlüssel liegt darin, ob unsere Kindheitserinnerungen glücklich oder schmerzhaft sind. Für manche Menschen sind die Erinnerungen an ihre Kindheit so traumatisch, dass sich eine Art Amnesie eingestellt hat und sie sich nur schwer daran erinnern können, wie sie ihre Kindheit erlebt haben.

Kindheitserfahrungen können dazu führen, dass man manchmal ein völlig irrationales Verhalten gegenüber dem Partner oder gegenüber Dritten an den Tag legt. Solche Reaktionen können den Ehepartner sehr irritieren.

Schon bald nach ihrer Hochzeit hatte Miranda große Schwierigkeiten im Umgang mit ihrem Schwiegervater. Er hatte selbst nur Söhne gehabt und war es nicht gewohnt, mit Frauen ihrer Generation umzugehen. Je verletzlicher sie sich zeigte, desto härter wurde er. Mehrmals kam es vor, dass Miranda nach einem Besuch bei Patricks Eltern in Tränen aufgelöst war, was Patrick sehr durcheinander brachte. Es wurde so schlimm, dass sich Miranda körperlich krank fühlte und dem Weihnachtsfest voller Angst entgegen sah. Patrick realisierte schließlich, dass ein echtes Problem vorhanden war, und sie nahmen therapeutische Hilfe in Anspruch.

Es stellte sich heraus, dass Miranda eine traumatische Kindheit gehabt hatte. Ihre Schwester war stets bevorzugt worden. Als sie achtzehn war, wurde sie von ihrem Vater geschlagen, der ihr befahl, das Haus zu verlassen und nie mehr zurückzukommen. Ihre Eltern ließen sich später scheiden. Als Miranda und Patrick diese Erlebnisse besprachen, wurde ihr klar, dass ihre Probleme mit ihrem Schwiegervater eine Überreaktion auf die tiefen Verletzungen aus ihrer Vergangenheit gewesen waren.

In einer liebevollen Partnerbeziehung und mit Gottes Hilfe können solche Wunden heilen. Es hat wenig Sinn, eine schnelle Genesung anzustreben. Denn Gefühle können nur mit viel Zeit und Geduld verändert werden, bis es der betroffenen Person wieder möglich ist, vertraute Beziehungen zu unterhalten.

Wir sollten uns zwei Gefahren, Verletzungen aus der Kindheit betreffend, vor Augen führen. Zum einen ist es das Gefühl der Hoffnungslosigkeit bei der Person, die verletzt wurde. Sie ist vielleicht der Ansicht: »Ich kann nichts dagegen tun, dass ich so reagiere und mich so verhalte. Ich bin ein Opfer. Ich bin halt so, und die Schuld dafür tragen meine Eltern.« Es ist falsch, die Verantwortung in dieser Form abzulehnen. Wir können jederzeit – auch wenn wir noch die Verletzungen aus der Vergangenheit mit uns herumtragen – die Entscheidung treffen, uns um die Bedürfnisse von anderen zu kümmern, einschließlich der Bedürfnisse unseres Ehepartners.

Die zweite Gefahr besteht in mangelndem Verständnis des Partners, der den anderen vielleicht eher beschuldigt als ihm hilft. Der Partner einer betroffenen Person muss begreifen, dass Heilung möglich ist, aber dass sie Zeit braucht.

Wo man tief verwundet ist, kann die Hilfe eines erfahrenen Therapeuten nötig sein. Während des Heilungsprozesses werden solche Personen von der Liebe, der Ermutigung und den Gebeten ihres Partners in hohem Maß profitieren.

Wenn Sie besonders schmerzliche Kindheitserinnerungen haben, die Ihre Ehe beeinträchtigen, dann möchten wir Sie dazu ermutigen, gemeinsam über die folgenden Punkte zu sprechen. Wenn Sie an irgendeiner Stelle stecken bleiben oder mit Gefühlen konfrontiert werden, die Sie als überwältigend oder bedrohlich intensiv empfinden, ist es angebracht, die Hilfe eines christlichen Seelsorgers oder Therapeuten in Anspruch zu nehmen.

Die Ursache des Schmerzes erkennen

Zu Beginn des vorigen Kapitels haben wir uns mit der Rolle der Eltern befasst, die für die Erfüllung der körperlichen und emotionalen Bedürfnisse ihrer Kinder verantwortlich sind. Beschäftigen Sie sich erneut mit den zwei Abbildungen »Frühe Kindheit« und »Teenagerzeit«. Fragen Sie sich, ob Ihre Eltern oder andere Personen, die sich um Sie gekümmert haben, diese Bedürfnisse in Ihrer Kindheit erfüllt haben.

Es kann hart sein, sich aufrichtig mit der Realität auseinander zu setzen. Die meisten Menschen empfinden tiefe Loyalität gegenüber ihren Eltern und wollen nicht undankbar sein. Menschen, deren Kindheitsbedürfnisse nicht oder nur mangelhaft erfüllt wurden, meinen oft, es sei ihre Schuld gewesen und nicht die ihrer Eltern. Sie gehen davon aus, dass sie nicht liebenswert waren und dass ihre Eltern sich deshalb nicht ausreichend um sie gekümmert haben. Es ist wichtig, sich aufrichtig mit dem in der Vergangenheit erlebten Mangel zu beschäftigen und die Folgen zu verstehen, die diese Mängel in unseren heutigen Beziehungen nach sich ziehen.

Wir sollten nicht überrascht sein, wenn wir bei diesem Prozess intensive Wutgefühle oder andere Emotionen wie Traurigkeit, Ablehnung, Angst und Scham entwickeln. Diese Emotionen sind über einen langen Zeitraum verdrängt worden. Eine junge Frau, die das Eheseminar besuchte und eine schwierige Beziehung zu ihrer Mutter gehabt hatte, beschrieb uns, wie sie an einem Abend Schuhe durchs Schlafzimmer geworfen hatte. Ihr war dieser verborgene Zorn vorher gar nicht bewusst gewesen.

Wenn wir solche Gefühle durchmachen, können wir mit Gott darüber reden und seinen Trost suchen. Je aufrichtiger wir beten, desto besser. In der Bibel wird uns Gott als Vater *und* Mutter beschrieben, voller Mitleid für uns. Gott ermutigt uns, alle unsere Bedürfnisse vor ihm auszubreiten. Die Autoren der Psalmen waren in der Lage, das ganze Spektrum menschlicher Gefühle vor Gott darzulegen – Wut, Frust, Schmerz, Bedauern genauso wie Dankbarkeit und Freude. Wir können das ebenfalls tun. Petrus drückt es so aus: »Ladet alle eure Sorgen auf ihn ab, denn er sorgt für euch« (1. Petrus 5,7).

Den Kummer teilen

Unerfüllt gebliebene Kindheitsbedürfnisse sind schmerzliche Verluste wie bei einem Trauerfall. Wenn eine betroffene Person über den Mangel in ihrer Vergangenheit sprechen kann, dann sollte der Partner durch seine Bereitschaft zuzuhören emotionale Unterstützung leisten, ohne die Gefühle wegzudiskutieren oder die Auswirkungen zu bagatellisieren. In der Bibel werden wir dazu aufgefordert, »mit den Trauernden zu trauern« (Römer 12,15). Der Prozess selbst, mit einer liebevollen Person offen über die Verluste zu sprechen, bewirkt Heilung und trägt zur Trauerverarbeitung bei.

Wenn unser Partner sich an mangelnde Zuneigung, Bestätigung oder Unterstützung während der Kindheit erinnert, so müssen wir besonders darauf achten, seinen Schmerz nicht zu verschlimmern, indem wir seine emotionalen Bedürfnisse in der Ehe weiterhin ignorieren. Wenn jemand seine schmerzlichen Kindheitserinnerungen offenbart, braucht er den Trost des Partners, ohne ausdrücklich darum bitten zu müssen.

Denen vergeben, die den Schmerz verursacht haben

In Kapitel 12 haben wir uns mit dem Prozess der Vergebung befasst. Wir wollen uns die wichtigsten Aspekte in Erinnerung rufen. Erstens: Vergebung ist ein Akt des Willens. Wir müssen denen vergeben, die uns verletzt haben, auch wenn wir uns nicht danach fühlen. Für manche Menschen sind ihre Kindheitserfahrungen ein Tabuthema geworden. Vor kurzem erhielten wir einen Brief von einer Frau namens Jennifer, die das Eheseminar besucht und verstanden hatte, dass sie ihrem Stiefvater vergeben musste. Sie schrieb:

Ich hatte einen Stiefvater namens John. Meine Mutter heiratete ihn, als ich sieben Jahre alt war, und ließ sich von ihm scheiden, als ich fünfzehn war. Als Ursache für das Scheidungsgesuch wurde »emotionale Grausamkeit« angegeben. Meine Kindheit war ein Alptraum. Ich hatte keinen größeren Wunsch, als so schnell wie möglich erwachsen zu werden, um mich dieser Situation entziehen zu können.

Heute bin ich dreiunddreißig. Ich habe die Last dieser Erinnerungen und den Hass achtzehn Jahre lang mit mir herumgeschleppt, obwohl ich vor zwei Jahren eine bewusste Entscheidung für Jesus Christus getroffen habe.

Doch dieser Teil meines Lebens war eine Tabu-Zone. Ich war verzweifelt. Wie nur konnte ich John »vergeben«, was er mir angetan hat? Wo war da die Gerechtigkeit? Ich war damals ein Kind. Ich war das Opfer. Ich habe ihn seit meinem fünfzehnten Lebensjahr nicht mehr gesehen. Er hat nie um Vergebung gebeten (oder gebettelt, das hätte ich noch lieber gesehen).

Alle Anregungen des Eheseminars, des Buches What's So Amazing About Grace? (Gnade ist nicht nur ein Wort) von Philip Yancey und Gottes Wirken in meinem Leben haben mir die Augen dafür geöffnet, dass ich mich ein für alle Mal mit diesem Problem auseinander setzen musste – es sei denn, ich wollte aus den achtzehn Jahren einundzwanzig, achtunddreißig, achtundvierzig … also endlos viele Jahre werden lassen.

Ich betete, lag mehrere Nächte lang wach, weinte und betete noch mehr. Dann schrieb ich John einen Brief, in dem ich ihm meine Vergebung für die Verletzungen ausdrückte, die er mir als Kind zugefügt hatte. Als ich den Brief schrieb, hatte ich keine Ahnung, ob er sich dessen bewusst war, dass er mein Leben so beeinflusst hatte – ich beschloss, diese Frage Gott zu überlassen. Aber als ich den Brief abschickte, war mir klar, dass ich Befreiung gefunden hatte.

Wir hörten später, dass Jennifers Stiefvater mit ihr Kontakt aufgenommen hatte. Er war nicht in der Lage, die schädlichen Auswirkungen zu erkennen, die er angerichtet hatte, und er sah nicht ein, warum Jennifer ihm vergeben sollte. Trotz dieser Reaktion fühlte sich Jennifer immer noch völlig befreit von dem seelischen Schmerz, den er ihr zugefügt hatte.

Vergebung ist erstens ein Akt des Willens. Zweitens ist es eine ständige Entscheidung. Wenn wir tief verletzt wurden, müssen wir – manchmal sogar täglich – an der Entscheidung der Vergebung für die gleiche Kränkung festhalten. Wenn wir bewusst vergeben, wie Jennifer es getan hat, werden die Gefühle folgen.

Der dritte Aspekt der Vergebung wird ebenfalls durch Jennifers Geschichte deutlich: Unsere Vergebung ist nicht davon abhängig, ob die Person, die uns verletzt hat, ihre Fehler einsieht oder ihre Haltung ändert. Vergebung bedeutet, den Wunsch nach Rache und die Erwartungshaltung, dass unsere Eltern sich um unsere Bedürfnisse zu kümmern haben, aufzugeben. Dies gehört zum Prozess der Loslösung von unseren Eltern.

Es ist nicht immer ratsam oder möglich, die Vergebung direkt der Person gegenüber zum Ausdruck zu bringen, die uns Verletzungen zugefügt hat. Wenn Vater und Mutter tot sind oder überhaupt kein Kontakt mehr zu ihnen besteht, so müssen wir trotzdem unsere Bitterkeit ihnen gegenüber überwinden; in dem Fall raten wir dazu, ein Gebet aufzuschreiben, in dem wir all diese Gefühle vor Gott ausbreiten.

Gottes Liebe suchen

Wir können Gott bitten, unseren Mangel zu heilen, indem wir ihn einladen, uns als perfekter Vater und als perfekte Mutter die Sicherheit zu geben, die wir von unseren Eltern nicht erhalten haben. Er gibt uns folgendes Versprechen: »Ich habe nie aufgehört, dich zu lieben. Ich bin dir treu wie am ersten Tag…« (Jeremia 31,3). Seine Liebe kann unsere tiefsten Bedürfnisse nach Annahme, Sicherheit, Aufmerksamkeit, Ermutigung und anderem stillen. Selbst die stärkste elterliche Liebe kann nur ein schwacher Abglanz der starken, beständigen und bedingungslosen Liebe sein, die Gott uns schenkt.

Gott lädt uns ein, Teil seiner Familie zu werden und ihn als Vater kennen zu lernen: »Manche aber nahmen ihn auf und schenkten ihm ihr Vertrauen. Ihnen gab er das Recht, Kinder Gottes zu werden« (Johannes 1,12). Wenn wir unser Leben in Gottes Hände legen, so schenkt er uns seinen Heiligen Geist, der uns mit der Sicherheit der Liebe Gottes erfüllt: »Er hat ja unsere Herzen mit seiner Liebe erfüllt, als er uns den Heiligen Geist geschenkt hat« (Römer 5,5).

Wir schlagen Ihnen hier ein Gebet vor, das vielleicht hilfreich für Sie ist, wenn Sie Verletzungen aus Ihrer Kindheit in sich tragen:

Herr, danke für deine bedingungslose Liebe zu mir und für deine Bereitschaft, mir ohne Gegenleistung zu vergeben. Danke für die guten Dinge, die mir meine Eltern gegeben haben. (Formulieren Sie an dieser Stelle positive Erinnerungen). *Ich will dir jetzt die Dinge sagen, mit denen sie mir weh getan haben. Bitte hilf mir, sie ihnen zu vergeben.*

(Sagen Sie dann:) *Mein Vater/meine Mutter* (oder welches Wort Sie normalerweise verwenden) *hat folgende Gefühle in mir ausgelöst, indem sie …* (nennen Sie die Kindheitsbedürfnisse, die nicht erfüllt wurden) …, *aber ich entschließe mich, ihnen zu vergeben.*

Herr, ich danke dir dafür, dass du ein vollkommener Vater bist. Bitte erfülle mich mit deinem Heiligen Geist, damit ich deine Liebe erlebe. Danke für deine Verheißung, deinen Geist der Liebe allen zu schenken, die dich darum bitten. Amen.

Am Ende des Kapitels haben wir einige Verheißungen Gottes aufgelistet. Denken Sie über diese Worte nach. Wagen Sie es, an Gottes bedingungslose Liebe zu Ihnen zu glauben. Wenn Sie das tun, wird Gott allmählich den Schmerz Ihrer unerfüllten Kindheitsbedürfnisse durch ein Gefühl von Sicherheit und Trost ersetzen.

Weitergehen

Wenn wir unseren Eltern vergeben, wird uns wahrscheinlich bewusst, dass wir durch unseren unbewussten Wunsch, unsere unerfüllten Kindheitsbedürfnisse zu stillen, unverständlich gehandelt und andere Menschen verletzt haben – besonders die, denen wir am nächsten stehen. Vielleicht gab es wütende Ausbrüche gegenüber unserem Ehepartner, für die es keinen offensichtlichen Grund gab. Vielleicht haben wir die Menschen, die uns lieben und nah sein wollten, weggestoßen oder in Selbsthass gehandelt. Vielleicht haben wir unsere Eltern zu oft besucht oder angerufen, um ihnen unsere Erfolge zu präsentieren und das ersehnte »Gut gemacht« zu hören, das wir in unserer Kindheit so schmerzlich vermisst haben. Es scheint uns manchmal unüberwindlich schwer zu fallen, doch mit Gottes Hilfe und der Unterstützung unseres Ehepartners und auch anderer Personen können wir ein solches Verhalten überwinden.

Doch Veränderungen rufen Unsicherheit hervor. Victor Frankl beschrieb, wie überlebende Juden am Kriegsende aus dem Konzentrationslager Dachau befreit wurden. Die Gefangenen kamen hinaus ans Tageslicht, aber sie waren so sehr von der Sonne geblendet, dass sie wieder zurück in ihre Baracken strebten.[2] Manchmal würden wir lieber zu den uns vertrauten und sicheren, aber unvollkommenen Beziehungen und alten Verhaltensmustern zurückkehren. Wenn wir voranschreiten, fühlen wir uns vielleicht schutzlos ausgeliefert und brauchen Sicherheit. Wir sollten darüber nicht überrascht sein oder aus dem Konzept geraten, wenn wir diese Erfahrung machen.

Wenn ein Ehepartner die Hauptlast des unverständlichen Verhaltens getragen hat, sollte er nicht damit rechnen, dass sich sofortige Veränderungen einstellen werden. Es braucht Zeit, alte Verhaltensmuster durch neue zu ersetzen. Bleiben Sie freundlich, geduldig und ermutigen Sie weiter.

Zuversicht fassen

Wir haben dieses Kapitel nicht für jedermann geschrieben, sondern für Menschen, deren ungelöste Kindheitsprobleme Spannungen in ihre Ehe bringen. Wenn dieses Kapitel für Sie von Bedeutung ist, so möchten wir Sie ermutigen – zum Wohl Ihrer Ehe und trotz der erforderlichen emotionalen Energie –, die schmerzlichen Erinnerungen gemeinsam und eventuell mit einer dritten Person durchzugehen. Es kann sein, dass die Versuche, Beziehungen zu Familienmitgliedern wiederherzustellen, vergeblich sind. Dennoch lohnt es sich, diese Bemühungen für das Wohl unserer Ehe auf sich zu nehmen.

Wir haben in Gott einen vollkommenen Vater, »voll Güte und Erbarmen... Deine Liebe hat keine Grenzen« (Jona 4,2). Er ist immer bereit, uns zuzuhören, zu trösten und zu helfen. Wenn unsere eigenen Eltern uns nicht genügend geliebt haben, fällt es uns zunächst vielleicht schwer, dies zu akzeptieren. Die bekannten Worte in 1. Korinther 13: »Wer liebt, der gibt niemals jemand auf, in allem vertraut er und hofft er für ihn; alles erträgt er mit großer Geduld« sind Anregungen und Ermutigung in diesem Prozess.

Wir haben im Folgenden eine Auswahl von Gottes Liebesversprechen aufgelistet, die schon vielen Menschen Sicherheit vermittelt haben:

Er fand sie hilflos in der Wüste, umlauert und bedroht
von wilden Tieren. Da nahm er sie in seine Obhut,
er schützte sie mit aller Sorgfalt, so wie ein Mann
sein eigenes Auge schützt. Ein Adler scheucht die Jungen
aus dem Nest, damit sie selber fliegen lernen.
Doch wachsam schwebt er über ihnen, und wenn eins müde wird
und fällt, dann breitet er die Flügel unter ihm aus
und fängt es auf und trägt es fort. (Deuteronomium 32,10–11)

Der Vater sah ihn schon von weitem kommen,
und voller Mitleid lief er ihm entgegen,
fiel ihm um den Hals und küsste ihn. (Lukas 15,20)

Der Herr liebt alle, die ihn ehren,
so wie ein Vater seine Kinder liebt. (Psalm 103,13)

Fürchte dich nicht, ich stehe dir bei! Hab keine Angst, ich bin dein Gott! Ich mache dich stark, ich helfe dir, ich schütze dich mit meiner siegreichen Hand. (Jesaja 41.10)

Weil ihr nun Gottes Kinder seid, gab Gott euch den Geist seines Sohnes ins Herz. Der ruft aus uns: »Abba! Vater!« (Galater 4,6)

Wir jedenfalls wissen es ganz sicher, dass Gott uns liebt. (1. Johannes 4,16)

Abschnitt 6 – Eltern und Schwiegereltern

Schlussfolgerung

Dies sind die Erfahrungen einer verheirateten Frau mit ihrer Familie:

Wenn ich Freunde von ihren manipulierenden Müttern und kalten, distanzierten Vätern, sich einmischenden Großmüttern und zwanghaften Großvätern erzählen höre, dann frage ich mich, ob meine eigene Kindheit wohl langweilig und eintönig verlaufen ist. Doch heute erkenne ich, dass sie teilweise sehr wohl komplex war.

Meine Mutter und mein Vater boten meinem Bruder und mir ein ganz normales, alltägliches Familienleben. Natürlich stritten wir uns alle ab und zu – laut Mama lagen mein Bruder und ich uns zwischen dem Laufenlernen und dem Bestehen des Führerscheins praktisch ständig in den Haaren.

Doch durch die Höhen und Tiefen des Familienlebens (und trotz all unserer Begrenzungen) hielten wir eine ständige Kommunikation aufrecht – und das ist heute noch so. Wir setzten uns jeden Abend zum gemeinsamen Essen an den Tisch und erzählten uns von unserem Tag. Wir fragten einander um Rat und teilten unsere Sorgen.

Eines Abends kam mein erster Freund zu uns mit nach Hause. Er tauchte, ganz in Leder gekleidet, mit seinem Motorrad auf. Er wurde sofort eingeladen, gemeinsam mit uns zu essen. Das geschah, ohne das geringste Aufheben zu machen, ohne Geflüster oder hochgezogene Augenbrauen. Alles lief so wie immer, abgesehen von der Bemerkung meines Vaters: »Zieh doch lieber deine Jacke aus, deine Ärmelenden landen sonst im Kartoffelpüree.«

Und so ging es weiter.

Schließlich heiratete ich, und mein Mann Tim knüpfte eine immer tiefere Beziehung zu meinem Bruder und zu meinen Eltern. Tim wurde nun mit einbezogen, und vermutlich hat sich meine Beziehung dadurch zu allen verändert – aber ich habe keine Ahnung, wie.

Ich glaube, dass wir – ohne bewusst darüber nachzudenken – einander die Möglichkeit gaben, uns neu als Großfamilie zu formieren und uns jeweils in unsere neuen Rollen einzufügen. Dann bekamen wir Kinder, und wir passten uns alle auch an diese neue Situation an.

Wir quatschen am Telefon. Wir rufen an, um zu erkunden, wie oft man Hackfleisch aufwärmen darf; wir fragen Papa um Rat, wie man Regale baut, und hoffen, dass er uns anbietet, es selbst zu übernehmen. Wir tref-

fen uns zum Essen. Manchmal kümmern sich meine Eltern um die Kinder und mein Mann und ich genießen unsere Zweisamkeit. Meine Eltern sind unglaublich beschäftigt – genau wie wir. Wir mussten eine Weile mit unserem achtzehn Monate alten Sohn bei ihnen wohnen, der für sein Leben gern Schränke ausräumte und schon früh im Morgengrauen aufwachte. Aber das ist eine andere Geschichte. Ja, die ganze Sache ist irgendwie völlig unspektakulär. Und ich liebe sie – ich liebe sie von ganzem Herzen.

Die Mitglieder dieser Familie waren alles andere als perfekt – wie unvollkommen sie sind, wird sogar betont –, aber sie erfuhren solide Grundlagen in ihrer Kindheit, auf die sie ihre eigenen Ehen aufbauen konnten.

Für viele Menschen trifft das nicht zu. Wir haben in diesen Buchabschnitten Beispiele für schwierige und manchmal äußerst schmerzvolle Familiensituationen gegeben.

Wenn wir eine schmerzvolle Vergangenheit hinter uns haben, muss unsere Ehe nicht automatisch gefährdet sein. Tatsächlich kann die Paarbeziehung sogar heilsam sein. Eine Freundin erzählte uns neulich, wie schmerzhaft es für sie war, in ihrer Kindheit zu entdecken, dass sie adoptiert ist. Sie konnte einfach nicht akzeptieren, dass sie keine Blutsverwandtschaft hatte. Als sie schwanger wurde und ihre eigene Familie gründete, empfand sie dies als Heilungsschritt. Durch ihre Heirat und ihre Erfahrungen als Mutter gesundete sie seelisch.

Jemand anders erzählte uns, wie aufregend es für ihn war, eine gesunde und liebevolle Beziehung mit seinem Schwiegervater aufzubauen. Zu seinem eigenen Vater hatte er immer ein problematisches Verhältnis gehabt. Durch die Beziehung zu seinem Schwiegervater gelangte er jedoch zu der Überzeugung, dass er ein ganz normaler Mensch und eine annehmbare Persönlichkeit war.

Menschen, die gleichgültige oder harte, lieblose Eltern hatten, machen sich oft Gedanken, ob sie selbst gute Eltern sein können. Wenn sie die Freude entdecken, Kinder zu bekommen und lieb zu haben, kann ihre Vergangenheit geheilt werden.

Victoria Glendinning schreibt:

Ich hatte selbst eine schwierige Kindheit. Aber ich schrieb sie sozusagen voller Glück durch das Aufziehen meiner eigenen Kinder neu.[3]

Für uns alle kann die Ehe eine heilsame Beziehung sein. In dieser engen Beziehung können Unsicherheiten und Selbstzweifel, die wir aus der Vergangenheit mit uns herumschleppen, ans Licht kommen und verändert werden. Durch Gottes Liebe und durch die Liebe unseres Partners können Lücken gefüllt, kränkende Worte aufgehoben und unser Selbstvertrauen sowie das Vertrauen in andere wieder aufgebaut werden.

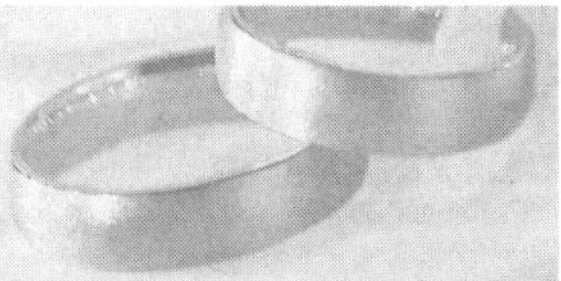

Sechste goldene Eheregel

Ehren Sie Ihre Eltern, aber lassen Sie sich nicht von ihnen kontrollieren.

Abschnitt 1: Tragfähige Fundamente bauen

Abschnitt 2: Die Kunst zu kommunizieren

Abschnitt 3: Praktische Liebe

Abschnitt 4: Konfliktbewältigung

Abschnitt 5: Die Kraft der Vergebung

Abschnitt 6: Eltern und Schwiegereltern

Abschnitt 7: Ein erfülltes Liebesleben

16 Sex – worum es eigentlich geht

Sex hat einen Zweck … nämlich die Isolation aufzuheben. Manche Menschen wählen die Isolation. Sie tun das nicht etwa, weil sie sich wirklich dafür entscheiden, sondern weil sie sich vor Ablehnung und Entfremdung fürchten. Doch wenn ich mich selbst nicht öffne und verletzbar mache, wie soll ich dann je das Wunder entdecken, von einem anderen umhüllt zu sein und in ihm zu versinken?[1] John White

Sex ist die schönste natürliche Art, um Intimität zu erreichen. Wir haben uns bisher nicht mit diesem Thema auseinander gesetzt – nicht etwa, weil es ein unwichtiger Bereich der Ehe wäre, sondern weil jeder andere Bereich der Ehe unsere Sexualität beeinflusst, und umgekehrt beeinflusst unsere Sexualität die anderen Bereiche unserer Ehe. Wenn unsere Sexualbeziehung ein lebendiger Ausdruck unser Liebe zueinander ist, so erleben wir eine Zweisamkeit, die jede Ebene unserer Existenz durchdringt.

Gott mag Sexualität. Er hat sie geschaffen. Wir sind dazu fähig, die Anziehungskraft zu genießen, die unser Partner auf uns ausübt. Es ist ein Geschenk von dem Einen, der reine Liebe ist, wenn wir unsere Liebe körperlich ausdrücken können. Er möchte, dass wir dieses Geschenk innerhalb einer liebevollen ehelichen Beziehung voll auskosten, in der wir nichts voreinander verbergen oder zurückhalten. Mike Mason beschreibt diesen Akt der »völligen Nacktheit«:

Vor einer anderen Person völlig entblößt zu sein, ist eine Art Bild oder Symbol für vollkommene Ehrlichkeit, vollkommenes Vertrauen, vollkommenes Geben und vollkommene Bindung, und wenn man das Herz nicht genauso öffnet, wird das Ganze zur Lüge und Farce. Dann entsteht ein absurder und tragischer Widerspruch: Das Hingeben des Körpers bei gleichzeitigem Zurückhalten der eigenen Person. Wenn man seinen Kör-

per in einer persönlichen Begegnung entblößt, so ist das wie das Offenlegen des tiefsten Geheimnisses, das man in sich trägt: Danach gibt es kein Zurück, man kann nicht mehr so tun, als ob das Geheimnis immer noch verborgen sei oder als ob der andere dieses Geheimnis nicht kennen würde. Tatsächlich ist es der letzte Schritt in einer persönlichen Beziehung, und deshalb sollte er niemals leichtfertig vollzogen werden. Es ist nicht etwa ein Schritt, der tiefe Intimität schafft, sondern vielmehr ein Schritt, der tiefe Intimität voraussetzt.[2]

Unsere eigenen Ansichten und Erfahrungen mit Sexualität sind vielleicht ganz anders. Seit der zweiten Hälfte des zwanzigsten Jahrhunderts erleben wir eine Überbetonung von Sex. Überall wird man damit konfrontiert – manchmal entwürdigend, manchmal sentimental dargestellt und manchmal idealisiert, aber nur ganz selten im Kontext von Ehe. Manche Menschen sind nach Sex süchtig geworden. Andere sind damit übersättigt, wie neulich in einer Schlagzeile zu lesen war: »Warum Sex kein Sex mehr ist.«

Viele Menschen (wir gehören auch dazu) erlebten in ihrem Freundeskreis oder ihrem unmittelbaren sozialen Umfeld, was es mit dem Sex auf sich hat. Schon unsere jüngsten Freunde schienen bereits genauestens über das Thema Bescheid zu wissen. Später erkannten wir, dass die anderen genauso unwissend oder falsch informiert waren wie wir selbst.

Unsere Erziehung und Bildung beeinflussen unsere Haltung gegenüber dem Thema Sex. Libby Purves wurde mit folgenden Ansichten in der Schule konfrontiert: »Es gab ein oder zwei ausgesprochen sittsame Lehrer, zum Beispiel die für Disziplin zuständige Lehrerin, die morgens unsere Radios aus dem Badezimmer verbannte, weil sie der Meinung war, dass tiefe, männliche Stimmen in einem Raum, in dem sich junge Mädchen nackt aufhielten, nicht angebracht wären.«[3] Welch ein Unterschied zu der Haltung vieler Schulen heutzutage, in denen keine hilfreichen Grenzen gesetzt werden – nur, dass man möglichst geschützten Sex haben sollte.

Historisch gesehen muss die Kirche dafür mitverantwortlich gemacht werden, dass ein falsches Verständnis von Sexualität entstanden ist. Die Bibel sagt ganz klar, dass Sexualität in die Ehe gehört, aber die Kirche hat diese Lehre nicht immer korrekt reflektiert. Im vierten Jahrhundert nach Christus sprach Augustinus von »der Schande, die mit jeglichem Sexualverkehr verbunden ist«. Andere Theologen gingen noch weiter. Sie warnten verheiratete Paare davor, dass der Heilige Geist während des Geschlechtsverkehrs ihr Schlafzimmer verlassen würde. Anders ausgedrückt: Je weniger Sex, desto besser.

Doch den wahrscheinlich größten Einfluss auf unsere Haltung gegenüber der Sexualität üben unsere Eltern aus. In manchen Familien wird nie offen darüber gesprochen, oder wenn, dann mit peinlichen Witzen oder in einer unangemessenen Sprache. Andere hingegen hatten Angst vor ihren Eltern oder wurden von ihnen überbehütet und haben Schuldgefühle in diesem Bereich entwickelt und denken, dass Sex eine schmutzige Sache sei. Es ist tragisch, dass einige Menschen mit einer verzerrten Sicht von Sexualität kämpfen, die durch sexuellen Missbrauch ausgelöst wurde, oder manche schwer an schmerzhaften Folgen früherer Sexualbeziehungen tragen.

Angeblich besteht heute eine große Offenheit gegenüber dem Thema Sexualität, doch nach wie vor sind viele Menschen sehr verlegen und peinlich berührt, wenn es darum geht, mit ihrem Partner offen über ihre Sexualbeziehung in der Ehe zu sprechen. Es ist doch ein seltsamer Widerspruch: In der Gesellschaft wird viel über Sex geredet, aber im privaten Bereich werden sexuelle Probleme nicht angesprochen.

Bevor wir uns ganz praktisch mit dem Thema Sex beschäftigen, wollen wir vier biblische Grundsätze vorstellen. Sie bilden Rahmenbedingungen für eine erfüllte Sexualbeziehung innerhalb einer liebevollen, lebenslangen Ehe.

Sex – eine große Kraft

> *Der Mann freute sich und rief: »Endlich jemand wie ich! Sie gehört zu mir, weil sie von mir genommen ist!« Deshalb verlässt ein Mann Vater und Mutter, um mit seiner Frau zu leben. Die zwei sind dann eins, mit Leib und Seele.* (Genesis 2,23 u. 24)

Die moderne Entsprechung der Worte Adams, als er Eva zum ersten Mal sah, könnte mit einem langgezogenen »Wow« beginnen. Gottes beeindruckende Absicht für die Ehe ist, dass die Sehnsucht von Mann und Frau nacheinander in einer sexuellen Vereinigung gipfelt. Wenn dies liebevoll geschieht, wird dadurch eine Einheit ausgedrückt und auch geschaffen.

Deshalb tun wir uns mit einem außerehelichen Geschlechtsverkehr nichts Gutes. Die sexuelle Vereinigung von Mann und Frau wird immer mehr sein als eine vorübergehende körperliche Nähe. Ob wir wollen oder nicht, die sexuelle Vereinigung berührt uns auf einer tiefen emotionalen, seelischen und geistlichen Ebene. Wir haben in Kapitel 1 von zwei zusammengeklebten Papierstücken gesprochen. Man kann sie nicht auseinander reißen, ohne Schaden anzurichten.

Gott hat sich Sexualität so gedacht, dass sie eine einzigartige und verbindliche Beziehung zwischen einem Mann und einer Frau ausdrückt. Jedes Mal, wenn wir uns unsere Liebe füreinander durch eine körperliche Vereinigung zeigen, wird das Band zwischen uns tiefer und stärker.

Sex – eine lebenslange Entdeckung

Der zweite Bezug auf die Bibel stammt aus dem Hohelied. In der Bibel befindet sich ein wunderschönes erotisches Liebesgedicht, das die leidenschaftliche Beziehung eines Mannes mit seiner Braut beschreibt. Der Autor rühmt ohne Scham die geheimnisvolle Kraft des göttlichen Geschenks der sexuellen Liebe. Die poetischen Bilder erscheinen zwar auf den ersten Blick rätselhaft, doch sie lassen uns unzweifelhaft Gottes Absicht erkennen, dass wir als Ehepartner die gegenseitige Erkundung unserer Körper genießen und uns an unserer gegenseitigen Anziehungskraft, Erregung und dem Höhepunkt berauschen sollen. Es gibt keine Anspielungen, Schuldgefühle oder Verlegenheit.

> *Esst, Freunde, auch ihr, und trinkt euren Wein; berauscht euch an Liebe!* (Hohelied 5,1)

Der Liebesakt im Hohelied reift allmählich im Verlauf des Gedichts, und zwar entsprechend, wie sich die Paarbeziehung entwickelt. Vielleicht ist dies ein weiterer Hinweis auf Gottes Absicht, die Sexualität innerhalb einer ehelichen Beziehung zu leben.

Im Gegensatz dazu wird uns heute in etlichen Filmen suggeriert, dass Sex in einer neuen Beziehung oder sogar beim Ehebruch besonders aufregend sei. Viele Menschen glauben dem Mythos, dass die sexuelle Erregung zwischen Eheleuten, die einander vertraut geworden sind, unweigerlich abnehmen wird. Man vertritt die Ansicht, dass nur das Abenteuer und das Geheime an einer Affäre neue sexuelle Höhepunkte bescherten.

Gott hat unseren Leib jedoch so geschaffen, dass sich unsere sexuelle Beziehung weiterentwickelt und der Genuss mit den Jahren zunimmt, wenn wir immer mehr lernen, wie wir einander erregen und Freude bereiten können. Wir pflegen und nähren im Geben und Nehmen unsere gesamte Beziehung, wenn wir uns körperlich unsere Liebe zeigen. Diese Überzeugung führt den Autor der Sprüche zu folgender Aufforderung: »Freue dich an der Frau, die du jung geheiratet hast ... Ihre Brüste sollen dich immer berauschen, in ihren Armen kannst du dich selbst vergessen!« (Sprüche 5, 18–19).

Zwei Ehepartner, beide Ende sechzig, schreiben über ihre Erfahrungen nach sechsunddreißig Ehejahren:

Der Geschlechtsverkehr vertieft die Liebesbeziehung zweier Partner. Wenn dies nicht so wäre, hätte Gott nicht dafür gesorgt, dass dieser Bereich unserer Ehe über die Jahre der Zeugung von Kindern hinaus mit Energie und Leidenschaft weitergelaufen ist, bis zum Alter von fünfzig, sechzig und sogar siebzig Jahren (wir sind so froh, dass dies so ist!).[4]

Wenn Mann und Frau eine lange Sicht für ihre Ehe haben, werden sie reich dafür belohnt. Der christliche Autor und Psychiater John White kommentiert:

Sex sollte das Alleinsein beenden ... die Gemeinschaft (die Nähe, die Intimität, das Kennen und Erkanntsein, das Lieben und Geliebtwerden) ist eine komplexe Lebensstruktur, die über die Jahre wächst. Sie beginnt als empfindliche und wunderschöne Pflanze, die vor Lebendigkeit strotzt. Sie wird zu einem kräftigen Baum mit tiefen Wurzeln und festigt die Beziehung auch durch Trockenheit und Stürme hindurch.[5]

Sexualität ist eine große Kraft, die uns mit Intimität und Genuss beschenken kann. Deshalb wird die leidenschaftliche sexuelle Ausdrucksweise des Hohelieds auch als Metapher für die enge persönliche Beziehung benutzt, die Gott mit uns haben möchte.

Sex – ein wichtiger Bestandteil

Den dritten biblischen Bezug finden wir im ersten Brief des Paulus an die Gemeinde in Korinth – eine Stadt, die für ihre sexuelle Freizügigkeit und ihr »Rotlichtviertel« bekannt war.

> *Der Mann soll seine Frau nicht vernachlässigen, und die Frau soll sich ihrem Mann nicht versagen. Die Frau verfügt nicht über ihren Körper, sondern der Mann; ebenso verfügt der Mann nicht über seinen Körper, sondern die Frau. Keiner soll sich dem anderen entziehen – höchstens wenn ihr euch einig werdet, eine Zeit lang auf den ehelichen Verkehr zu verzichten, um euch dem Gebet zu widmen. Aber danach sollt ihr wieder zusammenkommen; sonst verführt euch der Satan, weil der Trieb in euch zu mächtig ist.*
>
> (1. Korinther 7,3–5)

Diese Verse wurden manchmal missbraucht, insbesondere von Männern, die von ihren Frauen die Erfüllung jeglicher sexuellen Wünsche forderten. In diesem Abschnitt geht es jedoch darum, die Ehepartner an ihre gegenseitigen *Pflichten*, nicht etwa an ihre Rechte zu erinnern. Weder der Mann noch die Frau sollten dem Partner die körperliche Liebe vorenthalten, es sei denn, dass sie dies gemeinsam für einen bestimmten Zeitraum beschlossen haben. Beide sollten sich darüber im Klaren sein, dass ihre sexuelle Beziehung nicht das Sahnehäubchen auf ihrem Ehekuchen, sondern dessen Grundbestandteil ist.

Wir haben vorher schon gesehen, dass das römische Recht dem Ehemann uneingeschränkte Rechte über seine Ehefrau einräumte. So können wir verstehen, dass Paulus' Ansichten über das gegenseitige Geschenk der körperlichen Liebe im ersten Jahrhundert revolutionär waren. Seine Lehre ist heute noch genauso gültig wie damals.

In einem Artikel in der *Sunday Times* wurde über eine nationale britische Studie über sexuelle Einstellungen und Lebensstile berichtet. Darin hieß es, dass der außereheliche Geschlechtsverkehr weitgehend als normaler Teil einer Beziehung angesehen wird, dass dagegen jedoch Tausende von Paaren »den Sex innerhalb der Ehe vernachlässigen... Forschungen haben ergeben, dass eines von dreißig Paaren sexuelle Enthaltsamkeit wählt, da sie weder Zeit noch Lust zum Geschlechtsverkehr verspüren.«[6]

Im Allgemeinen geht man davon aus, dass sexuelle Beziehungen nur eine begrenzte Zeit dauern. Liz Hodgkinson, Autorin von *Sex is Not Compulsory* (Sex ist keine Pflicht), schreibt: »Für manche beträgt diese Zeitspanne eine Woche, für andere vielleicht zwanzig Jahre. Aber wenn Sie versuchen, Ihre sexuelle Beziehung über deren natürliches Lebensalter hinaus zu verlängern, beschwören Sie Probleme herauf. Sex ist dann nicht länger spontan und genussvoll.«[7]

Dies ist ein bedauerliches Missverständnis von Sexualität. Gott hat sie uns gegeben, damit sie in einer lebenslangen ehelichen Beziehung ausgelebt werden und uns unser ganzes Leben hindurch Erfüllung bringen soll, auch wenn sie sich verändert. Wenn wir uns über die Jahre immer besser kennen, so nehmen Intimität und Freude durch die sexuelle Beziehung zu – und nicht ab! Wenn das sexuelle Verlangen eine Zeit lang nachlässt, sollte ein Paar niemals aufgeben, sondern neue Möglichkeiten entdecken, sich gegenseitig zu erregen und zu befriedigen.

Wenn wir uns zurückziehen und die biblischen Maßstäbe außer Acht lassen, anstatt regelmäßig Geschlechtsverkehr zu haben (ausgenommen sind Gründe wie Krankheit oder die Zeit nach einer Geburt), so werden wir auf allen Ebenen einer Trennung Vorschub leisten. Mangelnder Geschlechtsverkehr in einer Ehe ist ein ernst zu nehmendes Problem. Es kann zu Isolation und Einsamkeitsgefühlen führen. Und wenn wir uns einsam fühlen, sind wir viel empfänglicher für Versuchungen von außen.

Sex – ein Akt des Gebens

Der vierte biblische Bezug findet sich in dem ausführlichsten Abschnitt über die Ehe im Neuen Testament. Dabei geht es nicht ausschließlich um die sexuelle Seite einer Beziehung, aber sie ist darin enthalten:

Einer soll sich dem anderen unterordnen, wie es die Ehrfurcht vor Christus verlangt. Ihr Frauen, ordnet euch euren Männern unter! Dadurch zeigt ihr, dass ihr euch dem Herrn unterordnet. ... Ihr Männer, liebt eure Frauen so, wie Christus seine Gemeinde geliebt hat! ... So müssen auch die Männer ihre Frauen lieben wie ihren eigenen Körper. Denn ein Mann, der seine Frau liebt, liebt sich selbst. Keiner hasst doch seinen Körper; im Gegenteil, er nährt und pflegt ihn. So tut es auch Christus mit der Gemeinde. Wir alle zusammen sind ja sein Leib. Ihr kennt das Wort: »Darum verlässt ein Mann Vater und Mutter, um mit seiner Frau zu leben. Die zwei sind dann eins, mit Leib und Seele.« In diesem Wort liegt ein tiefes Geheimnis. Ich beziehe es auf Christus und seine Gemeinde. Es gilt aber auch für euch: Jeder von euch muss seine Frau so lieben wie sich selbst. Die Frau aber soll ihren Mann achten. (Epheser 5, 21,22,25,28–33)

Wenn Sex gut sein soll, setzt dies voraus, dass beide Partner darum bemüht sind, dem anderen Genuss zu bereiten. Ein großer Teil der Stimulierung und Befriedigung sexueller Bedürfnisse ist heutzutage egoistisch geworden. Ich betone *mein* Recht auf die Befriedigung *meiner* Bedürfnisse auf die Weise, die *ich* bevorzuge. Doch Sex ist kein Geschenk zur eigenen Verwöhnung, sondern eine Möglichkeit, sich zu beschenken und die gegenseitigen Bedürfnisse zu befriedigen.

Geschlechtsverkehr ist die intimste Form, einander unsere Liebe zu zeigen, aber dies bedeutet auch Opfer zu bringen. Ehepartner müssen lernen, wie sie einander beschenken können. Zeitweise und aus unterschiedlichen Gründen werden wir verschieden starke sexuelle Bedürfnisse haben. Das gilt besonders für Stresszeiten oder nach der Geburt eines Kindes. Für den einen kann aufopfernde Liebe bedeuten, sich zurückzuhalten; für den anderen bedeutet es vielleicht, trotz seiner Müdigkeit zum Geschlechtsverkehr bereit zu sein.

Der Gedanke, den Partner durch Sex zu beschenken, ist nicht ganz einfach zu begreifen. Wir sind eher damit beschäftigt, selbst etwas zu bekommen als etwas zu geben. Viele Menschen meinen, dass Sex

etwas ist, das man sich nehmen, verdienen oder einfordern muss. Die Kunst, sich dem Partner zu schenken, mag daher zunächst seltsam erscheinen; doch diese Kunst muss in jedem Bereich der Ehe kultiviert werden, und ganz besonders in der Sexualität.

Wir heiraten nicht, um uns zu paaren ... Wir heiraten, um eine Verbindung der gegenseitigen Unterstützung und des gegenseitigen Dienens einzugehen und als Ausdruck unserer Liebe. Die sexuelle Intimität ist somit das Siegel der Bindung, die man eingegangen ist. Sie ist zudem eine empfindsame Kommunikation der Liebe und des Vertrauens, die dazu beiträgt, dass Mann und Frau einander immer intensiver kennen lernen.[8]

17 Sechs Eigenschaften eines guten Liebhabers

Sex offenbart, was in den übrigen Bereichen des Lebens zweier Partner abläuft.[1]

Alan Storkey

Der grundlegendste und wichtigste Aspekt, den wir in Bezug auf Sexualität begreifen müssen, ist die Tatsache, dass Männer und Frauen unterschiedlich geschaffen sind. Jemand beschrieb diese Unterschiede einmal folgendermaßen:

Männer können nicht genug von Sex bekommen; Frauen können nicht genug von Romantik bekommen. Männer visieren das Ziel an; Frauen denken an den Weg dahin. Männer sind wie Gaskocher: Sie werden sofort heiß und kühlen schnell wieder ab. Frauen sind wie Elektroherde: Sie brauchen eine gewisse Zeit, um sich zu erwärmen, aber sie bleiben dann auch viel länger warm.

Gott hat Männer und Frauen so geschaffen, dass sie unterschiedlich erregbar sind, und die Kombination dieser Unterschiedlichkeit kann zu einer langen und erfüllten sexuellen Beziehung führen. Wenn Frauen wie Männer wären, dann wäre alles in dreißig Sekunden vorbei und der Geschlechtsverkehr hätte nicht diese Intimität schaffende Kraft, die Gott vorgesehen hat.

Beide Partner müssen ihre Unterschiedlichkeit verstehen und genießen lernen, sonst kann sie zu einem unüberwindlichen Problem werden. Ein Mann muss lernen, sanft und geduldig zu sein und seiner Frau genug Zeit zur Erregung zu lassen. Eine Frau wiederum muss ihre eigene Sexualität ebenso wie die ihres Mannes verstehen. Für sie ist der Prozess der Erregung meistens komplexer als für ihren Mann, und sie kann in der Regel den Sex nicht so leicht von den anderen Bereichen ihres Lebens abkoppeln. Diese Unterschiede in unserem sexuellen Erleben führen häufig zu Missverständnissen und Konflikten, die die gesamte Beziehung negativ beeinflussen können. Im Folgenden finden Sie sechs wichtige Kennzeichen, die uns dabei helfen sollen, eine gute sexuelle Beziehung zu entwickeln.

Kommunikation

Das Thema Sexualität ist für die meisten Menschen absolute Privatsache. Wenn beide Partner jedoch offen und aufrichtig miteinander über Sex reden können, werden beide zu intensiverem Vertrauen und zu größerer Nähe finden.

Ein Paar, das an einem Eheseminar teilnahm, beschrieb die Auswirkungen einer offeneren Kommunikation miteinander:

Carol: Bevor wir am Eheseminar teilnahmen, hielt ich unser Sexualleben für okay. Ich dachte, dass alle Probleme bei meinem Mann lägen und ich gar keine hätte. Ich war ganz zufrieden mit unserer Situation.

Richard: Wenn man mich gefragt hätte, »Haben Sie Probleme in Ihrem Sexualleben?«, dann hätte ich vermutlich geantwortet: »Nein.« Aber es gab doch ein Problem. Ich hatte immer den Eindruck, als ob ich fragen müsste: »Fühlst du dich danach?« Ich war hilflos. Ich hatte den Eindruck, dass ich Carols Reaktion nicht beeinflussen könnte.

Carol: Während des Seminars sollten wir die Freundschaft, die geistliche Intimität und die körperliche Intimität in unserer Ehe einschätzen. Ich war ziemlich geschockt, als ich auf dem Blatt meines Mannes las, dass er unsere Freundschaft mit 18 von 20 Punkten, unsere geistliche Intimität mit 19 von 20 Punkten und unsere körperliche Intimität mit nur 2 von 20 Punkten bewertet hatte! Dann redeten wir darüber, und eigentlich hörte ich ihm zum ersten Mal richtig zu und versuchte zu verstehen, wie belastend dieses Problem für ihn war. Ich nahm es ernst. Bis dahin hatte ich immer gedacht, dass er der Fordernde sei und mich nicht verstehen würde; nun sah ich ein, dass dieser Teil unserer Ehe sehr wichtig für ihn ist.

Vor dem Eheseminar hatte ich keine echte christliche Sicht von Sexualität. Mir war nicht klar, wie wichtig das ist. Ich dachte: Wir sind gute Freunde, wir stimmen in geistlichen Fragen überein, und wenn unser Sexualleben nicht besonders gut ist, dann ist das nicht so schlimm. Während des Seminars wurde mir bewusst, dass ich unter einigen Komplexen litt, die uns daran hinderten, sexuell wirklich frei und offen miteinander umzugehen.

Im Alter von zwölf Jahren bin ich einmal in das Schlafzimmer meiner Eltern gekommen, als sie gerade miteinander schliefen. Niemand, auch nicht meine Eltern, hatten je mit mir über Sex gesprochen. Ich hatte keine Ahnung, was sie da eigentlich machten, aber ich hatte nicht das Gefühl, dass das Ganze etwas mit Liebe zu tun hatte. Ich war von diesem Vorfall so peinlich berührt, dass ich am nächsten Tag in die Schule verschwand, bevor meine Eltern aufgestanden waren. Am Abend setzten sie sich zu mir und machten einen außerordentlich ungeschickten Versuch, mir die Sache zu erklären. Von da an war Sex ein extrem peinliches Thema für mich. Einige Jahre später entdeckte ich, dass mein Vater meine Mutter betrogen hatte, und ich glaubte seitdem felsenfest, dass man Männern in Bezug auf Sex nicht trauen kann.

Ich hatte Richard vor dem Eheseminar nichts davon erzählt, aber er musste mit den Auswirkungen meiner Erfahrungen von damals leben. Als ich ihm eines Nachts im Dunkeln sagte, dass ich eine Mischung aus Scham und Verlegenheit empfand, war er sehr lieb und sanft zu mir. Danach hatte ich ein hilfreiches Gespräch und eine Gebetszeit mit einem der Seminarleiter über diese Angelegenheit, und mit Richards Liebe und seiner Unterstützung konnte ich mein Problem bewältigen.

Richard: Es tat mir so gut, während des Seminars ehrlich zu sein und unseren Sex mit nur 2 Punkten zu bewerten! Am wichtigsten war für mich, dass meine Frau mir zuhörte und mich ernst nahm. Vorher hatte ich mich immer wie ein lüsternes Tier eingeschätzt gefühlt. Außerdem beschloss ich, ein bisschen cooler zu werden, und wir versuchten mit Absprachen neue Erfahrungen zu machen. Wir vereinbarten, einmal pro Woche miteinander zu schlafen. In der Zwischenzeit sollte ich versuchen, romantischer zu werden. Es ist wirklich hilfreich, das Thema Sex aus christlicher Sicht anzugehen, denn dabei wird ganz deutlich, dass Sex mehr ist als ein vom Instinkt geleiteter körperlicher Vorgang. Sex wurde ein Teil unserer vertrauten Beziehung. Mir wurde auch bewusst, dass ich vorher nicht offen über meine Bedürfnisse gesprochen und mich deshalb wie ein Opfer gefühlt hatte.

Carol: Seit dem Eheseminar habe ich entdeckt, wie schön und erfüllend Sex sein kann. Unsere körperliche Beziehung ist nun nicht mehr ein separater Teil unserer Beziehung, und wir sind viel mehr zusammengewachsen. Ich hatte immer gedacht, dass unsere Ehe in Ordnung ist, wenn wir über alles reden können. Nun ist mir klar geworden, dass unsere sexuelle Beziehung eine Form der Kommunikation ist, die genauso wichtig ist wie Worte.

Viele Männer haben einen stärkeren Sexualtrieb als ihre Frauen, und das kann bei mangelnder Kommunikation dazu führen, dass sich viele Frauen in diesem Bereich überfordert fühlen. Wir müssen lernen, offen miteinander zu reden, unser Bedürfnis nach körperlicher Liebe auszudrücken und unserem Partner zu sagen, was wir mögen und was nicht. Vermutungen übereinander oder Verallgemeinerungen sind nicht sehr hilfreich. Es gibt auch Frauen, die einen stärkeren Sexualtrieb haben als ihre Männer, und manche Männer fühlen sich als Versager, weil sie nicht den Erwartungen entsprechen, die unsere Kultur an sie stellt. Kein Ehepaar gleicht einem anderen. Wir haben alle unterschiedliche sexuelle Bedürfnisse. Einander zuzuhören und unsere Gefühle die Sexualität betreffend auszudrücken sind genauso wichtig wie jeder andere Bereich der Kommunikation in unserer Ehe.

Während des Liebesakts müssen Frauen ihren Männern sagen, was sie erregt und wann sie für den Geschlechtsverkehr bereit sind, während Männer ihren Frauen sagen müssen, was sie *nicht* tun sollten, wenn sie damit kämpfen, den Höhepunkt hinauszuschieben. Je mehr wir uns entdecken und voneinander wissen, desto eher werden wir unsere gemeinsame Sexualität genießen. Peinliche Gefühle verfliegen schnell, sobald wir diese Art der Kommunikation einmal eingeübt haben.

Frühere sexuelle Erfahrungen können uns tief prägen: Wir können zum Beispiel eine innere Blockade verspüren, uns dem anderen hinzugeben, aus Furcht, erneut verletzt zu werden. Negative Erinnerungen können unsere Freiheit einschränken. Es ist wichtig, unsere tiefsten Ängste in diesem komplexen Bereich unserer Persönlichkeit voreinander auszubreiten. Wenn wir unsere Ängste in Worte fassen, was häufig mit schmerzlichen Erinnerungen an Wunden verbunden ist, kann unser Partner uns trösten und ermutigen, und so werden unsere negativen Gefühle von Ablehnung und Entfremdung durch Wärme und Annahme ersetzt. Diese Wertschätzung können wir dann durch eine liebevolle sexuelle Beziehung ausdrücken. Das Ganze ist ein Kreislauf: Wenn wir miteinander schlafen, werden negative Erinnerungen geheilt, und dadurch nehmen die Ängste ab und schließlich das sexuelle Verlangen zu.

Zärtlichkeit

Sexuelle Intimität entsteht durch Zärtlichkeit; beide Aspekte sind zwei Seiten der gleichen Medaille. Zärtlichkeit ist sehr wichtig in unserer Beziehung und der Liebesakt wird sich ohne sie leer und schal anfühlen. Zärtlichkeit setzt voraus, dass man sich Zeit für die körperliche Liebe nimmt. Zeit, um sich vom Druck des Tages zu befreien. Zeit, um Romantik und Verlangen aufzubauen. Zeit, die körperliche Nähe zueinander zu genießen. Zeit, einander verbal zu lieben: mit liebevollen, zärtlichen, bestätigenden Worten. Es spielt keine Rolle, ob wir immer wieder die gleichen Worte verwenden, wenn wir sie wirklich von Herzen meinen.

So wie ein Orchester mit der Oboe beginnt und die übrigen Instrumente einstimmen, so bedeutet Zärtlichkeit, sich auf die emotionalen Bedürfnisse des anderen einzustimmen. Wenn wir uns keine Zeit für Zärtlichkeiten nehmen und nur darauf aus sind, einen Orgasmus zu bekommen, so wird Sex zu einer mechanischen Angelegenheit.

Es gibt Männer, die ihre Frau nur dann berühren, wenn sie Sex haben wollen. Dadurch senden sie Signale aus, die für ihre Frau furchtbar sind. Das kann dazu führen, dass keinerlei körperlicher Kontakt mehr zwischen den Partnern entsteht, weil die Frau sich zurückzieht, da sie durch die Absichten des Mannes gekränkt ist. Wenn sich eine Frau in irgendeiner Form ausgenutzt fühlt, wird sich ihr Körper verschließen. Wenn sich eine Frau ihrem Mann hingeben soll, so muss sie sich sicher fühlen. Sie braucht das Gefühl, geliebt zu werden und etwas Besonderes für den Mann zu sein. Wir wollen nicht etwa behaupten, dass Leidenschaft und Zärtlichkeit einander ausschließen, aber gerade für die Frau kann die emotionale Erfüllung genauso befriedigend sein wie das Erreichen des sexuellen Höhepunkts.

In den Sechs-Uhr-Nachrichten der BBC wurde neulich berichtet, dass jede dritte Frau in Großbritannien irgendwann in ihrem Leben mit häuslicher Gewalt konfrontiert wird. Welch ein erschreckender Gegensatz zu den Worten im Epheserbrief, mit denen wir uns im vorigen Kapitel beschäftigt haben: »Ihr Männer, liebet eure Frauen so, wie Christus seine Gemeinde geliebt hat!« (Epheser 5,25). Bei einer traditionellen jüdischen Hochzeit steckt der Bräutigam der Braut nicht einen Ring an den Finger, sondern er zieht seinen Mantel aus und legt ihn um seine Braut als Symbol seines Versprechens, dass er sie beschützen will.

Eine Reihe von Frauen wurde befragt, was ihrer Meinung nach einen Mann zu einem guten Liebhaber macht.

Ihre Antworten zeigten, dass es ihnen weder um einen athletischen Körperbau noch um die Größe der Muskeln oder die Größe eines anderen Körperteils geht, sondern vor allem um *Zärtlichkeit*. Diese Eigenschaft wurde wesentlich höher bewertet als körperliche Technik. Sexuelle Liebe kann nicht vor einem Hintergrund von Selbstsucht, Ausnutzen, Kritik oder Härte gedeihen.

Wenn sich eine Frau sicher und geborgen fühlt und wenn sie den Eindruck hat, schön und für ihren Mann etwas Besonders zu sein, dann ist ihre Seele und ihr Körper sexuell offen für ihren Mann; dadurch finden beide Partner eine tiefe Erfüllung. Das Schlafzimmer sollte der Platz sein, an dem die Frau weiß: »Er kümmert sich um mich, er liebt und verwöhnt mich. In einer Welt, die mich möglicherweise unterbewertet, geringschätzig behandelt oder nicht ernst nimmt, gibt es einen Mann, der mich wie kein anderer kennt und zärtlich zu mir ist.«

Aufgeschlossenheit

Viele Männer würden wie Richard auf die Frage nach ihrem Sexualleben antworten, dass ihre Frau nicht besonders aufgeschlossen ist. In der Bibel wird die Frau wie ein geheimer Garten beschrieben: »Meine Braut ist ein Garten ... Aber noch sind mir Garten und Quelle verschlossen!« (Hohelied 4,12).

Sila: *Ich kenne einen alten, wunderschönen Englischen Garten, den ich besonders liebe. Vor dem Haus sind Rabatten angelegt. Wenn man um die Ecke schaut, sieht man entlang eines großen Rasenstücks eine Eibenhecke, die von einem Bogen durchbrochen wird. Durch diesen Bogen führen ein paar Stufen in einen verborgenen, vertieft angelegten Garten. Auf der gegenüberliegenden Seite befindet sich eine Öffnung in der Mauer, durch die man in einen kleinen Rosengarten mit einem runden Teich in der Mitte kommt. Hinter den Glyzinen, Rosen und Klematisranken befindet sich ein großer, ummauerter Gemüsegarten. Im Sommer blühen dort ganze Beete von pinkfarbenen, orangen und roten Mohnblumen. Der Garten geht dann in einen Obstgarten voller Apfel- und Pflaumenbäume über. Am Ende des Gartens befindet sich ein kleines Tor, das auf die Felder hinausführt.*

Unabhängig vom Wetter und von der Jahreszeit macht dieser Garten neugierig und lädt dazu ein, erforscht zu werden. Man entdeckt immer wieder etwas Neues in irgendeinem Winkel. Der Garten, von dem im Hohelied die Rede ist, wird genau in diesem Sinne als Bild gebraucht, um die Sexualität der Frau zu beschreiben. Es gibt genügend zu entdecken und vieles, um sich daran zu erfreuen – ein ganzes Leben lang.

In der Bildsprache des Hohelieds schwingen Genuss und Freude beider Partner mit. Diese Frau ist sich ihrer Sexualität bewusst und fühlt sich nicht verlegen. Sie ergreift die Initiative, indem sie ihren Mann im Garten willkommen heißt: »Kommt doch, ihr Winde, durchweht meinen Garten! Nordwind und Südwind, erweckt seine Düfte! Komm, mein Geliebter, betritt deinen Garten! Komm doch und iss seine köstlichen Früchte!« (Hohelied 4,16).

Die Empfänglichkeit einer Frau ist der geheime Schlüssel zur Freude ihres Mannes. Ein Mann braucht das Gefühl, dass seine Frau ihn attraktiv findet. Er muss wissen, wie sehr seine Frau sich nach seiner Liebe sehnt. Er möchte von seiner Frau hören (körperlich und auf anderen Ebenen), dass er für sie etwas ganz Besonderes ist. Ein Mann will die Erregung und Vorfreude seiner Frau und den Genuss spüren, den sie mit ihm teilen will.

Ob sie es weiß oder nicht, die Frau hält den Schlüssel zum Garten in ihrer Hand. Sie muss sich dazu entschließen, ihn gemeinsam mit ihrem Mann zu erforschen. Manche Frauen wissen gar nicht, dass der Schlüssel oder überhaupt ein Garten existieren. Oder sie fürchten sich vor dem, was auf der anderen Seite der Gartentür auf sie wartet. Oder man hat in der Vergangenheit negative und traumatische Erfahrungen mit dem Garten gemacht.

Innerhalb der Geborgenheit und Verbindlichkeit der Ehe können diese Probleme angegangen werden. Eine Frau muss erleben, dass der Liebesakt schön ist und Erfüllung bringen kann. Manchmal ist viel Mut dazu nötig. Manche Frauen brauchen die Unterstützung eines geduldigen, liebevollen und sensiblen Ehemannes, um sich ihm ganz frei hingeben zu können. Ideal ist es, wenn Mann und Frau Hand in Hand ihren Garten betreten und beginnen, ihn gemeinsam zu erkunden und zu genießen.

Im weiteren Verlauf der Dichtung sagt die Braut: »Ganz früh stehen wir auf, gehen zum Weinberg und sehen, ob die Weinstöcke treiben, die Knospen der Reben sich öffnen und auch die Granatbäume blühen. Dort schenke ich dir meine Liebe! ... Vor unserer Tür ist köstlich süßes Obst, die allerbesten Früchte, alt und neu, für dich, mein Liebster, sind sie aufbewahrt!« (Hohelied 7, 13,14). Die meisten Ehemänner könnten es wohl kaum erwarten, nach Hause zu kommen, wenn sie solche Worte von ihrer Frau hören würden.

Romantik

In einer romantischen Welt, die nur den beiden Partnern gehört, kann man versinken: eine Welt, in der unsere Phantasie und unsere Sinne angeregt werden. Durch Romantik wird Sex weder zu einer mechanischen noch zu einer routinemäßigen Angelegenheit. Romantik bildet den Rahmen für die körperliche Liebe, der jeden Teil unserer Existenz einbezieht und uns zueinander hinzieht. Für Frauen spielt Romantik bei der sexuellen Erregung eine weitaus größere Rolle als für Männer.

Nicky: *An einem Muttertag neulich beschloss ich, ein besonderes Abendessen für Sila vorzubereiten. Dann fragte ich sie, was sie mit dem Rest des Abends anfangen wollte. Vor dem Abendessen hatte sie mit unseren Kindern den ersten Teil von Jane Eyre im Fernsehen gesehen und den Rest auf Videokassette aufgezeichnet. Sie schlug vor, dass wir diesen zweiten Teil nun gemeinsam ansehen könnten. Während des ganzen Films wurde auch nicht das kleinste Stückchen nackter Haut gezeigt, doch die Romantik dieser Liebesgeschichte bewirkte eine unglaubliche Erregung bei Sila!*

Wenn wir die Romantik vernachlässigen und sich unsere Ehe im Wesentlichen um Hausarbeit und die Bezahlung von Rechnungen dreht, dann besteht die Gefahr, dass wir eher Teamgefährten als Liebhaber werden. Und es entsteht sogar eine gewisse Verlegenheit in unserer sexuellen Beziehung, was wir zu Beginn unserer Ehe nicht für möglich gehalten hätten.

Männer und Frauen können füreinander Romantik schaffen. Dazu sind keineswegs hohe Ausgaben erforderlich. Es geht einfach darum, etwas zu tun, was von der üblichen Routine abweicht: ein Spaziergang am Fluss, ein Picknick im Park oder ein Kinoabend. Wenn Sie die Möglichkeit haben, einen Wochenendtrip zu unternehmen, so werden Sie erleben, dass ein anderes Umfeld auf ganz einfache Weise romantische Gefühle hervorrufen kann.

Nicky: *Ich habe mich im Laufe der Jahre um Romantik in unterschiedlicher Weise bemüht, aber nicht alle Versuche waren zufriedenstellend. Ich erinnere mich an ein besonders unangenehmes Erlebnis: Ich hatte geplant, an unserem zehnten Hochzeitstag mit Sila das Musical Les Miserables zu besuchen. Ich hatte etwas naiv gehofft, dass wir in der Pause in einem Park picknicken könnten. Aber es gab keinen Park in der Nähe, und die Pause war echt zu kurz, und weil ich ein besonders reichhaltiges Picknick vorbereitet hatte, verbrachte ich den gesamten Abend mit einem sperrigen Picknickkorb zwischen meinen Knien.*

Sila: *Nicky wollte auf sein Vorhaben nicht verzichten und das romantische Picknick auf jeden Fall noch machen. Schließlich breiteten wir unsere Decke auf den Treppen zwischen den Rängen aus. Ich saß auf einer Seite der engen Treppe, während Nicky auf der anderen Seite hockte und mir eine rote Rose zu einem Glas Champagner und einer köstlichen kalten Platte reichte. Die Leute schauten neugierig zu uns herüber, während sie die Treppen hinauf- und hinuntergingen. Es war ein bemerkenswerter Abend (ich werde ihn nie vergessen!), aber ich war doch sehr froh, dass wir niemandem im Publikum oder gar auf den Treppen begegneten, den wir kannten. Nickys Absichten bedeuteten mir sehr viel, auch wenn der Abend nicht ganz so wie geplant verlief.*

Vorfreude

Ein ganz wichtiger Faktor für guten Sex ist das Wissen, dass unsere Vorstellungskraft unsere wichtigste sexuelle Quelle ist. In einer gesunden Beziehung hat die Vorfreude zu sexuellem Verlangen und zu einer wirklich befriedigenden sexuellen Aktivität einen großen Stellenwert. Ein Ehemann drückte es so aus: »Der beste Sex beginnt beim Frühstück.«

Manche Paare entwickeln einen geheimen Code, um Vorfreude aufzubauen. Eine Frau erzählte uns, dass sie und ihr Mann an einem Abend, den sie füreinander eingeplant hatten, gerade auf dem Weg nach oben ins Schlafzimmer waren, als eine Freundin anrief und ankündigte, sie wollte eine Pasta für die am nächsten Tag geplante Party vorbeibringen. Die Ehefrau dachte kurz nach und bat die Anruferin dann, die Pasta auf der Haustürschwelle abzustellen. Seit diesem Abend hatten die Worte »Pasta auf der Schwelle« eine ganz eigene Bedeutung für die beiden Ehepartner.

Nicky: *Gerade weil unser Verstand eine so wichtige Rolle für den Liebesakt spielt, muss ein Mann seine sexuellen Gedanken auf seine Frau konzentrieren und die Frau umgekehrt genauso. Viele Männer hatten im Laufe ihres Lebens und besonders während ihrer Schulzeit mit Pornografie zu tun. Heutzutage ist diese Versuchung schlimmer denn je, weil Pornografie im Internet verfügbar ist. Die Gefahr, die von pornografischem Material ausgeht, besteht darin, dass unser sexuelles Verlangen in einer Weise geschürt wird, die zu reiner sexueller Lust ohne die Dimension einer liebevollen Beziehung führt. Auf diese Weise angeregtes sexuelles Verlangen kann leicht zur Sucht werden.*

Pornografie beraubt uns unserer menschlichen Würde und echter sexueller Erfüllung. Frauen werden zu Lustobjekten, die das sexuelle Verlangen von Männern erfüllen. In unserer heutigen Kultur ist es für einen Mann schwierig, ein gewisses Maß an Erregung zu vermeiden, weil er ständig durch entsprechende Werbeplakate, Titelseiten von Zeitschriften und Filme sexuell angesprochen wird. Für eine gute Ehe ist es äußerst wichtig, dass ein Mann seine erotischen Gedanken auf seine Ehefrau konzentriert.

Zusätzlich sollten wir Möglichkeiten finden, uns selbst zu schützen. Für Geschäftsmänner, die häufig reisen und in Hotels übernachten müssen, kann das Fernsehen ein echtes Problem werden, besonders wenn Pornoprogramme verfügbar sind. Für einen Mann, der abends müde ins Hotelzimmer kommt und die Gesellschaft seiner Frau vermisst, kann das eine große Versuchung bedeuten. Einer unserer Freunde bittet auf seinen Geschäftsreisen jedes Mal an der Hotelrezeption, dass man den Fernseher aus seinem Zimmer entfernt oder er gibt die Fernbedienung an der Rezeption ab. Ein anderer Freund von mir besitzt ein Computerprogramm, das Pornografie auf seinem Web-Browser blockiert. Solche selbst auferlegten Einschränkungen sind nicht etwa ein Zeichen von Schwäche, sondern für Weisheit, und unsere Ehe wird dadurch bewahrt.

Wenn ein Ehemann (oder eine Ehefrau) mit Pornografie Probleme hat, so empfehlen wir, eine andere Person gleichen Geschlechts zu finden, mit der er oder sie über diese Problematik reden kann, dann um Gottes Vergebung bittet und Befreiung von dieser Sucht erfahren kann. Es ist wichtig, dass die betroffene Person ihrem Gesprächspartner gegenüber auch zu künftiger Rechenschaft bereit ist; der Seelsorger muss regelmäßig fragen dürfen, wie es mit ihm oder ihr steht.

Sila: *Viele Männer erleben durch Pornografie falsche sexuelle Erfüllung, Frauen dagegen stehen in der Gefahr, sich Fantasievorstellungen hinzugeben. Eine berühmte Schauspielerin berichtete in einem Interview eines Sonntagsblatts sehr offen über ihr Sexualleben und erzählte dem Journalisten, dass sie regelmäßig an andere Männer denke, wenn sie mit ihrem Mann schläft. Vielleicht ist ihr sexuelles Verlangen dadurch größer geworden, aber für ihre Ehe war es nicht gerade hilfreich.*

Eine Frau kann durch das, was sie sieht oder liest, nach Fantasievorstellungen süchtig werden; ihr wirkliches Leben erscheint im Vergleich zu diesen Fantasien langweilig, routinemäßig und ohne die Liebe und Intimität, nach der sie sich sehnt. Viele populäre Romane fördern eine solche Vorstellungswelt. Aber wenn wir regelmäßig durch solch eine angeblich harmlose Unterhaltung der Realität entfliehen, kann dies unsere Ehe bedrohen.

Im Neuen Testament wird die Notwendigkeit betont, Disziplin in unsere Gedankenwelt zu bringen: »Im Übrigen, meine Brüder, richtet eure Gedanken auf das, was gut ist und Lob verdient, was wahr, edel, gerecht, rein, liebenswert und schön ist.« (Philipper 4,8).

Abwechslungsreichtum

Die sechste und letzte Qualität für guten Sex ist Abwechslung. Wir alle behandeln neue Dinge mit besonderer Sorgfalt. Vor etwa acht Jahren kauften wir ein neues Auto und behandelten es wie ein rohes Ei. Anfangs erlaubten wir den Kindern nicht, irgendetwas im Wageninneren zu essen; heute macht es uns nichts mehr aus, ein komplettes Menü von MacDonalds mit Ketchup, Getränken und Eiscreme im Auto zu verzehren. Unsere Einstellung dem Auto gegenüber hat sich vollkommen verändert. Wir gehen nicht mehr so sorgfältig mit Dingen um, die nicht mehr neu sind. Vertrautheit kann in Selbstzufriedenheit enden.

Wenn unsere sexuelle Beziehung uns allmählich sehr berechenbar und alltäglich vorkommt, kann der Gedanke an eine außereheliche Affäre attraktiv erscheinen. Ein gutes Sexualleben braucht Kreativität, Überlegungen und Abwechslung. Einige der folgenden Vorschläge mögen rein theoretisch erscheinen. Aber wenn man bedenkt, wie viel es sich manche kosten lassen, eine Affäre zu erhalten, benötigen wir das gleiche Maß an Fantasie – und sogar noch mehr – für unsere Ehe.

Wechseln Sie den Ort des Liebesgeschehens. Man muss nicht immer im Schlafzimmer miteinander schlafen. Wie wäre es mit dem Sofa, unter der Dusche oder vor dem Kaminfeuer? Wenn andere Erwachsene in unserem Haushalt mitleben, lohnt es sich, einen Abend pro Woche als besonderen Abend zu zweit zu reservieren. Wir müssen uns klar über die Zeit, die wir allein füreinander haben wollen, verständigen.

Wenn noch Kinder bei uns wohnen, sind die Möglichkeiten begrenzter. Wir müssen unser Schlafzimmer abschließen können, damit sich unsere eventuell hereinkommenden Kinder nicht wundern und wir selbst völlig entspannt sein können. Entspannung ist für guten Sex entscheidend wichtig.

Langeweile und drohender Routine kann man entgehen, indem man ab und zu eine Nacht woanders verbringt. So ein Ausflug muss nicht unbedingt teuer sein. Sie könnten ein- oder zweimal im Jahr Freunde bitten, sich um Ihre Kinder zu kümmern, oder sogar die Häuser wechseln, wie wir in Kapitel 1 vorgeschlagen haben.

Variieren Sie die Zeiten des Liebesgeschehens. Schlafen Sie nicht immer sozusagen als letzten Tagesordnungspunkt miteinander, wenn Sie erschöpft und müde sind. Auch hier ist die Situation mit Kindern schwieriger. Wir könnten uns dem Liebesakt widmen, sobald wir sicher sind, dass die Kinder eingeschlafen sind. Bei älteren Kindern könnten wir vorschlagen, dass sie ab und zu die Nacht bei einem Freund oder einer Freundin verbringen.

Versuchen Sie vor dem Essen miteinander zu schlafen. Weder Männer noch Frauen sind nach einer ausgiebigen Mahlzeit sexuell auf der Höhe, schon gar nicht, wenn man spät gegessen hat. Auch der Genuss von Alkohol kann sich nachteilig auf das Sexualverhalten auswirken. Zwei oder drei Gläser Wein können bewirken, dass eine Frau nicht zum Höhepunkt gelangt und dass ein Mann seine Erektion nicht aufrecht erhalten kann. Einige Veränderungen unserer Ess- und Trinkgewohnheiten könnten bereits die Qualität unseres Sexuallebens verbessern. Es ist genauso wichtig, sich für die körperliche Liebe Zeit zu nehmen, wie miteinander auszugehen.

Ändern Sie die Atmosphäre. Sie könnten zum Beispiel Musik auflegen oder verschiedene Beleuchtungen ausprobieren. Es ist sicherlich nicht sehr romantisch, unter einer 100-Watt-Birne miteinander zu schlafen.

Probieren Sie es mit Kerzenlicht, Dunkelheit, Mondlicht oder Feuerschein.

Im Hohelied werden alle fünf Sinne beim Liebesspiel einbezogen. Eine Frau sagte: »Der Liebesakt besteht mindestens zu 75 % aus Sinnlichkeit und höchstens zu 25 % aus Sexualität.« Sinnlichkeit regt die Fantasie an und steigert das Vergnügen.

Bringen Sie Abwechslung in den gewohnten Ablauf. Wir können so leicht in das immer gleiche Verhaltensmuster beim Sex verfallen, weil es klappt. Wir fühlen uns wohl mit dem, was uns bekannt ist und was wir gewohnt sind. Seien Sie empfänglich für das, was Ihrem Partner Freude macht, aber seien Sie auch kreativ. Wechseln Sie dann und wann die Rolle, wer die Initiative ergreift. Abwechslung und Romantik helfen uns, dem anderen unsere eigenen erotischen Gedanken und Wünsche nahe zu bringen, und intensivieren unsere Leidenschaft füreinander.

Es gibt jedoch Zeiten, in denen zu viele Experimente unangebracht sind, insbesondere nach der Geburt eines Kindes, wenn sich eine Frau weniger für Sex erwärmen kann.

Manchmal werden wir gefragt, was in der Bibel in Bezug auf sexuelle Praktiken in der Ehe *erlaubt* ist. Die Bibel gibt keine detaillierte Auskunft hierüber, aber es gibt bestimmte Grundsätze, die hilfreiche Grenzen setzen. Dazu zählt in erster Linie, dass alles Sexuelle, was wir gemeinsam tun, von beiden Partnern vertreten werden muss und Respekt vor der Würde des anderen ausdrücken muss. Bringen die Praktiken beiden Partnern Freude und Erfüllung? Oder fühlt sich unser Partner durch etwas unwohl, peinlich berührt oder ausgenutzt? Können diese Praktiken für beide zum Höhepunkt führen? Und bewirken sie, dass wir uns ausschließlich auf unseren Partner konzentrieren?

Es ist Gottes Absicht für uns, dass wir einander durch den Geschlechtsverkehr in der Ehe lieben. Er ist weder überrascht noch geschockt, wenn wir ihn genießen. Schließlich war es seine ureigene Idee! Er schuf uns als geistliche, emotionale und sexuelle Wesen. Er will, dass wir unsere Körper begehrenswert finden; er schuf mit der sexuellen Vereinigung einen Bereich von Entdeckungen und Möglichkeiten für ein ganzes Leben.

18 Unsere Ehe schützen

Früher versuchte ich Menschen, die eine außereheliche Affäre hatten, in Kategorien einzuteilen, so wie ein Ornithologe Vögel in Kategorien einteilt. Ich habe den Versuch aufgegeben. Untreue Ehepartner, die fremdgehen, kann man nicht in eine Schublade stecken. Sie können alt oder jung, gebildet oder einfach, robust oder raffiniert, selbstsüchtig oder großzügig, freundlich, grausam und sogar geistlich oder fleischlich sein ... Jeder verheiratete Erwachsene kann Ehebruch begehen. Ein Jude, ein Katholik, ein Landeskirchler und ein Pfingstler – sie alle können zum Ehebrecher werden. Ein Geschäftstreffen und eine religiöse Erweckungsveranstaltung können Gelegenheiten für Ehebruch bieten, ebenso Orte wie das Auto, eine Arztpraxis, das traute Heim und ein Gemeindebüro, an denen man Ehebruch begehen kann.[1]

John White

Niemand von uns ist vor der Gefahr einer außerehelichen Affäre gefeit. Wir können alle der Anziehungskraft einer anderen Person unterliegen, manchmal gerade dann, wenn wir es am wenigsten erwarten. König David, der berühmteste König des Alten Testaments, erlag eines Abends dieser Versuchung, als er auf seinem Dach spazieren ging: »Da sah er im Hof des Nachbarhauses eine Frau, die gerade badete. Sie war sehr schön. David ließ nachforschen, wer sie sei ...« (2. Samuel 11,2–3). Diese Frau namens Bathseba war die Ehefrau eines treuen Soldaten in Davids Armee. Noch bevor David Bathseba zu sich ins Schlafzimmer kommen ließ, war er zu weit gegangen: In dem Moment, als er den Gedanken an einen Ehebruch zuließ, hatte er bereits die Richtung für sein Handeln festgelegt, das hinterher noch jahrelange Folgen für seine Familie hatte.

Die Tatsache, dass außereheliche Affären heutzutage üblich und weitgehend akzeptiert sind, verkleinert nicht den Schmerz, der für die betroffenen Personen damit verbunden ist. Folgende Geschichte über einen Teenager namens Judy wurde in einer hiesigen Zeitung veröffentlicht:

Judy hat geglaubt, dass die dreiundzwanzigjährige Ehe ihrer Eltern unanfechtbar wäre, doch an einem trüben Nachmittag vor achtzehn Monaten erfuhr sie von ihrem Vater, dass er seit zwei Jahren eine Affäre mit einer Freundin der Familie hat. Sie beschreibt, wie sie sich verraten, gekränkt und wütend fühlt, wenn sie an die Untreue ihres Vaters denkt: »Ich weiß nicht, ob ich ihm vergeben kann ... Meine Freunde sagen zu mir: Er ist doch dein Vater. Denk an all die Dinge, die er für dich getan hat. Und ich denke: Ja, es stimmt, er hat mir früher Gute-Nacht-Geschichten vorgelesen, aber das ist keine Entschuldigung für das, was er jetzt tut. Es ist wirklich das egoistischste Verhalten, das man sich überhaupt vorstellen kann. Wir waren eine normale glückliche Familie mit drei Kindern, zwei Katzen und einem Hund. Ich bin echt tief traurig, weil mein Vater dies tut, und er meint auch noch, es sei schon irgendwie in Ordnung. Mein einziger Kontakt zu ihm besteht nun nur noch darin, dass er mir monatlich Geld auf mein Konto überweist.«[2]

Man kann sehr schnell in eine Affäre geraten, aber die nachfolgenden Kränkungen und der damit angerichtete Schaden können nicht so leicht getilgt werden. Eine Ehe basiert auf Vertrauen, und wenn dieses Vertrauen einmal missbraucht wurde, ist ein langer und schmerzlicher Prozess nötig, um das Vertrauen wieder aufzubauen. Kurzfristig gesehen erscheint eine Affäre verlockend und verspricht emotionale Nähe, intime Gespräche und aufregenden Sex. Doch auf lange Sicht gesehen führt eine solche Affäre zu großer Trauer und Reue, wenn eine Ehe zerbrochen und das Familienleben zerstört ist.

Beim christlichen Eheversprechen beziehen wir uns auf die Heilige Schrift, wenn wir in Gegenwart unserer Familie und unserer Freunde und vor Gottes Angesicht geloben, »treu zu sein... und allen anderen zu entsagen«. Wenn ein Ehepartner dieses Versprechen bricht, so werden sein Partner und seine Kinder (sofern vorhanden) ein vernichtendes Gefühl von Verrat empfinden.

Wenn man einen Schwur bricht, ist das Verrat an einer Person. Nicht der sexuelle Akt ist das »Böse« bei diesem Betrug, denn Geschlechtsverkehr an sich ist eine gute Sache (so wie Äpfel gut sind). Sondern es ist das Steh-

len und Betrügen, was den Ehebruch so schwierig macht. Ein gestohlener Apfel kann süß schmecken und eine sehr gesunde Sache sein. Nie hat mir ein Fisch so gut geschmeckt wie der trout (lachsähnlicher Fisch, Anm. d. Übers.), den wir einmal unerlaubt auf der Isle of Skye gefangen haben. Wir grillten den Fisch an einem Holzfeuer bei Sonnenuntergang, während die blaugrünen Wellen an den felsigen Strand donnerten. Ich fühlte mich beschwingt und fröhlich. Doch unser Genießen des gewilderten Fischs hat die Tatsache des verbotenen Angelns nicht einfach beiseite geräumt.[3]

Heutzutage ist es für die meisten Menschen üblich, ihr Leben nach Gefühlen statt nach Regeln auszurichten; doch unsere Gefühle können sich ändern und sind bekanntermaßen trügerisch. Gott hat uns ein Gesetz gegeben, das Ehebruch verbietet; er wollte uns damit nicht den Spaß verderben, sondern unser Familienleben schützen und uns davor bewahren, dass wir einander und uns selbst wehtun. Im Neuen Testament heißt es: »Die Ehe soll von allen geachtet werden; Mann und Frau sollen sich gegenseitig treu sein ...« (Hebräer 13,4).

Einige unserer Leser stecken vielleicht gerade in einer Beziehung, die sie vor ihrem Ehepartner geheim halten. Manche ahnen, dass ihr Partner eine Affäre hat oder fühlen sich vielleicht selbst zu einer anderen Person hingezogen und sind zwischen dem Verlangen nach diesem Menschen und dem Wunsch, treu zu bleiben, hin- und hergerissen.

Seien Sie klug

Ein Ehebetrug wird im Allgemeinen nicht vorher geplant. Catherine, eine verheiratete Frau, fühlte sich zu einem anderen Mann hingezogen und erzählte uns von ihren Erfahrungen. Sie war von der Plötzlichkeit und der Intensität ihrer Gefühle überrascht. Zu Beginn war die Anziehungskraft nicht sexueller Art und daher empfand sie ihre Gefühle als »rein und gut«. Sie war seit sieben Jahren verheiratet und nun von einem Arbeitskollegen namens Rob wie elektrisiert. Catherine kämpfte insgeheim sechs Wochen lang mit sich.

Eines Abends ging sie mit einer Gruppe von Arbeitskollegen aus, und Rob war auch mit dabei. Nach einer Weile erzählte sie ihm von ihren Gefühlen. Er war stark an einer Beziehung zu ihr interessiert.

Catherine ging es darum, sich einem Mann nah zu fühlen, der ihr zuhörte und sie zu verstehen schien. Rob beabsichtigte eher, eine sexuelle Beziehung mit einer Frau einzugehen, die er attraktiv fand.

Catherine erzählte uns, dass zwei Dinge sie davor bewahrten, eine Affäre mit Rob anzufangen. Zunächst wurde ihr durch die Lektüre eines christlichen Buches klar, dass es gilt, zwischen der anfänglichen Zuneigung zu einem anderen Mann und der Entscheidung, diesen Gefühlen nachzugeben, zu unterscheiden.

Außerdem fühlte sie sich nicht stark genug, allein mit dieser Versuchung fertig zu werden. Sie bat Gott um Vergebung und Hilfe. Sie vertraute sich einer älteren Frau an, bei der sie Unterstützung und Rat suchte. Nachdem sie ihren aufgewühlten Gefühlen Luft gemacht hatte, war sie nicht länger allein in diesem Kampf und konnte die Sache viel klarer durchschauen. Sie beschloss, Grenzen zu ziehen, um ihrem Mann nicht untreu zu werden. Sie war zwar durch ihre Arbeit gezwungen, Rob täglich zu begegnen, war aber bereit, ihren Arbeitsplatz zu wechseln; doch dann wurde Rob in ein anderes Büro versetzt.

In der Zwischenzeit hatte sich zwischen ihrem Mann Simon und ihr eine wachsende Distanz entwickelt, da sie ihre Gedanken bisher vor ihm geheim gehalten hatte. Er hatte gespürt, dass sie tieferen Gesprächen mit ihm ausgewichen war, ohne den Grund dafür zu kennen. Nachdem es Catherine gelungen war, diese Affäre zu beenden, fühlte sie sich imstande, mit ihrem Mann über die Sache zu reden. Sie bat ihn anschließend um Vergebung.

Seitdem war Catherine entschlossen, ihre Gedanken ganz auf ihren Mann zu konzentrieren und sich auf all das zu besinnen, was in ihrer Ehe positiv war. Simon seinerseits hat sich seither bemüht, ihr besser zuzuhören und sie stärker zu ermutigen. Ihre Ehe wurde nicht nur bewahrt, sondern beide Partner wurden durch diese Krise mit mehr Nähe als vorher beschenkt. Tatsächlich haben Freunde, die von diesem Vorfall nichts wussten, spontan gesagt, dass Catherine und Simon wie ein frisch verliebtes Paar wirkten.

Investieren Sie Zeit und Energie in Ihre Ehe

Der eigentliche Grund für einen Ehebruch ist fast immer ein Mangel an Nähe zwischen den Ehepartnern. Zumindest für eine Weile erfüllt eine Affäre das unbefriedigte Verlangen eines Ehepartners nach Aufmerksamkeit, Respekt, Zuneigung oder Erregung. Der beste Schutz vor Untreue besteht demnach darin, sich sorgfältig um die eheliche Beziehung zu kümmern, damit sie an Stärke, gegenseitiger Nähe und Tiefe zunimmt. Charlotte, zweifache Mutter und Bankangestellte in London, beschreibt, was passieren kann:

Ich habe das damals nicht gemerkt, aber als ich John heiratete, änderte sich meine Haltung ihm gegenüber und ich nahm ihn als selbstverständlich hin. Er hatte sich auf die Zweisamkeit in der Ehe gefreut, aber ich wollte immer noch eine freie junge Frau sein und ging ständig aus. Ich fühlte mich sicher in dem Wissen, dass mein Mann zu Hause für mich da war. Wir führten ein mehr oder weniger voneinander unabhängiges, aber vollkommen glückliches Leben, bis unser erstes Kind zur Welt kam. Ich bin sehr gern Mutter, aber ich hatte immer noch das Bedürfnis, so viel wie möglich weg zu sein. Dann verschlechterte sich unsere Beziehung drastisch, weil wir nun schlicht und ergreifend keine Zeit mehr füreinander hatten. Ich habe nie aufgehört, John zu lieben, aber ich wurde immer unzufriedener und gereizter ihm gegenüber. Ich hatte keine Ahnung, dass er immer weniger für mich empfand, doch die Verstimmung wurde greifbar, und als unser zweites Kind geboren wurde, begann mein Mann eine Liebschaft mit einer anderen Frau.[4]

Charlotte und John hatten nichts getan, um ihre Beziehung zu pflegen, und waren allmählich auseinander gedriftet. Sie hatten es versäumt, Wurzeln zu bilden, die sich ineinander verflochten.

Wenn wir nicht genug Zeit miteinander verbringen, nur noch oberflächliche Gespräche führen, wenig oder keine Sexualität haben und unsere Kränkungen nicht beseitigen, so steht unsere Beziehung auf einer wackeligen Grundlage. Wenn unsere Liebe nicht tiefer geht, so sind wir für Versuchungen anfällig, wir sind kritischer, weniger verständnisvoll und weniger zum Vergeben bereit. Wir haben vielleicht mit den Veränderungen zu kämpfen, die die Geburt von Kindern oder das Alter mit sich bringen. Oder wir idealisieren die Beziehung anderer Paare oder machen uns Fantasievorstellungen von einem anderen

Mann oder einer anderen Frau. Wie ein wurzelloser Baum wird unsere Beziehung den Stürmen des Lebens nicht standhalten.

Außerdem verschenken wir etwas ganz Kostbares. Freude kann man nicht in einer neuen und flachen Beziehung finden, auch nicht unter falschem Namen in Hotelzimmern oder in einem heimlich verbrachten Urlaub mit Gewissensbissen. Echte Freude findet man *»in der Schönheit jener Hände, beim Erkennen des Klangs der Schritte auf dem Straßenpflaster oder beim Betrachten des Gesichts, das bis zur kleinsten Muskelbewegung vertraut ist«.*[5]

Grenzen festlegen

Untreue beginnt oder endet in unseren Gedanken. Das galt für König David; ebenso für Catherine, und es trifft seit jeher auf alle zu, unabhängig vom Alter, von der Kultur oder vom Geschlecht. Wir sind nicht immer davor gefeit, eine andere Person anziehend zu finden, aber wir können uns entscheiden, ob wir solche Gedanken im Griff haben oder nicht. Wenn wir unsere Ehe schützen wollen, müssen wir solche Gedanken aus unserem Kopf verbannen, bevor sie zu einer Gewohnheit werden. Jesus gab uns Grenzen, die unser Herz und unser Denken bewahren:

> *Ihr wisst auch, dass es heißt: Zerstöre keine Ehe! Ich aber sage euch: »Wer die Frau eines anderen auch nur ansieht und sie haben will, hat in Gedanken schon die Ehe gebrochen.«* (Matthäus 5,27)

Diese Aussage trifft natürlich auch auf eine Frau zu, die einen Mann begehrt. Wenn wir uns der Anziehungskraft eines anderen bewusst werden, dann müssen wir beschließen, die betreffende Person keinesfalls allein zu treffen, oder sogar jeglichen Kontakt vermeiden. Eine Einladung zum gemeinsamen Essen muss abgelehnt werden. Wenn man frühzeitig Nein sagt, kann man sich viele spätere Probleme ersparen.

Viele Liebschaften beginnen nicht, indem wir direkt sexuell angezogen werden, sondern durch intensive vertraute Gespräche. Wenn uns eine Person des anderen Geschlechts in ihre Gedanken- und Gefühlswelt eintreten lässt, wird eine gefährliche und verlockende Nähe ermöglicht. Wenn wir tiefer hineingezogen werden, fühlen wir uns vielleicht besser verstanden oder mehr gebraucht als von unserem Ehepartner. Sollten wir je feststellen, dass wir diese Grenze auch nur ein bisschen überschritten haben, so sollten wir unseren Ehepartner so bald wie möglich darüber informieren.

Sprechen Sie mit einer anderen Person über Ihre Gefühle

Wenn wir in starke Gefühle verwickelt sind oder von ihnen überrollt werden, so werden sie ihre Macht über uns verlieren, wenn wir uns einem anderen Menschen anvertrauen. Zwei Ehepartner erzählten uns, dass sie sich in ihrem ersten Ehejahr gelegentlich stark zu Personen des anderen Geschlechts hingezogen fühlten. Je länger sie diese Gedanken geheim hielten, desto mächtiger wurden sie. Erst wenn sie einander diese Gefühle bekannten, platzte die Blase und die Schwärmerei kühlte rasch ab. Wenn es uns unmöglich scheint, mit unserem Ehepartner darüber zu reden, sollten wir einen Seelsorger aufsuchen, dem wir vertrauen und bei dem wir uns aussprechen können.

Je länger Untreue anhält, desto schwerer ist es, den Rückwärtsgang einzulegen. Menschen, die untreu waren, berichten oft von der unglaublichen Macht der damit verbundenen Gefühle. Sie sagen, dass sie nie zuvor so intensiv für einen anderen Menschen empfunden haben und dass sie diese Gefühle als echt und gut empfinden. Manche behaupten, dass sie sich zum ersten Mal richtig lebendig fühlen und es vielleicht die einzige Gelegenheit in ihrem Leben ist, solche »Liebe« zu erfahren. Sie haben den Eindruck, in eine Zukunft der Freiheit und des Glücks mitgerissen zu werden.

Auf solche Gefühle kann man sich keinesfalls verlassen. Wir brauchen eine langfristige Perspektive: Im Laufe der Zeit wird diese Verzauberung genau wie jede andere abkühlen, und dann wird der betrogene Ehepartner gar nicht mehr so unpassend erscheinen; an diesem Punkt angelangt wird der untreu gewordene Partner voller Reue auf die Scherben seiner Ehe und seines Familienlebens zurückblicken. Das Beenden einer Liebschaft ist wahrscheinlich die schwierigste Entscheidung im Leben eines Betroffenen, aber dafür wird man später erkennen, dass es der richtige Entschluss war.

Einen klaren Standpunkt beziehen

Was sollen wir tun, wenn wir entdecken, dass unser Partner eine Affäre hat? Sollen wir vergeben und weiter lieben in der Hoffnung, dass wir den anderen zurückgewinnen? Sicherlich sind Liebe und Vergebungsbereitschaft sehr wichtig. Aber das bedeutet nicht, dass wir das Verhalten unseres Partners vergeben sollen, wenn es sich zerstörerisch auf unsere Ehe auswirkt. Es gibt Zeiten, in denen liebevolles Handeln in erster Linie heißt, stark zu sein und einen klaren Standpunkt zu beziehen. Gary Chapman gibt folgenden Rat:

Einige Dinge sind in einer Ehe inakzeptabel. Wenn körperlicher Missbrauch, sexuelle Untreue, sexueller Missbrauch von Kindern, Alkohol- oder Drogenabhängigkeit in einer Ehe fortlaufend vorkommen, dann ist es an der Zeit, liebevoll aktiv zu werden.[6]

Solche Haltungen und Vorkommnisse werden sowohl uns selbst als auch unsere Ehe zerstören, wenn wir ihnen nicht Einhalt gebieten. Liebe gewährt Vergebung, aber manchmal bedeutet Liebe auch Konfrontation.

Lisa hatte sich nie gegen die Einschüchterungstaktiken ihres Mannes Martin zur Wehr gesetzt. Er setzte immer seinen Kopf durch, und sie verlor jegliches Selbstvertrauen. Nach acht Jahren Ehe entdeckte sie, dass ihr Mann eine Liebelei mit der Nachbarin hatte. Er versprach, die Beziehung zugunsten ihrer Ehe und der drei Kinder aufzugeben. Doch bei drei weiteren Gelegenheiten stellte sie fest, dass ihr Mann an der Affäre festhielt. Jedes Mal versicherte er ihr, er würde die Beziehung beenden. Schließlich zog sie eine Freundin zurate und wurde aktiv.

Sie erklärte ihrem Mann, dass er durch sein Verhalten ihr Vertrauen in die Beziehung verletzt habe und dass er ausziehen müsse. Sollte er weiterhin untreu sein, wäre ihre Ehe beendet. Wenn er jedoch durch sein Handeln und seine Worte deutlich machen würde, dass er zu seiner Frau zurückkommen wolle, dann bestünde noch eine Chance, die Ehe zu retten. Zum ersten Mal in ihrer Ehe stand Lisa klar für das ein, was sie als richtig ansah.

Als wir den beiden begegneten, lebten sie seit einigen Monaten getrennt. Martin hatte inzwischen den Wunsch geäußert, zu seiner Frau und seiner Familie zurückzukehren. Er respektierte Lisa jetzt mehr, seitdem sie so konsequent und entschieden gehandelt hatte. Er hatte erkannt, dass er sich nicht einfach mit allem so durchsetzen konnte, wie es ihm gerade in den Kram passte. Er musste sich zwischen seiner Liebschaft und seiner Familie entscheiden. Lisas Standhaftigkeit war ein effektiveres und liebevolleres Verhalten als ihre vorherige Unterwürfigkeit, denn dadurch gab es wieder Hoffnung auf Versöhnung und Wiederherstellung der Beziehung.

Geben Sie nicht zu schnell auf

Charlotte, die Bankangestellte, gab die Hoffnung nicht auf, dass ihr Mann John zu ihr zurückkehren würde. Schließlich teilte er ihr mit, dass er die Affäre beendet hatte und wieder zu ihr zurückkehren wolle. Charlotte erzählt:

Er stand zu seinem Entschluss, bei mir und den Kindern zu bleiben, doch er brauchte noch ein ganzes Jahr, bevor er zu Hause wieder glücklich war. Während dieser Zeit vermied er körperlichen Kontakt, sprach kaum mit mir, machte einen verärgerten Eindruck über seine Rückkehr und erzählte mir ständig, dass er immer noch in diese andere Frau verliebt sei.

Im Sommer nach seiner Rückkehr fuhr ich mit einem unserer Söhne in Urlaub und ließ unseren zweiten Sohn bei John zurück. Es waren wunderschöne Ferien und ich rief kein einziges Mal bei John an. Am fünften Tag jedoch meldete er sich und sagte, wie sehr wir ihm fehlen würden. Das war der Wendepunkt. Genau zwei Jahre nach seinem Auszug kam er zu mir zurück. Langsam fingen wir an, unsere Beziehung wieder aufzubauen.[7]

Wenn Sie oder Ihr Partner in eine Liebschaft verwickelt waren und nun darum kämpfen, Ihre Ehe wieder aufzubauen, empfehlen wir Ihnen, das Buch zu lesen, das wir in der Bibliografie am Ende des Buches unter der Rubrik »Eine Ehe wieder aufbauen« aufgeführt haben. Wir kennen mehrere Paare – einige von ihnen kommen in diesem Buch vor –, die nach einer außerehelichen Beziehung wieder zueinander gefunden haben und entschlossen sind, ihre Ehe zu pflegen und zu bewahren. Aber es ist wichtig zu begreifen, dass der Wiederaufbau von Vertrauen Zeit erfordert. Wer untreu war, kann nicht erwarten, dass der Partner sich so verhält, als sei nichts geschehen. Vielmehr muss der Betroffene viel Einfühlungsvermögen und Geduld aufbringen und das Spektrum der Gefühle verstehen (von Wut bis Angst), das dem betrogenen Partner vermutlich zu schaffen macht.

Manche müssen sich täglich zum Vergeben entschließen. Ein Mann, dessen Frau vor kurzem eine Affäre beendet hatte, erzählte uns, dass er jedes Mal während eines Streits denkt: »Mit welchem Recht widerspricht sie mir eigentlich, nach dem, was sie mir angetan hat?« Aber er weiß, dass Vergebung bedeutet, ihr nicht die Vergangenheit vorzuhalten. Er muss ihr und ihrer Ehe die Chance eines Neuanfangs geben. Währenddessen musste seine Frau lernen, sich von ihren Schuldgefühlen zu lösen, indem sie Gottes Vergebung und die ihres Mannes annimmt.

19 Das Sexualleben lebendig halten

Sexuelle Vereinigung bedeutet wahrheitsgemäß »Ich liebe dich«, und diese Botschaft kann so oft wie möglich wiederholt werden.[1]

Alan Storkey

Mangelerscheinungen in einem der Bereiche, die in diesem Buch behandelt werden, können eine Ehe gefährden, aber das Versäumnis, eine befriedigende sexuelle Beziehung aufzubauen, hat besonders schlimme Folgen. Unsere sexuellen Wünsche und Reaktionen sind sehr komplex. Auch die solidesten Ehen durchlaufen Phasen, in denen das sexuelle Verlangen abkühlt und Probleme auftauchen. Wir müssen dann sofort darüber reden und daran arbeiten. Wenn die sexuelle Intimität sich ganz allmählich aus unserer Ehe hinausschleicht, wird unsere Beziehung viel an Qualität verlieren.

Einige Paare erleben den Geschlechtsverkehr wegen körperlicher Einschränkungen als nicht sehr befriedigend. Aber die sexuelle Dimension ihrer Beziehung ist noch immer lebendig, und es gibt andere Möglichkeiten als die vollständige sexuelle Erfüllung, mit denen wir auf die Bedürfnisse unseres Partners nach Liebe und Zärtlichkeit in einer sexuell befriedigenden Weise antworten können.

Dieser Abschnitt ist kein umfassender Leitfaden für jede Art von Sexualproblemen. Wir beschäftigen uns hier nicht mit belastenden Themen wie sexuellem Missbrauch, Gewalt oder Homosexualität.

Wir werden auch nicht die Themen Unfruchtbarkeit, Fehlgeburt oder Abtreibung und ihre Folgen behandeln, die emotionale Narben, unterdrückte Trauer, nagende Schuldgefühle oder Angst und Verzweiflung hinterlassen.

Wir empfehlen, in einem solchen Fall mit jemandem zu sprechen, dem Sie vertrauen und der sich in diesen Themen auskennt. Ein Arzt oder Gemeindeleiter kann Ihnen sicher einen auf diese Bereiche spezialisierten Psychologen oder Therapeuten nennen. Am Ende dieses Buches befindet sich eine Liste von Büchern, die oben genannte Themen aus christlicher Sicht behandeln; es wird außerdem ein Verzeichnis von Organisationen aufgeführt, die spezielle Hilfen anbieten. Wenn Sie von einem der erwähnten Probleme betroffen sind, geben Sie nicht auf! Wir kennen viele Paare, die durch eine neue Entdeckung der Liebe und Macht Gottes Heilung für ihre Vergangenheit und Hoffnung für die Zukunft gefunden haben.

Die meisten Ehen werden ab und zu für Schwierigkeiten anfällig sein. Manche Paare bleiben in einem langweiligen Trott stecken, weil sie entweder nicht wissen, wie sie ihre Probleme lösen sollen oder weil sie einander nicht mehr nahe genug stehen, um die Schwierigkeiten gemeinsam anzugehen. Wir sind Paaren begegnet, die aus den eingefahrensten Spuren herausgefunden haben, indem sie sich schließlich mit ihrer Situation auseinander gesetzt und miteinander geredet haben und bereit waren, etwas zu verändern.

Im Folgenden gehen wir auf fünf übliche Gründe ein, die dazu beitragen können, dass die sexuelle Beziehung in einer Ehe schwierig wird, im Sande verläuft oder gar nicht vorhanden ist. Jedes dieser Probleme kann behandelt und ausgeräumt werden.

Ein schwaches Selbstwertgefühl

Unser Selbstwertgefühl und unsere Einstellung gegenüber unserem Körper wirken sich entscheidend auf unsere sexuellen Bedürfnisse aus. Im Hohelied wird ausführlich über die körperlichen Merkmale des Mannes und der Frau, die die gegenseitige Anziehungskraft ausmachen, berichtet (siehe Hohelied 1,15–16 und Kapitel 4,1–7). Die biblische Sicht vermittelt uns eine große Akzeptanz unseres eigenen Körpers und des Körpers unseres Partners. Gott hat uns nicht alle wie Topmannequins oder Superathleten geschaffen. Er machte jeden von uns einzigartig und verwendete eine unendliche Vielfalt. Er schuf uns groß oder klein, dick oder dünn, schwarz, braun oder weiß, und dazwischen existieren noch viele weitere Formen und Nuancen.

Heutzutage wird uns von den Medien diktiert, wie Schönheit zu sein hat. Einzelheiten ändern sich durch neue Mannequins, doch die Botschaft bleibt immer gleich: Man muss als Frau sehr schlank und als Mann sehr muskulös sein, um als schön zu gelten. Der Druck, einem bestimmten Modell zu entsprechen, wird von Frauen ganz besonders stark empfunden. Eine Studie ergab, dass über achtzig Prozent der Frauen in Großbritannien mit ihrem Körper unzufrieden sind und dass dreißig Prozent der Frauen Essstörungen haben. Immer mehr Frauen haben keine Ahnung von ihrem Normalgwicht und quälen sich mit einer Diät, die sie beinahe zum Verhungern zwingt. Wenn diese Frauen von der Diät abweichen, haben sie meistens mit Schuldgefühlen und Ablehnung sich selbst gegenüber zu kämpfen. Nehmen Sie bitte Hilfe in Anspruch, wenn Sie den Verdacht haben, zur Anorexie oder Bulimie zu neigen, oder wenn Sie sich durch ein übertriebenes Fitnessprogramm sklavisch zur Erhaltung ihres Körpergewichts verpflichtet fühlen (siehe Buchempfehlung am Ende dieses Buches).

Wir können uns dazu entschließen, uns selbst und einander zu helfen. Wir sollten nicht unseren Körper oder den Körper unseres Partners mit dem vergleichen, was momentan »angesagt« ist. Besonders eine Frau erlebt die Sexualität in Verbindung mit ihrem eigenen Körpergefühl. Ein negatives Bild des eigenen Körpers und mangelndes Selbstwertgefühl werden ihre Fähigkeit, erregt zu werden und einen sexuellen Höhepunkt zu erreichen, erheblich beeinträchtigen.

Jeder von uns kann zu einem positiven Selbstwertgefühl unseres Partners beitragen, indem wir ihm regelmäßig sagen, wie attraktiv und schön wir ihn finden. (Wenn wir das nicht tun, wird unser Partner vielleicht auf einen anderen Menschen hören, der ihm solche Dinge sagt, und wir setzen damit unsere Ehe aufs Spiel.) Es sollte eine unausgesprochene Regel zwischen den Partnern bestehen, dass sie sich keine Kritik den Körper des anderen betreffend erlauben und dass sie keine unangemessenen Erwartungen an das Aussehen des Partners stellen.

Gleichzeitig sollten wir uns aber um unser Äußeres kümmern, um für den anderen attraktiv zu bleiben – wie wir es zu Beginn unserer Beziehung getan haben. Ansonsten finden wir uns leicht in einem ungesunden Kreislauf von Gedanken wieder: »Mein Partner interessiert sich gar nicht mehr für mein Aussehen« oder: »Er sagt mir nie, wie attraktiv er mich findet« oder: »In letzter Zeit sagt sie mir nie mehr, dass sie mich begehrt.« Und dann verlieren wir das Selbstvertrauen und die Motivation, füreinander attraktiv zu sein; es scheint zu aufwändig und ohnehin unnötig zu sein. Aber unser Partner fühlte sich mit großer Wahrscheinlichkeit körperlich zu uns hingezogen, als wir geheiratet hatten, und wir können viel dafür tun, damit das so bleibt.

Wenn wir uns auf verbale und körperliche Weise zärtlich und leidenschaftlich lieben, wecken wir gegenseitig die Schönheit in uns. Wir haben häufig festgestellt, dass jemand, der sich geliebt *weiß*, tatsächlich schöner wird. Es gibt eine innere Schönheit, die nach außen leuchtet und auf unergründliche Weise das Äußere verändern kann. Schönheit gedeiht in einer liebenden Atmosphäre.

Nicht verarbeitete Gefühle

Sex ist keine Alternative zur Lösung von Problemen oder Konflikten. Nicht zum Ausdruck gebrachte Gefühle wie Angst, Misstrauen oder Ärger beeinflussen unsere sexuelle Intimität. Typischerweise gebraucht ein Mann den Sex dazu, um vorübergehend vor Schmerz oder Ärger zu flüchten, während eine Frau sich eher zurückzieht oder sogar »dicht macht«, wenn sie negative Gefühle mit sich herumträgt.

Mangelndes sexuelles Verlangen oder die Unfähigkeit, uns hundertprozentig hinzugeben, kann eine Folge unbearbeiteter Verletzungen innerhalb der Ehe oder früherer sexueller Beziehungen oder sogar unserer Kindheit sein. Beschäftigen Sie sich gegebenenfalls erneut mit Kapitel 12 und dem Prozess, über einander zugefügte Kränkungen zu reden, oder mit Kapitel 15, in dem es darum geht, negative Kindheitserfahrungen zu bewältigen. Viele Paare haben uns versichert, wie positiv sich ihre sexuelle Beziehung verändert hat, nachdem sie solche Probleme gemeinsam gelöst haben. Es wird neue Energie freigesetzt und man erfährt Intimität auf einer ganz neuen Ebene.

Körperliche Probleme

Es gibt drei körperliche Probleme, von denen viele Paare betroffen sind. Das erste Problem ist der fehlende sexuelle Höhepunkt (Orgasmus) der Frau. Das zweite Problem ist die Kontrolle des Mannes über den Samenerguss während der Erregungsphase der Frau; und drittens ist die Schwierigkeit des Mannes zu nennen, eine Erektion aufrechtzuerhalten beziehungsweise das Problem der Impotenz. Diese Probleme können durch ärztliche Informationen, einen darauf spezialisierten Therapeuten oder ein kompetentes Buch überwunden werden. Nur selten sind diese Schwierigkeiten auf eine Krankheit zurückzuführen. Fast alle Frauen sind körperlich dazu in der Lage, einen Orgasmus zu haben, und die meisten Männer können es lernen, wie man den Samenerguss kontrolliert. Impotenz ist keine hoffnungslose Sache, und in vielen Fällen kann dieses Problem durch Medikamente oder kompetenten Rat gelöst werden.

Ein hilfreiches Buch zur Überwindung der genannten physischen Probleme ist das aus medizinischer und christlicher Sicht geschriebene Buch *Hautnah* von Ed und Gaye Wheat. Darin werden allgemeine Ratschläge zur Entwicklung einer positiven sexuellen Beziehung gegeben, außerdem enthält das Buch detaillierte Beschreibungen von Möglichkeiten, einander in diesen drei Bereichen zu helfen.

Müdigkeit

Müdigkeit ist wahrscheinlich der häufigste Grund, der das Sexualleben eines Ehepaares einschränkt. Das kann in jeder Phase des Ehelebens vorkommen, sowohl in den ersten Monaten nach der Hochzeit, einige Jahre später in der Familienphase oder wenn eine berufliche Karriere immer höhere Anforderungen an einen oder beide Partner stellt. Egal, mit welcher Art von Stress wir zu tun haben, körperliche und geistige Erschöpfung führen in der Regel dazu, dass zuerst unser Sexualleben darunter leidet. Die Vernachlässigung dieses Lebensbereichs wird zu Beginn vielleicht kaum wahrgenommen, doch wenn wir nicht darauf achten, kann der Sex aus unserer Ehe verschwinden. Bill Hybels schreibt dazu:

Gott beruft uns dazu, als sexuelle Wesen in einer unvollkommenen Welt zu leben. Von der Eheschließung an nehmen die Anfangsromantik und die Hormone allmählich ab; die alltägliche Routine macht sich breit und erfordert Zeit, Energie und Pflichterfüllung. Es heißt nicht länger »du und ich«, sondern »du und ich plus die Kinder, der Beruf, der Hund, die Gemeinde, die Rechnungen und die kaputte Waschmaschine.«[2]

Müdigkeit führt häufig dazu, dass man abends den einfachsten Weg einschlägt und sich in den Sessel vor dem Fernseher fallen lässt und sich weder verbal noch körperlich um den Partner bemüht.

Es gibt kein einfaches Heilmittel für dieses Problem. Aber wenn wir die Gefahr für unser Sexualleben erkennen, haben wir schon den halben Kampf gewonnen. Einige Veränderungen in unserem Lebensstil können hilfreich sein. Seltsamerweise kann körperliche Bewegung dafür sorgen, dass wir weniger müde sind. Etliche Menschen treiben nur wenig oder gar keinen Sport. Wir sitzen den ganzen Tag im Auto oder am Schreibtisch. Sport ist jedoch in jeder Hinsicht gesund für uns (außer wenn er zwanghaft wird), und gerade der Genuss der sexuellen Beziehung kann dadurch erhöht werden. Wir haben mehr Energie, wenn wir uns körperlich betätigen. Es lohnt sich, eine Möglichkeit zu finden, die für Sie passend ist, zum Beispiel fünfzehn Minuten schnelles Gehen täglich oder Radfahren zum Arbeitsplatz.

Andere müssen klarere Grenzen zwischen ihrer Arbeit und ihrem Privatleben ziehen. Zeit für gemeinsame Entspannung und Romantik zu schaffen und eine wöchentliche »Ehezeit/Zeit zu zweit« einzuplanen kann dazu beitragen, dass wir nicht zu erschöpft füreinander sind.

Auf lange Sicht kann sich auch das Opfer lohnen, weniger Schlaf zu bekommen, wenn dadurch diese wichtige Dimension unserer Ehe lebendig erhalten wird.

Anpassung und Veränderung nach einer Entbindung

Während einer Schwangerschaft und um die Geburt eines Kindes herum ist eine Frau besonders verletzlich. Es ist unvermeidlich, dass das Sexualleben eines Ehepaares in dieser Zeit davon erheblich beeinflusst wird. Ein Ehemann muss dann mehr als sonst einfühlsam sein und seine Frau beschützen. Es gibt ein Sexualleben nach der Entbindung, aber selbstlose Liebe und Verständnis von beiden Partnern sind dazu notwendig.

Ein Ehemann muss die körperlichen Veränderungen, die sich für seine Frau vor, während und nach der Geburt eines Kindes ergeben, vollkommen respektieren. Nur dann kann er die erforderliche Zärtlichkeit geben und sich von seiner Frau anleiten lassen, wenn die Partner die sexuelle Beziehung wieder aufnehmen. Die Veränderungen der Vagina, die schwächere Gleitfähigkeit und mögliche Narben wegen eines Dammschnittes oder Risses müssen berücksichtigt werden.

Ein Ehemann muss eine Art Drahtseilakt bewältigen: Er darf nicht aus Angst, seiner Frau weh zu tun, überängstlich sein und sie gar nicht mehr berühren; er darf aber auch nicht zu sehr auf die Wiederaufnahme der sexuellen Beziehung drängen, bevor seine Frau dazu in der Lage ist.

Jedes Paar muss für sich entdecken, was gut für ihre Beziehung ist. Dazu sind Offenheit und Ehrlichkeit nötig, besonders von der Frau, die dem Mann sagen muss, wie sie sich körperlich und emotional fühlt. Das Stillen und die damit einhergehende Müdigkeit haben Einfluss auf die Libido einer Frau. Verzweifeln Sie nicht! Die Heilung wird sich einstellen. Beckenbodenübungen tun das Ihre dazu. Diese sollen nicht nur dafür sorgen, dass eine Frau nach der Entbindung ihren ursprünglichen Zustand zurückerhält, sondern auch dafür, dass sie weiterhin einen Orgasmus genießen kann (siehe das Buch *Hautnah* für weitere Einzelheiten über die Beckenmuskeln).

Für einige Zeit hat eine junge Mutter nicht besonders viel für Sex übrig, weil sie sehr eng mit dem Neugeborenen verbunden ist und das Baby umsorgt. Das ist ganz normal. Unnatürlich wird es erst, wenn die Mutterschaft als Entschuldigung für die Ablehnung des Geschlechtsverkehrs über mehrere Monate oder sogar Jahre benutzt wird. Eine Frau muss die Schwierigkeit verstehen, die ihr Mann durchmacht, wenn er die veränderte Rolle seiner Frau und Liebhaberin erlebt, die nun Mutter geworden ist. Auf ihre Brüste, die bisher nur für ihn da waren, erhebt nun plötzlich scheinbar jemand anders ein Monopol. Eine Frau muss ihrem Mann dabei helfen, sich an die neue Situation anzupassen und seine Vorstellung von ihr als sexuellem Wesen zu korrigieren.

Je mehr sich beide Partner mit dem Baby beschäftigen, das sie gezeugt haben, gemeinsam die Verantwortung tragen und den Umgang mit dem Baby lernen, desto näher werden sie sich kommen und desto stärker werden sie sich zueinander hingezogen fühlen. Wenn der Ehemann so weiterlebt wie bisher, kann die Ehefrau sich leicht isoliert fühlen. Für eine Frau ist ihr Mann vor allem dann begehrenswert, wenn er ihr in allem zur Seite steht, was das Neugeborene betrifft. Sie wird ihn dann in einem neuen Licht sehen, und das führt wiederum zu Intimität und sexueller Anziehung. Mehr denn je muss ein Paar in dieser Situation begreifen, was es bedeutet, sich einander liebevoll und fürsorglich beizustehen. Es ist nicht unüblich für eine Frau, erst nach rund einem Jahr wieder wie früher zum Sex bereit zu sein.

Wir sollten vorsichtig sein, wenn es darum geht, das Baby mit in unser Ehebett zu nehmen. Wenn ein Säugling noch sehr klein ist, scheint es die normalste Lösung zu sein, ihn während des nächtlichen Fütterns ins Bett zu holen. Doch auch in dieser frühen Phase mögen es viele Mütter lieber, aufzustehen und sich zum Stillen oder Füttern in einen Sessel zu setzen. Wenn die Säuglingsphase vorüber ist, wird es bald problematisch, ein Baby im Bett zu haben. Gewohnheiten sind bei kleinen Kindern schwer zu verändern, und wenn man das bei einem achtzehn Monate alten Kind versucht, wird dies für alle Beteiligten wahrscheinlich eine anstrengende Erfahrung sein. Ein Kind in Ihrem Bett oder in Ihrem Schlafzimmer wird Ihr Sexualleben ziemlich stören! Wir schlagen deshalb vor, dies gar nicht erst zur Gewohnheit werden zu lassen.

Die Geburt eines Kindes sollte nicht zu weniger sexuellem Genuss führen – ganz im Gegenteil –, denn ein Paar ermöglicht durch den Liebesakt das Wunder der Entstehung eines neuen Lebens.

Selbst wenn Sie alles unternehmen, damit gerade jetzt kein neues Wunder geschieht, bleibt doch das Gefühl, dass das Wunder der Entstehung von neuem Leben überhaupt möglich ist. Es ist eine ganz außergewöhnliche Tatsache, dass Sex nach der Geburt eines Kindes besser ist als vorher. Männer und Frauen, die dies erleben, bleiben zusammen. Diejenigen, die es nicht begreifen – die Frauen, die sexuell völlig abkühlen oder sich nur widerwillig hingeben, und die Männer, die nicht differenzieren können und sich über die Gewichtszunahme und die Müdigkeit der zur Mutter gewordenen Frau beschweren – werden mit großer Wahrscheinlichkeit in ein fürchterliches Chaos von Affären und Entfremdung geraten. Sie haben die Wahl. Seien Sie bereit, die Veränderungen zu akzeptieren, so wie der Frühling zum Sommer wird und später zum Herbst. Wie in so vielen Bereichen des Familienlebens gilt, dass Sie nicht alles gleichzeitig haben können, aber mit Geduld und Humor können Sie einen großen Gewinn machen.[3]

Abschnitt 7 – ein erfülltes Liebesleben

Schlussfolgerung

Wir werden in unserer Kultur mit etlichen falschen Informationen über Sex vor der Ehe bombardiert: »Mach es mit vielen verschiedenen Partnern; so wirst du ein reiferer Mensch und ein besserer Liebhaber«; »Sex ist nur eine Möglichkeit, sich zu amüsieren. Es ist toll, also tu's!«; »Wenn ihr euch liebt, schlaft miteinander. Ihr braucht damit nicht bis zur Ehe zu warten.«

Und dann gibt es noch die Lügen über Sex *in* der Ehe: »Heirate jemanden, zu dem du dich körperlich hingezogen fühlst, und dein Sexualleben wird sofort atemberaubend sein.«; »Rechne nicht damit, mit demselben Partner ein Leben lang sexuelle Erfüllung zu finden. Experimentiere. Lass deiner Phantasie freien Lauf. Flirte mit anderen. Sei realistisch. Sex verflacht immer irgendwann.«

Man kann sich so leicht von solchen Aussagen verwirren lassen. Die Wahrheit lautet jedoch, dass Gott uns die Sexualität als Geschenk der Liebe gegeben hat. Unzählige Paare haben erfahren, dass der beste Sex *innerhalb* einer liebevollen Ehe erlebt wird. Eine solche sexuelle Beziehung geht weit über rein körperliche Befriedigung hinaus. Sie schafft ein starkes emotionales, seelisches und sogar geistliches Band, wo die Liebe in einer Form ausgedrückt wird, die über Worte weit hinausgeht. Unsere sexuelle Beziehung kann im Laufe der Jahre unserer Ehe ein zärtlicher, regelmäßiger und leidenschaftlicher Ausdruck unserer Liebe sein.

Wenn Sex falsch ausgelebt wird, werden wir tief verletzt und fühlen uns isoliert; wenn wir ihn uns in richtiger Weise schenken, kann er uns auf Gipfel der Zweisamkeit und zu ekstatischer Freude führen.

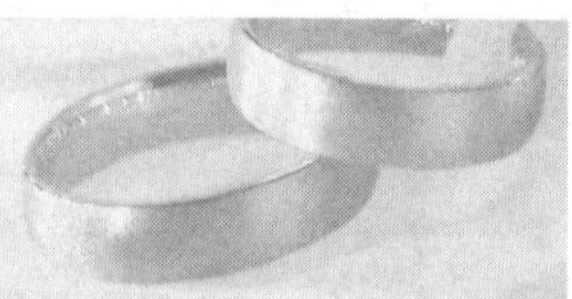

Siebte Goldene Eheregel

Vernachlässigen Sie nicht die sexuelle Intimität.

Epilog

20 Die Gelegenheit für ein ganzes Leben

»Ein Seil aus drei Schnüren reißt nicht so schnell.«

Prediger 4,12

Ein älteres Ehepaar feierte seine Platinhochzeit (70 Jahre). Ein Radioreporter wurde zu dem Paar geschickt, um über den Anlass zu berichten, und er strengte sich an, damit der alte Mann (er war sehr schwerhörig) seine Fragen verstand. »Siebzig Jahre sind eine sehr lange Zeit,« schrie er ihm ins Ohr, »Haben Sie je an Scheidung gedacht?« Der alte Mann dachte über die Frage nach. Dann antwortete er: »Scheidung? Nein, ich kann nicht sagen, dass ich je daran gedacht hätte. Aber wenn ich ehrlich bin, habe ich manchmal an Mord gedacht!«[1]

Das Geheimnis einer langen, glücklichen Ehe finden wir nach den Worten des Psalmbeters dort, »wo Liebe und Treue zusammenkommen« (Psalm 85,11). Sie kennen hoffentlich Paare, die seit fünfundzwanzig oder mehr Jahren verheiratet sind und deren Existenzen sich zu einer intensiven Abhängigkeit voneinander verwoben haben.

Sie haben im Laufe der Jahre ein tiefes Verständnis der Bedürfnisse und Wünsche des jeweils anderen entwickelt; ihre Liebe ist gereift und ständig gewachsen; sie haben gemeinsam den Stürmen, Enttäuschungen und Tragödien des Lebens getrotzt; sie schätzen die Stärken und akzeptieren die Schwächen ihres Partners; sie haben gelernt, sich für egoistisches Verhalten zu entschuldigen und einander zu vergeben; sie haben sich in der körperlich anstrengenden Zeit der Kleinkindererziehung und in der emotional erschöpfenden Teenagerphase ihrer Kinder unterstützt; nun genießen sie die neuen Möglichkeiten der Zweisamkeit, die sich durch das »leere Nest« ergeben.

In einer solchen Ehe sind Liebe und Treue vorhanden; Gott wollte, dass die Ehe in einem solchen Sinn eine große Segnung für die Menschheit ist. Hier liegt das Potenzial für Ihre und für unsere Ehe.

Wir wurden von dem Gott, der Liebe ist, für die Liebe geschaffen. Wir sind zur Freundschaft, Gemeinsamkeit, romantischen Liebe und sexuellen Liebe fähig. Wir wurden so geschaffen, dass wir Liebe empfinden und Liebe geben können. Außerdem wurde es uns durch Gott, der seine Versprechen erfüllt, ermöglicht, treu zu sein. Wir können uns durch seine Hilfe verbindlich engagieren, und wir sind dazu in der Lage, uns für Ehrlichkeit und Treue zu entscheiden.

Liebe verbunden mit Treue ist die stärkste Kraft des Guten in der Welt, und Gott hat es so vorgesehen, dass diese Kombination im Zentrum der Ehe steht. Mit den Worten von Martin Luther King ausgedrückt, ist diese Liebe »die anhaltendste Kraft der Welt. Sie ist der Schlüssel, der die Tür zur letzten Realität öffnet.«

Viele Menschen fragen sich, warum die Ehe heutzutage in solchen Schwierigkeiten steckt. Die entscheidende Ursache liegt in der Trennung von Liebe und Treue. Eine verpflichtende Bindung ist nicht mehr modern. Liebe *ohne* Treue ist unbeständig, verletzend und schmerzhaft – bestenfalls ist sie nur eine körperliche Schwärmerei, die so schnell verfliegt, wie sie gekommen ist.

Neben dem Humor (und trotz der vielfachen Hochzeiten) ist der Höhepunkt des Films *Vier Hochzeiten und ein Todesfall* eine zutreffende Beschreibung der in unserer westlichen Gesellschaft verbreiteten Bindungsangst. Am Anfang des Films beginnt der Protagonist Charles seine Rede bei der Hochzeit seines besten Freundes folgendermaßen: »Ich habe natürlich gewaltigen Respekt vor jemandem, der eine Bindung wie diese eingehen kann.« Der Film endet mit einer Szene, in der Charles der Heldin Carrie einen lahmen »Nicht-Antrag« macht. Die letzten Bilder lassen ahnen, dass beide danach glücklich miteinander lebten.

Im wirklichen Leben beruhen Beziehungen jedoch auf Engagement und Verpflichtung. Tom Marshall schreibt in seinem Buch *Right Relationships* (Gute Beziehungen): »Nähe birgt die Gefahr, verletzt zu werden, und setzt daher eine verpflichtende Bindung voraus um Sicherheit zu gewähren ... Es ist heutzutage tragisch, dass sich die Menschen sehr nach Intimität sehnen, aber vor einer Bindung solche Angst haben, dass sie in losen Beziehungen Nähe suchen und immer wieder furchtbaren Schmerz ernten.«[2]

Aus biblischer Sicht ist die Ehe ein Bündnis, bei dem sich Mann und Frau ein verbindliches Versprechen geben. Einige Paare, die unverheiratet zusammenleben, behaupten – vielleicht zu Recht – dass sie stärker aneinander gebunden sind als manche Ehepaare, die sie kennen. Es ist sicherlich besser, sich zu achtzig Prozent zu verpflichten als zu sechzig Prozent. Aber das ist hier nicht die Frage. In der Ehe geht es um eine hundertprozentige Bindung in dem Bewusstsein, dass unser Partner nicht einfach gehen wird, wenn es zu ernsthaften Meinungsverschiedenheiten kommt oder wenn die sexuelle Beziehung nicht mehr zufriedenstellend läuft. Nur auf diese Weise kann echtes Vertrauen aufgebaut werden.

Innerhalb eines solchen Bündnisses gibt es eine sichere Grundlage, auf der man eine tragfähige und intime Beziehung aufbauen kann. Ohne eine solche Bindung wird jeder Partner manches zurückhalten, um sich Enttäuschungen zu ersparen. Eine Bindung vermittelt Sicherheit und ermöglicht Vertrauen: Es gibt keine Situation, die nicht gemeinsam bewältigt werden kann.

Treue Liebe erfordert von uns, dass wir gegen den Strom schwimmen. Die langfristige Perspektive einer Beziehung verlangt mehr von uns als die kurzfristige Erfüllung unserer Bedürfnisse. Für manche Paare ist das erste Ehejahr oder sogar der Hochzeitsurlaub ein Kampf. Täglich geraten sie durch die erforderliche Anpassung in Versuchung, zurückzublicken und ihre Entscheidung in Frage zu stellen. Mike Mason zeichnet ein realistisches Bild von der Entscheidung zur Ehe:

Eine Ehe ... kann mit einem großen Baum verglichen werden, der geradewegs durch die Mitte eines Wohnzimmers in die Höhe wächst. Er ist einfach da in seiner enormen Größe, und alles muss drum herum aufgestellt werden, und jedes Mal, wenn man zum Kühlschrank, ins Bett, ins Badezimmer oder aus dem Haus gehen will, muss der Baum berücksichtigt werden. Man kann nicht durch ihn hindurchgehen; man muss sorgfältig um ihn herumgehen. Er ist größer und stärker als man selbst. Natürlich könnte man ihn fällen, aber dann würde das Haus gespalten werden. Und natürlich ist er wunderschön, einzigartig und exotisch; aber – seien wir ehrlich – manchmal ist er auch äußerst lästig.[3]

Treue Liebe bedeutet, dass wir zu Veränderungen und zur Anpassung bereit sind. Ein Vater, dessen Tochter Geige spielte, sah ein teures Instrument in einem Trödelladen zu einem sehr günstigen Preis. Er war begeistert von seiner Entdeckung – bis er feststellte, dass die Stimmknöpfe sich nicht mehr bewegen ließen. Jemand hatte sie festgeklebt. Natürlich war die Geige mittlerweile verstimmt. Das Stimmen des Instruments ist eine wichtige Routinehandlung für jeden Musiker. Und mit der Ehe verhält es sich genauso – wir müssen uns immer wieder durch Anpassung aufeinander einstimmen.

Für viele Menschen ist das wichtigste Ziel, das sie in ihrem Leben anstreben, das Führen einer von Liebe bestimmten Ehe. Ihre Kinder werden von der Sicherheit und Geborgenheit eines Zuhauses profitieren, das von Liebe und Stabilität geprägt ist. Ihre Freunde werden von der Wärme ihrer Liebe berührt werden. Das Berufsumfeld später wird durch ihren Beitrag angenehmer und gesünder werden. Barbara Bush, die ehemalige First Lady der Vereinigten Staaten, sagte in ihrer Ansprache vor Studenten am Wellesley College, die ihren Studienabschluss geschafft hatten:

Genauso wichtig wie eure Verpflichtungen als Arzt, Anwalt oder Geschäftsführer ist die Tatsache, dass ihr in erster Linie Menschen seid; und die Beziehungen – zu eurem Ehepartner, zu euren Kindern und Freunden – sind die wichtigste Investition, die ihr je machen werdet. Am Ende eures Lebens werdet ihr nicht bedauern, dass ihr nicht noch eine weitere Prüfung bestanden, nicht noch einen weiteren Fall gewonnen oder noch ein weiteres Geschäft abgeschlossen habt, sondern ihr werdet es bedauern, nicht mehr Zeit mit eurem Ehepartner, mit euren Kindern, mit einem Freund oder einem Verwandten verbracht zu haben ... Unser Erfolg als Gesellschaft hängt nicht davon ab, was im Weißen Haus geschieht, sondern davon, was in eurem Zuhause abläuft.[4]

Der Aufbau einer tragfähigen Ehe wird nicht nur reichlich belohnt, sondern erfüllt auch eine heilige und edle Absicht Gottes mit uns. Pastor Dietrich Bonhoeffer, der während des Zweiten Weltkriegs wegen seines Widerstands gegen das Regime von den Nazis hingerichtet wurde, schrieb am Vorabend ihrer Hochzeit aus dem Gefängnis einen Brief an seine Nichte:

Ehe ist mehr als eure Liebe zueinander. Sie hat höhere Würde und Gewalt; denn sie ist Gottes heilige Stiftung, durch die er die Menschen bis ans Ende der Tage erhalten will. In eurer Liebe seht ihr euch beide nur allein auf der Welt, in der Ehe seid ihr ein Glied in der Kette der Geschlechter, die Gott zu seiner Ehre kommen und vergehen lässt und zu seinem Reich ruft; in eurer Liebe seht ihr nur den Himmel eures eigenen Glückes, durch die Ehe seid ihr verantwortlich in die Welt und die Ver-

antwortung der Menschen hineingestellt; eure Liebe gehört euch allein und persönlich, die Ehe ist etwas Überpersönliches, sie ist ein Stand, ein Amt.[5]

In der Bibel wird die Ehe als Verpflichtung betrachtet, unser Leben aus Liebe für den anderen hinzugeben. »Ihr Männer liebet eure Frauen so, wie Christus seine Gemeinde geliebt hat. Er hat sein Leben für sie gegeben ...« (Epheser 5,25). Das Beispiel der Liebe Christi zu uns ist unser Modell für die Liebe zu unserem Ehepartner.

Wenn wir heiraten, geben wir uns einander voll und ganz hin. Unsere sexuelle Beziehung, die der zentrale Akt der Ehe ist, stellt nur eine andere Form dieser Hingabe dar. Diese völlige Hingabe ist der spirituellen Begeisterung und Nähe, die wir eines Tages im Himmel mit Gott erleben werden, am nächsten. So hat uns Christus geliebt. Er hat sich ganz für uns hingegeben und nichts ausgeschlossen.[6]

An unserem Hochzeitstag wurden die beiden Fäden unseres bis dahin getrennten Lebens verknüpft, und während des Ehelebens verbinden sie sich immer mehr und bilden eine Einheit. Doch wie können die Fäden harmonisch zusammengehalten werden, ohne sich zu verwirren, auszufransen oder gar zu trennen? Was sollen wir tun, wenn die Liebe in der harten Alltagswirklichkeit auszutrocknen oder abzukühlen droht? Was ist nötig, wenn wir nicht die Ressourcen oder den Willen finden, unseren Ehepartner weiterhin zu lieben? Gibt es Antworten auf diese Fragen?

Wir glauben, dass die einzige sichere Antwort außerhalb von uns selbst zu finden ist: »Ein Seil aus drei Schnüren reißt nicht so schnell«, steht im Alten Testament (Prediger 4,12). Es gibt eine dritte Schnur, eine dritte Person in der Ehe. Es ist Jesus Christus, der unsere Beziehung von innen heraus nährt und erhält, sodass wir uns nicht allein auf unseren menschlichen Willen und unsere Kraft zu verlassen brauchen. Er ist die unsichtbare dritte Schnur, die die zweifache Schnur der menschlichen Beziehung zur starken dreifachen Schnur verwandelt, die Gottes Hände verwoben haben.

Herr, mache mich zum Werkzeug deines Friedens,
dass ich Liebe übe, wo man hasst,
dass ich verzeihe, wo man mich beleidigt,
dass ich verbinde, wo Streit ist,
dass ich Hoffnung wecke, wo Verzweiflung quält,
dass ich Licht anzünde, wo die Finsternis regiert,
dass ich Freude bringe, wo der Kummer wohnt.
Ach Herr, lass mich trachten,
nicht danach, getröstet zu werden, sondern dass ich verstehe,
nicht dass ich geliebt werde, sondern dass ich liebe.
Wer sich selbst vergisst, der findet,
wer vergibt, dem wird vergeben,
und wer stirbt, der erwacht zum ewigen Leben.

Gebet von Franz von Assisi (1182–1226)

Anhang

1 Bereit zur Ehe?

Woher wissen wir, ob wir wirklich zusammengehören? Bin ich dabei, einen furchtbaren Fehler zu begehen? Was passiert, wenn wir nicht zueinander passen? Wenn ich Zweifel habe, sollte ich ihn oder sie dann lieber nicht heiraten? Wenn wir über die Ehe nachdenken, sind diese oder ähnliche Fragen durchaus denkbar. Wir müssen uns ihnen ehrlich stellen.

In diesem Anhang finden Sie *sieben Liebestests*, die Ihnen dabei helfen sollen herauszufinden, ob bei Ihnen die nötigen Grundlagen für den Aufbau einer tragfähigen Ehe vorhanden sind.[1] Diese Tests sollen nicht nur zeigen, ob wir zusammenpassen, sondern auch, ob wir für die Ehe bereit sind. Eine Ehe muss tiefere Voraussetzungen als nur Schwärmerei aufweisen. Gefühle der »Verliebtheit« werden eine Ehe nicht ein Leben lang tragen. Schwärmerei verfliegt, aber die nachfolgend genannten sieben Aspekte der Liebe können im Laufe der Jahre wachsen.

Test 1: Möchte ich den Rest meines Lebens mit dieser Person verbringen?

Ehe bedeutet, dass zwei individuelle Persönlichkeiten, die bisher ein individuelles Leben geführt haben, zusammenkommen und alles miteinander teilen. Erfüllt mich dieser Gedanke mit Begeisterung oder mit Unsicherheit?

Wenn wir heiraten, können wir nicht wie zwei voneinander unabhängige Personen im gleichen Haus leben, das gleiche Bett benutzen und einfach mehr Zeit als zuvor miteinander verbringen. Es geht vielmehr darum, unser ganzes Leben mit unserem Ehepartner zu teilen.

Bin ich bereit, meine Zeit mit meinem Partner zu teilen? Ich war es bisher gewohnt, meinen Tag nach meinen eigenen Vorstellungen einzuteilen. Nun müssen wir *unseren* Zeitplan gemeinsam ausarbeiten. Ehe bedeutet nicht, dass man jede Minute gemeinsam verbringen muss, aber wir müssen den Partner immer bei unseren Plänen mit berücksichtigen.

Bin ich bereit, mein Geld mit meinem Partner zu teilen? Kann ich aufrichtig sagen: »Alles was mir gehört, gehört nun auch dir«? In der Ehe gibt es nichts, das mir allein gehört, denn wir haben versprochen, »dass ich alle weltlichen Güter mit dir teilen will«. Alles, was ich besitze, ob viel oder wenig, Wertgegenstände oder Ideelles, muss mit meinem Partner geteilt werden. Bin ich dazu bereit?

Test 2: Schöpfe ich Kraft aus unserer Liebe oder zehrt sie an meinen Kräften?

Wenn eine Beziehung gesund ist, fühlt man sich lebendiger und ist motiviert, sein ganzes Potenzial auszuleben. Die Liebe unseres Partners sollte uns dazu freisetzen, die Persönlichkeit zu sein, die wir wirklich sind (so, wie Gott uns geschaffen hat). Die Ehe kann befreiend sein – auch wenn viele Menschen genau das Gegenteil annehmen. In einer tragfähigen Ehe können wir die Erfahrung machen, dass unser Leben durch die Liebe unseres Partners erneuert wird.

Unsere engsten Freunde oder Mitglieder unserer Familie sind häufig diejenigen, die am zutreffendsten einschätzen können, wie sich unsere Beziehung auf uns auswirkt. Wenn wir das Beste in unserem Partner hervorbringen und er umgekehrt das Gleiche tut, dann suchen andere Menschen unsere Nähe. Bewirkt unsere Beziehung, dass wir in unserer Persönlichkeit wachsen?

Dieser zweite Test soll zeigen, ob unsere Liebe uns motiviert, herausfordert und inspiriert. Etliche Paare werden allein von dem Bemühen aufgezehrt, die Beziehung aufrechtzuerhalten, und sie haben das Gefühl, in der Falle zu sitzen. Das ist keine gesunde Grundlage für eine Ehe.

Test 3: Achte ich diese Person?

Es gab mehrere Gründe, warum wir uns voneinander angezogen gefühlt haben. Doch Respekt und Achtung gehen viel tiefer als reine Anziehungskraft.

Respektiere ich den Charakter des anderen? Wir entdecken den Charakter einer Person, wenn wir beobachten, wie sie sich anderen gegenüber verhält: wie sie ältere und jüngere Menschen behandelt, wie sie mit ihrer Familie und ihren Freunden umgeht oder wie sie auf solche Menschen reagiert, die einer anderen Rasse oder einem anderen Kulturkreis angehören. Kann ich Freundlichkeit, Mitleid, Mut, Durchhaltevermögen, Geduld, Beständigkeit oder andere Qualitäten, die wichtig sind, erkennen?

Respektiere ich die Ansichten dieser Person? Wie denke ich über ihre großen oder kleinen Entscheidungen in Bezug auf die berufliche

Laufbahn, Geld oder Familie? Passen wir in unserem Glauben und unseren Werten zueinander? Es wäre sehr unklug, jemanden zu heiraten, der in den Bereichen, die uns besonders am Herzen liegen, völlig andere Ansichten vertritt. Stimmen wir zum Beispiel in Fragen des Glaubens, der Ethik und Kindererziehung überein? Wenn uns klar wird, dass unser Partner keine Kinder möchte, kann das eine sehr schmerzliche Entdeckung sein, die sich auf unser ganzes restliches Leben auswirken kann.

Wenn Sie Christ sind, ist das Gebot der Bibel, »nicht in einem ungleichen Joch mit Ungläubigen« zu sein (2. Korinther 6,14, Elberfelder Übersetzung) ein wichtiger Hinweis. Möchte diese Person Gott in jedem Bereich ihres Lebens folgen und dienen? Wird Gott als derjenige betrachtet, der einen Plan und ein Ziel für das Leben (und damit für Ihr gemeinsames Leben) hat?

Kann ich ehrlich sagen: »Ich wäre stolz, mit dieser Person verheiratet zu sein?« Und eine weitere Frage kann Aufschluss geben: »Möchte ich, dass diese Person die Mutter beziehungsweise der Vater meiner Kinder wird?«

Test 4: Akzeptiere ich diese Person so wie sie ist?

Niemand von uns ist perfekt. Wir haben alle unsere Schwächen und schlechten Angewohnheiten. Wir müssen sicher sein, dass wir mit dieser Person leben und sie lieben können, auch wenn sich nichts an diesen negativen Dingen ändert. Wir sollten nicht mit der Hoffnung heiraten, dass sich dieses oder jenes bei unserem Partner ändern wird, wenn wir erst verheiratet sind. Das führt in aller Regel zu Enttäuschungen.

Test 5: Sind wir dazu in der Lage, unsere Fehler zuzugeben, um Vergebung zu bitten und einander zu vergeben?

Meinungsverschiedenheiten und negative Gefühle gehören automatisch zu jeder engen Beziehung. John Gray schreibt in seinem Buch *Men are from Mars, Women are from Venus* (Männer sind anders. Frauen auch.): »Manche Menschen streiten sich ständig, und ihre Liebe stirbt allmählich. Andere unterdrücken ihre wahren Gefühle, um Konflikte und Auseinandersetzungen zu vermeiden. Dadurch kühlen aber auch ihre liebevollen Gefühle ab. Ein Paar führt Krieg, ein anderes führt einen kalten Krieg.«[2]

Keiner dieser Ansätze ist sinnvoll. Wenn wir einander verletzen, müssen wir bereit sein, offen darüber zu reden, unseren Stolz zu überwinden, uns zu entschuldigen und zu vergeben. Voraussetzung dazu ist eine gute Kommunikation. Tragen wir als Paar Meinungsverschiedenheiten konstruktiv aus? Bei diesem Test geht es nicht darum, ob

Konflikte existieren oder nicht, sondern um die Fähigkeit, diese zu lösen.

Test 6: Haben wir gemeinsame Interessen, die eine Grundlage für Freundschaft bilden?

Freundschaft entsteht zwischen Menschen, die Dinge gemeinsam tun. »Gemeinsame Zeit, gemeinsame Aktivitäten, gemeinsame Interessen und gemeinsame Erfahrungen führen zu gemeinsamen Gefühlen und zu Vertrauen.«[3] Haben wir etwas entdeckt, das wir beide gern machen? Macht es uns überhaupt Spaß, Dinge gemeinsam zu tun? Es ist wichtig, gemeinsame Aktivitäten auch in der Ehe fortzusetzen, um eine wachsende Freundschaft zwischen uns aufzubauen.

Test 7: Haben wir schon alle Jahreszeiten und eine Vielzahl von Situationen miteinander erlebt?

Haben wir uns im Sommer und im Winter gesehen – sowohl in Shorts als auch im Wintermantel? Oder sind wir uns nur mit gewaschenem Haar und zum Ausgehen hergerichtet begegnet? Kennen wir die Person als Ganzes? Haben wir uns nur erlebt, wenn alles gut lief, oder auch in schwierigen Situationen? Wie reagieren wir unter Stress oder in einer Krise?

Manche Menschen beeilen sich mit der Heirat, weil sie durch eine vorangegangene Beziehung oder ein tragisches Erlebnis in ihrem Leben verletzt wurden. Heirat als Flucht vor Kummer ist eine sehr unsichere Grundlage für eine Beziehung. Nur wenn wir bereits ausreichend Zeit miteinander verbracht haben, erkennen wir, wie ein Mensch wirklich ist. Jemand drückte es so aus: »Liebe ist das, was man mit einer anderen Person durchlebt hat.«

Wir haben glücklich verheiratete Freunde, die alle sieben Tests positiv beantworten könnten, aber an ihrem Hochzeitstag haben sie noch mit Zweifeln gekämpft.

Wir kennen auch solche, die nur wenige Wochen oder sogar Tage vor der Hochzeit ihre Beziehung beendet haben. Einige haben später jemand anderen geheiratet oder sind Single geblieben. Sie haben ihre Entscheidung nicht bereut. Es ist weitaus besser, allein und unabhängig zu bleiben und die Freiheit zu nutzen, um Gott zu dienen und uns voll zu entfalten und viele Freundschaften zu entwickeln, als unter den Folgen einer schlechten Partnerwahl zu leiden.

2 Verlobung, Sex und Flitterwochen

Verlobungszeit

Die Verlobung ist eine Zeit der Vorbereitung – nicht nur auf die Hochzeit, sondern auch auf die Ehe. In dieser Zeit können wir unsere Freundschaft entwickeln, uns besser verstehen lernen und vor allem die Erwartungen kennen lernen, die jeder von uns an das Eheleben stellt. Wir hoffen, dass die Beschäftigung mit diesem Buch dabei eine Hilfe bietet. Spannungen und Missverständnisse sind dabei ganz normal und häufig wirken die Planungen für die Hochzeit wie ein Katalysator. Meinungsverschiedenheiten zu bewältigen ist ein sehr wichtiger Teil der Vorbereitung auf die Ehe.

Sexuelle Grenzen während der Verlobungszeit

Die Verlobungszeit ist auch die Phase, in der wir lernen, die Kontrolle über unsere sexuellen Wünsche zu behalten. Gott hat es so vorgesehen, dass die erste sexuelle Vereinigung *nach* dem Aussprechen des Ehegelöbnisses folgt. Mike Mason schreibt über den Geschlechtsverkehr:

Der Geschlechtsverkehr ist eine Geste, die vollkommenes Vertrauen und völlige Hingabe symbolisiert und deshalb einen geschützten Rahmen braucht, in der die körperliche Vereinigung stattfinden kann. Dazu ist die größte Sicherheit einer festen Bindung erforderlich, die zwei Menschen eingehen können, nämlich die liebende Verbindlichkeit der Ehe.[1]

Einige Menschen behaupten, dass man vor der Eheschließung herausfinden sollte, ob man sexuell zueinander passt. Doch es ist kein anständiger Test, auf einer Versuchsbasis miteinander zu leben.

Im Juli 1998 sandte die vom Unterhaus in England eingesetzte *The Family and Child Protection Group* (Gruppe zum Schutz der Familie und des Kindes) einen Bericht mit dem Titel »Familienangelegenheiten« an den Innenminister. Die Gruppe hatte herausgefunden, dass »das Zusammenleben ohne Trauschein nach Angaben der großen Mehrheit der Betroffenen keine sichere Beziehung gewährleistet«. Die Scheidungsrate unter Paaren, die vor der Ehe zusammenlebten, ist fast doppelt so hoch wie die Scheidungsrate unter solchen, die vorher nicht zusammenlebten.

Dafür gibt es einen Grund – eine sexuelle Beziehung macht uns verwundbar. Diese Bereitschaft zur Verwundbarkeit braucht Vertrauen; ein Vertrauen, das nur im Rahmen des Eheversprechens wirklich existieren kann. Innerhalb einer Beziehung, die sich durch echte Bindung und Verpflichtung auszeichnet, sind wir frei, uns einander ohne Vorbehalte hinzugeben. Weder die sexuelle Erfahrung noch Talent auf diesem Gebiet oder die richtige Chemie sind von Bedeutung; der beste Sex wächst durch engagierte und aufopfernde Liebe.

Der dreimal wiederholte Refrain im Hohelied weist auf die Notwendigkeit hin, das sexuelle Begehren bis zum richtigen Moment zu beherrschen: »Ich beschwöre euch, Töchter Jerusalems, ... dass ihr nicht wecket noch aufwecket die Liebe, bis es ihr gefällt!« (Hohelied 2,7; 3,5; 8,4, Elberfelder Übersetzung). Weil das sexuelle Begehren so stark ist, haben wir die gegenseitige Verantwortung, einander nicht über die Grenzen unserer Selbstkontrolle hinaus zu erregen oder »aufzuwecken«. Wir persönlich haben in den vier Jahren unserer Verlobungszeit sehr viel über den Wert sexueller Grenzen gelernt.

Nicky: *Nachdem wir uns sechzehn Monate lang kannten, waren wir sehr verliebt und intensiv miteinander verbunden. Es wäre natürlich gewesen, nun miteinander zu schlafen.*

Sila: *Ich war achtzehn Jahre alt und unabhängig und ich liebte Nicky so sehr, wie ich es mir intensiver nicht vorstellen konnte. Rückblickend erkenne ich, dass unsere Beziehung zu intensiv wurde, als wir anfingen, miteinander zu schlafen, und dass sich sogar – obwohl ziemlich tief vergraben – Schuldgefühle einstellten. Ich kannte die Ansicht meiner Eltern über außerehelichen Sex, aber ich tat sie als ein traditionelles christliches Prinzip ab, das keine Bedeutung für mich hatte.*

Meine Liebe zu Nicky war anders. Unsere Beziehung war ernsthaft, und schließlich hüpfte ich nicht mit jedem Mann ins Bett. Für mich war es der normalste und natürlichste Weg, meine überwältigende Liebe zu ihm auszudrücken. Ich redete mir selbst diese Argumente ein, weil ich mich davon überzeugen wollte.

Als Nicky und ich 1974 über den christlichen Glauben zu diskutieren begannen, war mir anfangs nicht wirklich klar, welche Folgen dies für unsere Beziehung haben würde.

Nicky: *Während ich immer mehr über den christlichen Glauben nachdachte und entdeckte, sagte mir mein Gewissen, dass eine Hingabe an Jesus Christus auch bedeuten würde, dass ich vor der Ehe keinen Geschlechtsverkehr mehr haben dürfte. Ich hatte Sorge, dass wir dadurch vielleicht auseinander driften würden. Daher behielt ich diese Gedanken so lange wie möglich für mich, ohne Sila davon zu erzählen.*

Irgendwann kam der Punkt, an dem ich eine Entscheidung treffen musste, und ich schrieb eine Art Gebet nieder: »Gott, ich glaube, dass du da bist. Ich denke, dass ich an Jesus Christus als den Sohn Gottes glaube und dass er aus den Toten auferstanden ist, und daher muss ich eine Entscheidung für dich treffen. Aber ich habe keine Kraft dazu, bevor du Sila nicht genauso überzeugst.«

Sila: *Als David MacInnes über Jesus Christus sprach, fiel mir auf, dass er so redete, als ob er ihn persönlich kennen würde – so wie ich Nicky kannte. Das war eine regelrechte Offenbarung für mich. Schrittweise begriff ich, dass sich durch eine Entscheidung für Christus bestimmte Bereiche meines Lebens verändern würden, auch meine sexuelle Beziehung zu Nicky. Niemand hatte mit uns darüber gesprochen. Es war ein allmählich wachsendes Bewusstsein, das zu einer klaren Überzeugung führte, welcher Weg der beste für uns beide wäre. An dem Abend, als wir beide die Entscheidung trafen, ab jetzt mit Gott zu leben, wussten wir, dass wir bis zur Hochzeit warten mussten, bevor wir wieder miteinander schlafen konnten.*

Nicky: *In den darauf folgenden Wochen merkten wir, dass das Schlafen im gleichen Bett ohne Sex für uns zu schwierig wurde, also schlief ich jetzt auf dem Fußboden. Einige Monate später wurde uns klar, dass es noch besser wäre, gar nicht im gleichen Raum zu schlafen. Wir hatten kapiert, dass eine solche Nähe für die Ehe aufbewahrt werden muss.*

Diese Veränderungen waren ein Prozess, und wir waren dankbar für Gottes Handeln, der uns so einfühlsam von einer Stufe zur nächsten führte. Wir wurden durch diese Entwicklung keineswegs auseinander getrieben, sondern wir erfuhren eine neue Freiheit in unserer Beziehung, eine Nähe, die wir zuvor nicht gekannt hatten, und ein noch größeres Vertrauen zueinander.

In den zweieinhalb Jahren zwischen dem Zeitpunkt, als wir nicht mehr miteinander schliefen und dem Zeitpunkt unserer Hochzeit lernten wir eine ganze Menge. Die körperliche Dimension unserer Beziehung war nicht immer einfach in den Griff zu kriegen, aber wir verstanden zunehmend, warum Gott die sexuelle Beziehung für eine lebenslange, bindende eheliche Beziehung schuf. Wir lernten den Unterschied zwischen sexueller Lust und anderen Möglichkeiten, einander durch liebevolle Nähe und angemessene körperliche Zuwendung unsere Liebe zu zeigen.

Heute wissen wir, dass wir damals eine wichtige Lektion gelernt haben, denn sogar innerhalb der Ehe können wir uns in unserer sexuellen Beziehung verletzen. Es kann sein, dass wir nur die Befriedigung unserer eigenen Bedürfnisse suchen, anstatt uns einander liebevoll hinzugeben.

Wir haben auch gelernt, uns gegenseitig beim Einhalten von Grenzen zu helfen. Es ist nahe liegend, ein Spiel zu spielen, bei dem einer von uns den anderen erregt, damit der wiederum etwas tut, was uns erregt, und so weiter ... Und wenn wir dann weitergingen, als wir beabsichtigt hatten, hieß es: »Das ist nicht meine Schuld, *du* hast mich dahin gebracht!« Wir erkannten schließlich, dass wir beide Verantwortung übernehmen mussten, um einander zu helfen.

Nachstehend finden Sie einige praktische Tipps, die wir und andere von uns befragte Paare hilfreich fanden, um mit dem Sex bis zur Ehe zu warten:

- Finden Sie heraus, was jeder von Ihnen besonders erregend findet – seien es optische Reize, Worte oder Berührungen. Männer werden im Allgemeinen schnell durch optische Reize erregt, während Frauen eher durch emotionale Nähe stimuliert werden. (Die Berücksichtigung dieser Unterschiede ist auch innerhalb der Ehe wichtig, wenn wir es darauf anlegen, einander zu erregen.)

- Versuchen Sie Situationen zu vermeiden, in denen Sie miteinander ins Bett gehen könnten, ohne Störungen befürchten zu müssen. Zum Beispiel sind ein gemeinsamer Urlaub oder eine Nacht allein in einer Wohnung für viele Paare eine zu große Versuchung. Umgeben Sie sich mit Freunden. »Anstandswauwaus« sind zwar heutzutage nicht mehr modern, aber sie sind sehr sinnvoll!
- Wir empfehlen dringend, nicht im gleichen Bett zu liegen, auch wenn Sie beschlossen haben, nicht miteinander zu schlafen. Eine solche Nähe reizt im Allgemeinen zum Sex. Paare, die sich Situationen ausgesetzt haben, die enorme Selbstkontrolle erforderten, haben die Erfahrung gemacht, dass dies zu Schuldgefühlen den Sex *innerhalb* der Ehe betreffend führen kann. Wir kennen ein Ehepaar, das regelmäßig im gleichen Bett schlief und so sehr um Zurückhaltung vor der Ehe kämpfte, dass sie nach der Hochzeit Schwierigkeiten hatten, sich zu entspannen und miteinander zu schlafen.
- Wenn es darum geht, wie weit man bei körperlichen Zärtlichkeiten vor der Ehe gehen kann, muss jedes Paar seine eigenen Grenzen herausfinden. Die Grenzen bei uns damals schlossen mit ein, dass wir uns nicht zusammen hinlegten und nicht nackt oder teilweise entkleidet zusammen waren. Das sollte für die Hochzeitsnacht aufgehoben werden.

Es ist anstrengend, eine solche Selbstbeherrschung zu üben, doch dadurch bewahren wir die wunderschöne Vorfreude der gegenseitigen Hingabe für den vollkommensten Augenblick. Eine Freundin schrieb uns:

Bevor ich Christ wurde, hatte ich an vielen Hochzeiten teilgenommen. Ähnlich wie Charles in Vier Hochzeiten und ein Todesfall kam es mir so vor, als ob kaum ein Samstag ohne Hochzeit verging. Normalerweise waren die Hochzeiten gefühlvolle Angelegenheiten mit schönen Kleidern, freundlichen Worten und gutem Wein. Ich werde jedoch nie die erste Hochzeit vergessen, weil ich mit Bestimmtheit wusste, dass das Paar vorher noch nie miteinander geschlafen hatte und die Hochzeit den Beginn der sexuellen Beziehung des Paares darstellte. Es lag etwas anderes in der Luft als bei den anderen Hochzeiten: eine spürbare Anmut, ein Gefühl der Scheu, der Empfindsamkeit, der Kostbarkeit und Reinheit. Der Blick, den sich Braut und Bräutigam beim Austauschen des Eheversprechens gaben, war so eindrücklich, dass ich mir vorgenommen habe, ihn später meinen Kindern zu beschreiben.

Unsere sexuelle Vergangenheit

Es ist Gottes Absicht, dass Mann und Frau sexuell unberührt in die Ehe gehen. Wir haben bereits über die Gründe gesprochen. Wenn wegen sexueller Erfahrungen in der Vergangenheit Schmerz, Schuld, Eifersucht oder Unversöhnlichkeit vorhanden sind, müssen diese Gefühle vor der Hochzeit bereinigt werden.

Eine vorangegangene sexuelle Beziehung, egal ob sie geheim war oder nicht, kann unser Eheleben betrüben. Sie war nicht etwa eine hilfreiche Erfahrung, sondern dadurch entstehen Misstrauen, Eifersucht und negative Erinnerungen. Die christliche Botschaft lautet, dass wir unsere sexuelle Vergangenheit vor Gott bringen und ihn um Vergebung und Reinigung von den begangenen Fehlern bitten sollen.

Wir empfehlen außerdem, unserem Partner während der Verlobungszeit vergangene sexuelle Beziehungen zu bekennen und ihn um Vergebung zu bitten. Wir brauchen dabei nicht ins Detail zu gehen, denn das kann weh tun und noch weitere Verletzungen hervorrufen. Gott kann Heilung, Freiheit und Freude für einen Neubeginn schenken.

Wahrscheinlich haben wir Angst, unseren verlobten Partner zu verletzen, doch Geheimnisse sind immer eine Bedrohung für die Ehe. Wenn sie plötzlich später ans Licht kommen, können sie viel mehr Schaden und Kummer anrichten. Wenn Sie sich darüber Sorgen machen, wie Sie dieses Thema zur Sprache bringen sollen, dann wenden Sie sich an einen Gemeindeleiter oder Seelsorger. Für ein solches Bekenntnis ist Mut erforderlich, aber es lohnt sich, weil Ihre gemeinsame Zukunft dann auf einer soliden Grundlage des Vertrauens, der Offenheit und der Versöhnung basiert.

Wenn Themen wie Abtreibung, Sucht, Pornografie, Prostitution, Transvestismus oder homosexuelle Erfahrungen bewältigt werden müssen, dann sollten Sie sich zunächst kompetenten Rat holen, bevor Sie mit Ihrem Partner darüber reden. Suchen Sie jemanden auf, der sich mit solchen Problemen auskennt. Denn durch das Aufdecken kann ein monate- oder jahrelanger Prozess der Vergangenheitsbewältigung ausgelöst werden, und dann ist die Unterstützung vom Partner besonders wichtig.

Sicher haben manche Paare Schuldgefühle, weil sie in ihrer körperlichen Beziehung vor der Ehe weiter gegangen sind, als sie eigentlich wollten. Ihre sexuellen Wünsche sind außer Kontrolle geraten und einer der Partner hat den anderen vielleicht gegen dessen Willen zu intensiv stimuliert. Solches Bedauern kann vor Gott gebracht und auch miteinander besprochen werden, um Vergebung und Wiederherstellung geschenkt zu bekommen. Wenn wir uns offen und aufrichtig an Gott wenden, gilt sein Versprechen: »Wer zu Christus gehört, ist ein neuer Mensch geworden. Was er früher war, ist vorbei. Etwas ganz Neues hat begonnen« (2. Korinther 5,17). Es ist faszinierend, mit dem Bewusstsein in die Ehe gehen zu können, dass wir von unserer Vergangenheit befreit wurden.

Die Flitterwochen

Vorbereitet sein

Wir legen Ihnen ans Herz, etwa einen Monat vor der Hochzeit ein gutes Buch über Sexualität aus christlicher Sicht zu lesen (siehe Bibliografie am Ende des Buches), um gut informiert zu sein. Wenn Sie verheiratet sind, versuchen Sie ein solches Buch gemeinsam durchzuarbeiten. Dadurch wird es für Sie leichter sein, offen miteinander über Ihr Sexualleben zu reden. Es wird auch hilfreich sein, wenn Sie später in Ihrer Ehe mit derartigen Problemen konfrontiert werden. In jeder lebenslangen Partnerschaft gibt es Zeiten, in denen die Dinge nicht so gut laufen. Viele Männer haben ab und zu mit Impotenz zu kämpfen, die sehr häufig durch Stress ausgelöst wird, während Frauen nach der Geburt eines Kindes ein geringeres sexuelles Bedürfnis verspüren.

Wenn irgendwelche Befürchtungen oder unbeantwortete Fragen bestehen bleiben, sollte ein Arzt aufgesucht werden. Oder wenden Sie sich an eine/n verheiratete/n Freund/Freundin, den/die Sie gut kennen und dem/der Sie vertrauen.

Realistisch sein

Machen Sie sich klar, dass Sie nach den Anstrengungen des Hochzeitstages Erholung brauchen. Versuchen Sie eine Hochzeitsreise zu organisieren, die für Sie so entspannend wie möglich werden wird. Es ist sicherlich nicht der geeignete Moment, um eine Expedition in die Antarktis zu unternehmen, mit einem Kanu den Amazonas hinaufzufahren oder im Himalaja herumzuklettern. Die Flitterwochen sind dazu da, eine entspannte Zeit miteinander zu genießen, sich aneinander zu gewöhnen und sich aneinander zu freuen. Zu anstrengendes

Reisen oder Sightseeing verfehlt diesen Zweck. Es ist auch nicht der richtige Zeitpunkt, den Urlaub Ihres Lebens zu planen. Das können Sie ein Jahr nach der Hochzeit oder noch später tun, und dann wird es wahrscheinlich sehr viel mehr Spaß machen.

Nicht zu viel zu schnell erwarten

Die Flitterwochen sind nur der Beginn einer lebenslangen Entdeckung. Nehmen Sie eine langfristige Sicht ein. Was den Sex betrifft, sollten Sie nicht erwarten, dass Sie sofort sämtliche Gipfel erklimmen werden. Dafür brauchen Sie Sanftheit, Zärtlichkeit und Geduld.

Wenn Sie sich einen Sinn für Humor bewahren, wird das zu Ihrer Entspannung beitragen. Geraten Sie nicht in Panik, wenn sich die Dinge nicht so entwickeln wie in einem Kinofilm, wo uns meistens sofortiger, spontaner und von mehreren Höhepunkten erfüllter Sex vorgegaukelt wird. Es kann durchaus eine Zeit lang dauern, bevor Sie einen wechselseitigen oder auch gleichzeitigen Orgasmus erleben.

Zögern Sie nicht, über das, was Ihnen sexuell gefällt oder auch nicht, offen zu reden– sowohl während als auch nach dem Liebesakt. Dadurch werden Sie immer besser verstehen, wie Sie einander erregen können. Zu Beginn erscheint dies vielleicht steif und unnatürlich, aber wenn wir unsere körperliche Beziehung vertiefen wollen, ist ein Austausch darüber entscheidend wichtig. Unsere etwaige Verlegenheit wird schnell verschwinden.

Über Ihre Erwartungen sprechen

Man stellt leicht unrealistische und unausgesprochene Erwartungen an den Partner. Sie sollten sich nicht unter Druck setzen, in der Sekunde, in der Sie Ihr Schlafzimmer betreten, zum Sex bereit sein zu müssen. Seien Sie ehrlich! Besprechen Sie diesen besonderen Moment vorher, damit Ihre Ehe nicht mit Unsicherheit und Missverständnissen beginnt. Es kann sein, dass das Wegfallen der Grenze und die Möglichkeit, es nun wirklich zu tun, für Sie seltsam ist und Sie sehr unterschiedlich darauf reagieren.

Ein Mann erzählte uns, dass seine Frau nach der Hochzeit so erschöpft war, dass sie sich aufs Bett fallen ließ und sofort einschlief, während er noch im Bad war. Er blieb vor Enttäuschung die ganze Nacht wach und dachte, er hätte einen großen Fehler begangen, überhaupt geheiratet zu haben. Als beide am nächsten Morgen über ihre unterschiedlichen Erwartungen geredet hatten, konnten sie noch wunderschöne Flitterwochen genießen.

Einen Sinn für Humor bewahren

Die Flitterwochen sind im Grunde unvorhersehbar. Ein Paar erzählte uns, dass sich beide Partner am ersten Tag ihres Hochzeitsurlaubs einen so schlimmen Sonnenbrand zuzogen, dass sie einander eine Woche lang nicht berühren konnten. Glücklicherweise sahen sie die lustige Seite der Situation. Ein anderer frisch gebackener Ehemann beschreibt, inwiefern die Dinge in der ersten Nacht nicht wie geplant verliefen:

Als wir endlich im Hotel ankamen, war es elf Uhr abends. Das Hotel sah kleiner aus als im Prospekt und mir sank der Mut, denn mein einziger Beitrag zu den Hochzeitsvorbereitungen war die Auswahl des Hotels gewesen. Der Tag war bestens verlaufen und meine Frau sah strahlend aus. Ich wünschte mir so sehr einen denkwürdigen Verlauf dieses Abends. Wir kamen in unser Zimmer; es war wunderschön, und Jane lächelte, als sie die kalt gestellte Weinflasche und die Rosen sah. Ich entspannte mich, alles würde toll werden.

Und es hätte auch so sein können. Doch dann entdeckte ich zu meinem Schrecken, dass es kein Doppelbett, sondern nur zwei Einzelbetten gab. Ich fahndete sofort nach dem Hotelmanager. »Dies ist unsere Hochzeitsnacht, und dies ist angeblich Ihre Hochzeitssuite«, sagte ich.

Der Manager entschuldigte sich mehrfach und erklärte, dass durch einen Irrtum ein anderes Paar die Hochzeitssuite bekommen hatte und bereits eingezogen war.

»Aber hier sind zwei Einzelbetten drin«, wandte ich ein. An dieser Stelle hätte ich mich durchsetzen sollen. Doch als der Manager mir eine Lösung vorschlug, die angeblich schon früher mal geklappt hatte, willigte ich ein.

»Ich werde Ihnen ein Seil bringen lassen, mit dem Sie die Betten aneinander binden können«, sagte er.

»Lassen Sie es schnell raufbringen!«, befahl ich.

Und so passierte es, dass sich in dieser Nacht, auf die ich achtundzwanzig Jahre gewartet und von der ich so lange geträumt hatte, als ich gerade mein Bestes gab, die beiden Betten auseinander bewegten. Jane und ich landeten auf dem Fußboden. Ich guckte zur Decke und wäre am liebsten gestorben, aber dann lehnte sich Jane über mich und flüsterte: »Liebling, ... ich glaube, ich habe gerade ein Erdbeben erlebt.«[2]

3 Einen Haushaltsplan aufstellen

Nach einer Umfrage von dem Hochzeitsberatungsservice *Relate* streiten sich die meisten Paare über die unterschiedlichen Prioritäten beim Geldausgeben. Wenn Geld in Ihrer Ehe ein problematisches Thema ist, so kann es hilfreich sein, einen Plan aufzustellen, wie Sie als Ehepaar oder als Familie mit Ihrem Geld umgehen wollen. Ein Budget ist natürlich keine magische Festlegung, doch allein der Prozess der Erarbeitung eines solchen Haushaltsplanes hat viele Vorteile: Zunächst wird beiden Partnern dadurch die reale finanzielle Situation deutlich. Zweitens müssen beide darüber diskutieren, wie das zur Verfügung stehende Geld verwendet werden soll. Drittens haben die Partner nach der Festlegung einer bestimmten Summe für jeden Ausgabenbereich die Freiheit, was sie innerhalb dieser ausgemachten Grenzen kaufen.

Wie jeder andere Konfliktbereich kann auch das Thema Geld ein Problem sein, das unsere gesamte Beziehung beeinträchtigt, oder aber ein Bereich, an den wir gemeinsam herangehen, so dass wir uns besser kennen lernen.

Wenn wir einen Etat aufstellen, brauchen wir kein schlechtes Gewissen oder Schuldgefühle zu haben, wir könnten den Überblick über unsere Ausgaben verlieren und unser Konto überziehen. Wir kennen Ehepaare, deren Ehen nach dem Besprechen ihrer Finanzen und gemeinsam getroffenen Entscheidungen wieder viel harmonischer verliefen.

Wenn das Thema Geld in Ihrer Ehe Spannungen erzeugt, sollten Sie die folgenden drei Schritte befolgen (sie sind so offensichtlich und simpel, aber es ist erstaunlich, wie wenige sich tatsächlich darum bemühen).

Machen Sie eine finanzielle Bestandsaufnahme

Stellen Sie fest, über wie viel Geld Sie verfügen beziehungsweise wie viel Geld Sie schulden.

Nehmen Sie sich dafür Zeit, wenn Sie nicht müde oder abgelenkt sind und nicht gestört werden. Tragen Sie Ihre Bankauszüge, unbezahlten Rechnungen, Sparbücher, Kreditkartenaufstellungen und so weiter zusammen. Wir sollten ehrlich miteinander sein, wenn wir zuviel ausgegeben und Schulden gemacht haben – das kann peinlich sein, aber es lohnt sich. Das Thema Geld kann leicht zu einem dunklen Geheimnis werden; wenn wir aber unsere Ängste offen ansprechen, verlieren sie ihre Macht über uns.

Gehen Sie rücksichtsvoll vor – keiner von uns macht es immer vollkommen richtig. Wenn wir feststellen, dass wir Schulden gemacht haben, müssen wir uns vorrangig darüber einigen, wie wir diese Schulden tilgen können. Seien Sie nicht zu verlegen oder ängstlich, wenn Sie dazu Hilfe von Experten in Anspruch nehmen müssen. Je eher ein solches Problem angegangen wird, desto leichter kann eine Lösung gefunden werden.

Kalkulieren Sie Ihre Einkünfte

Um unsere Ausgaben zu planen, müssen wir wissen, wie hoch unsere Einkünfte sind und wohin sie fließen. Der einfachere Teil besteht darin, unser gemeinsames Einkommen zu ermitteln; das sind alle Beträge nach Abzug der Lohn- oder Einkommenssteuer und der Sozialabgaben. Daraus kann der durchschnittliche Monatsbetrag unserer Einkünfte errechnet werden. Tragen Sie diese Zahlen in einen »Monatlichen Haushaltsplaner« ein. Am Ende dieses Anhangs schlagen wir einen solchen Planer vor.

Ermitteln Sie, wie viel Sie ausgeben

Manche Paare geben viel Geld aus, ohne zu wissen, wohin es überhaupt fließt. Dadurch machen sie möglicherweise die falschen Posten für ihre Schulden verantwortlich. Wir sollten uns einen exakten Überblick über unsere Ausgaben verschaffen, indem wir über ein oder zwei Monate sämtliche Ausgaben schriftlich festhalten. Diese Informationen zusammen mit unseren Kontoauszügen und Kreditkartenaufstellungen sollten es uns ermöglichen, unsere durchschnittlichen Ausgaben pro Monat festzustellen (für Kosten, die nicht monatlich anfallen,

z. B. Versicherungen oder Ausgaben für Urlaube, sollten Sie eine jährliche Summe kalkulieren und durch zwölf teilen).

Tragen Sie diese Beträge in Ihren Haushaltsplaner ein und fügen Sie gegebenenfalls so viele weitere Kategorien hinzu wie nötig. Beginnen Sie mit fixen Ausgaben wie Miete oder Hypotheken, Nebenkosten, Versicherungs- und Fahrtkosten. Notieren Sie dann die Bereiche, in denen mehr Spielraum besteht, etwa Ausgaben für Nahrungsmittel, Haushalt, Kleidung, Geschenke, Einladungen und Sport.

Danach müssen die Ausgaben von den Einkünften abgezogen werden. (Sollten die Ergebnisse von unseren Kontoauszügen abweichen, hat entweder die Bank einen Fehler gemacht oder aber wir haben etwas übersehen!) Vielleicht erkennen wir jetzt, dass unser Budget ein Defizit aufweist, dass wir also mehr ausgeben, als wir verdienen. In dem Fall müssen wir dringend handeln.

Sich über die Ausgaben einigen

Der zweite Schritt besteht darin, die Verwendung unseres Geldes zu planen, indem wir den verschiedenen Bereichen Beträge zuordnen. Wir wollen das Ziel erreichen, ein Budget mit ausgeglichener Einnahme- und Ausgabeseite inklusive unvorhergesehener Ausgaben aufzustellen.

Eventuell müssen beide Ehepartner von ihren Idealvorstellungen abweichen, aber die meisten Paare finden es einfacher, die Zukunft zu besprechen, als eine unangenehme Vergangenheit zu klären. Wenn Sie sich nicht einigen können, unterbrechen Sie das Gespräch, um Zeit zum Nachdenken (und Beten) über den Standpunkt des anderen zu geben. Suchen Sie erneut eine Gelegenheit, gemeinsam über diese Dinge zu diskutieren, wenn Sie beide einsichtig genug geworden sind.

Der große Vorteil einer Einigung besteht darin, dass nun jeder der Partner ohne schlechtes Gewissen und ohne seine Ausgaben vor dem anderen verheimlichen zu müssen innerhalb des vereinbarten Rahmens Geld ausgeben kann.

Wie soll das Einhalten des Haushaltsplanes kontrolliert werden?

Einen Finanzchef bestimmen

Das Festlegen eines Budgets ist eine Sache; sich daran zu halten, ist eine andere. Es ist hilfreich zu entscheiden, wer von beiden eher dazu in der Lage ist, die Ausgaben und Einnahmen festzuhalten, die Rechnungen zu bezahlen und die Finanzlage regelmäßig zu überprüfen.

Die Zahlungen mit Kreditkarte überwachen

Für viele Menschen ist die Kreditkarte das größte Problem bei der Kontrolle ihrer Ausgaben. Zwei Gefahren sind mit einer Kreditkarte verbunden: Erstens hat man nicht das Gefühl, wirklich Geld auszugeben. Zweitens gibt es keine automatische Kontrolle, wie viel von unserem Budget noch zur Verfügung steht. Einige Paare haben deswegen keine Kreditkarte mehr und sind zur Barzahlung zurückgekehrt. Das ist zwar unbequemer, aber man hat einen echten Überblick über die Ausgaben und erspart sich viele Konflikte.

Zehn Vorschläge für ein Geldausgeben ohne Gewissensbisse

Wir nennen Ihnen nachstehend ein einfaches System, das wir im Laufe von zehn Jahren ausgearbeitet haben.

1. Nehmen Sie ein Blatt Papier und notieren Sie die Gesamtsumme, die Sie in diesem Monat für Grundbedürfnisse aufgewendet haben (Lebensmittel, Drogerieartikel ...).
2. Jedes Mal, wenn Sie Geld für eine dieser Kategorien ausgeben, notieren Sie die Ausgabe und ziehen Sie sie von der Gesamtsumme ab. Dies sollten beide Partner zuverlässig tun.
3. Wenn Sie Geld vom Geldautomaten abheben, notieren Sie auch diese Summe und ziehen Sie sie von der Gesamtsumme ab. Man vergisst leicht das vom Automaten abgehobene Geld, vor allem, wenn man es vergessen will.
4. Prüfen Sie am Ende der Woche die Ergebnisse. Müssen Sie nächste Woche Ihre Ausgaben ein bisschen zurückschrauben oder können Sie es etwas gelassener angehen? Seien Sie ehrlich mit sich selbst. Wenn nötig, legen Sie das Steak wieder zurück in die Kühltheke.

5. Beginnen Sie am Anfang jeder Woche ein neues Blatt mit der neuen Gesamtsumme. Ziehen Sie weiterhin sämtliche Ausgaben in den oben genannten Kategorien ab.
6. In der letzten Woche des Monats fangen wir vielleicht an zu schwindeln, wollen aufgeben oder nur noch Dosengemüse essen. Offensichtlich schmeckt Ihnen Letzteres jetzt besonders gut ...
7. Andere Ausgaben, zum Beispiel für neue Kleidung oder Essengehen, führen wir (leider) nicht als grundsätzliche Ausgabenkategorie auf.
8. Anmerkung: Wir müssen nicht unbedingt notwendige Dinge nicht kaufen. Wir werden auch ohne das tolle Menü oder das Fußballspiel oder die neuen Stiefel überleben (wenn auch mühsam). Ab und zu müssen wir nein sagen, zuerst zu unseren eigenen Bedürfnissen als auch zu denen des Partners.
9. Wenden Sie auf »nicht unbedingt notwendige Dinge« das gleiche System an wie auf »Grundbedürfnisse«. Seien Sie konsequent, auch wenn das Bedürfnis zu manipulieren, zu vergessen oder wegzulassen größer wird.
10. Wenn wir genügend Geld zur Verfügung haben, können wir uns Dinge wie Einkaufengehen, ein Essen bei Kerzenlicht, ein Wochenende auf einer Gesundheitsfarm oder ein Fußballspiel uneingeschränkt leisten und genießen.

Dieses System klappt nur so gut wie wir uns dafür engagieren. Es gab Zeiten in unserer Ehe, in denen das Geld knapp war und wir gezwungen waren, dieses System rigoros anzuwenden. In anderen Phasen hatten wir mehr Geld zu Verfügung und konnten etwas lockerer damit umgehen. Aber irgendwann mussten wir unsere Finanzen wieder überprüfen und zu obigem System zurückkehren.

Wenn ein Ehepaar nicht mit seinen Einkünften auskommt, dann liegt es meistens daran, dass sie zu hohe Ausgaben tätigen. Rob Parsons schreibt über seine Kindheit:

Mein Vater war Briefträger und meine Mutter Reinigungskraft. Wir lebten in einem gemieteten Haus, und unser Lebenstil war gelinde gesagt sehr einfach. Nicht lebenswichtige Dinge wie Heizung im Schlafzimmer, Teppiche und Toilettenpapier (fragen Sie nicht!) gehörten zu einer anderen Welt. Ich habe vor meinem sechzehnten Geburtstag nie in einem Restaurant gegessen. Dennoch hatte ich alles, was ich brauchte, ein-

schließlich des klugen Rats meines Vaters, der mich regelmäßig beiseite nahm und die Worte von Mr Micawber in Dickens' David Copperfield zitierte: »Jahreseinkommen: zwanzig Shilling; Ausgaben: Neunzehn Shilling und sechs Pence – Ergebnis: Elend.« Mein Vater hielt viel von diesem Prinzip und verschuldete sich nie. Sie denken vielleicht, dass er dafür einen zu hohen Preis zahlte. Er verbrachte seinen Urlaub immer zu Hause, er besaß kein eigenes Bankkonto und er hat nie Pasta probiert – aber er war der zufriedenste Mensch, den ich je gekannt habe.«[1]

Monatlicher Haushaltsplaner

Durchschnittliche monatliche Einkünfte in Euro (Jahressumme kalkulieren)

Gemeinsames Einkommen	______
Andere Einkommensquellen	______
Gesamt ______ geteilt durch 12 Mte. = (monatl.):	______

Regelmäßige Fixkosten in Euro (Jahressumme kalkulieren)

	tatsächlich	Budget
Miete/Hypothek	______	______
Kommunalsteuern	______	______
Nebenkosten (Gas, Wasser, Strom, Heizung)	______	______
Versicherungen	______	______
Kreditraten	______	______
Fahrtkosten	______	______
Auto (Steuern und Versicherung)	______	______
Spenden	______	______
Anderes	______	______
Gesamt ______ geteilt durch 12 Mte. = (monatl.):	______	______

Flexible Ausgaben für »Grundbedürfnisse« in Euro (jährliche Summe schätzen)

	______	______
Haushalt (Lebensmittel, Medikamente, etc.)	______	______
Kleidung/Schuhe	______	______
Laufende Kosten für Auto	______	______
Telefon	______	______
Andere (Zeitung, TV etc.)	______	______
Gesamt ______ geteilt durch 12 Mte. = (monatl.):	______	______

Flexible »nicht unbedingt notwendige« Ausgaben in Euro (jährliche Summe schätzen)

Unterhaltung/Einladungen	______	______
Geschenke	______	______
Sport/Freizeit	______	______
Urlaub	______	______
Ausgehen	______	______
Andere	______	______
Gesamt ______ geteilt durch 12 Mte. = (monatl.):	______	______

Monatliche Rücklage	______	______
Gesamt	______	______
Gesamte monatliche Ausgaben addieren	______	______
Differenz Ausgaben und Einkommen	______	______

4 Gemeinsam beten

Für einige Leser ist Beten vielleicht eine seltsame und unbekannte Angelegenheit. Manche denken, dass Gebet ein Zeichen von Schwäche oder intellektueller Unreife ist. Man hat ihnen beigebracht, dass zunehmende Reife bedeutet, allein mit allem fertig zu werden. Dementsprechend können die meisten Menschen sich selbst gegenüber und noch weniger ihrem Partner gegenüber zugeben, dass sie in bestimmten Bereichen ihres Lebens nicht zurechtkommen und Probleme haben.

Andere finden es peinlich, laut zu beten. Eine Frau, die am Eheseminar teilnahm, sagte uns, sie würde lieber nackt die Straße herunterlaufen, als mit ihrem Mann zu beten. Es kann sein, dass wir uns beim Beten verwundbar und bloßgestellt fühlen, denn das Gebet ist eine sehr persönliche und intime Angelegenheit. Doch es braucht wirklich nicht so problematisch zu sein.

Beten bedeutet, dass wir uns an eine Quelle der Weisheit, Liebe und Kraft wenden, die außerhalb von uns selbst liegt. Dadurch entsteht ein Gefühl der Hoffnung gegen die Verzweiflung. Einige uns bekannte Paare haben Folgendes über das gemeinsame Beten in ihrer Ehe gesagt:

- Das Gebet hilft uns vor allem dabei, dass die Sorgen aus unserem Leben verschwinden. Wir legen sie bei Gott ab, und danach können wir gelassener sein.
- Wir versuchen, vor dem Schlafengehen ein kurzes Gebet zu sprechen. Das ist eine Art Klebstoff zwischen uns.
- Wir versuchen, am Sonntagabend miteinander zu beten. Wir machen uns danach viel weniger Sorgen, weil wir unsere Probleme bei Gott abgeladen haben.
- Das Leben erscheint uns viel angespannter, wenn wir nicht gemeinsam beten; wenn wir uns gemeinsam an Gott wenden, entsteht eine Einheit zwischen uns.

Wie man den Anfang macht

Für uns persönlich spielt das gemeinsame Gebet eine wichtige Rolle in unserer Ehe, vor allem nachdem wir unsere unrealistischen Erwartungen am Anfang überwunden hatten (die entsprachen etwa denen unserer Essgewohnheiten).

Nicky: *Als wir jung verheiratet waren, kochte Sila regelmäßig ein Feinschmecker-Menü, das für sechs Personen ausgereicht hätte. An mehreren Abenden der Woche probierte sie neue Rezepte aus, und nach drei Monaten mit überfülltem Magen und völliger Erschöpfung hielt sie es nicht mehr aus; wir wechselten abrupt zu weniger umfangreichen Mahlzeiten wie Toast und Käse oder chinesischen Mitnahmegerichten.*

Unser gemeinsames Gebet begann ähnlich. Es gab immer so viele Dinge, für die wir gemeinsam beten konnten, und wenn wir es schafften, zum Abschluss des Tages miteinander zu beten, zog sich das Ganze immer mehr in die Länge. Meistens wurde es sehr spät und wir waren völlig übermüdet. Nach einer Weile schlug keiner von uns mehr vor, miteinander zu beten, weil wir Angst vor einer weiteren ermüdenden Gebetssitzung hatten.

Dann machte uns jemand den Vorschlag, zu Beginn des Tages fünf oder zehn Minuten gemeinsam zu beten, und das brachte die entscheidende Veränderung für uns. Wir richteten es so ein, dass wir nur genau zehn Minuten zur Verfügung hatten, bevor einer von uns zur Arbeit aufbrechen musste. Auf diese Weise vermieden wir die Gefahr zu übertreiben und das Gebet endlos in die Länge zu ziehen.

In den letzten vierundzwanzig Jahren war unser Ziel, jeden Tag mit einem kurzen gemeinsamen Gebet zu beginnen; das Timing musste dem Alter unserer Kinder und den Anforderungen unserer Jobs angepasst werden. Wir schaffen es durchaus nicht jeden Tag, aber wir halten an diesem Ziel fest, und das hilft uns, öfter miteinander zu beten; der Segen ist jedes Mal so groß, dass wir motiviert sind, es weiterhin so zu machen.

Wie man miteinander und füreinander betet

Das regelmäßige gemeinsame Gebet muss nicht anstrengend sein. Wir sollten so beten, wie wir können – nicht so, wie wir es nicht können! Für manche bedeutet das vielleicht, ein Buch mit formulierten Gebeten zu benutzen, die sie gemeinsam laut lesen. Oder man beginnt mit dem Lesen einiger Bibelverse und einem stillen Gebet füreinander. Das Heft *30 Tage – Einführung in das Bibellesen*[1] oder andere Bibellesehilfen mit Bibelversen und Erklärungen dazu für jeden Tag des Jahres waren schon für viele sehr hilfreich.

Andere fühlen sich am wohlsten, wenn sie ihre eigenen Gebete laut aussprechen. Wir würden Ihnen raten, so zu beginnen, wie Sie sich wohlfühlen, und empfehlen Ihnen, einfach und ehrlich mit Gott zu sprechen.

Vor einigen Monaten trafen wir ein Ehepaar, das kurz vor seinem vierzigsten Hochzeitstag stand. Wir fragten sie, was für sie der wichtigste Aspekt ihrer langjährigen und soliden Beziehung ist. Sie sagten einige freundliche Dinge übereinander und beschrieben, wie sie über die vielen Jahre zusammengewachsen sind.

Aber dann erzählten sie etwas besonders Aufschlussreiches. Beide meinten übereinstimmend, dass der wichtigste Aspekt, der ihrer Ehe Stärke und Harmonie gibt, das gemeinsame morgendliche Gebet ist.

Wir nahmen an, dass sie dies jeden Tag der letzten vierzig Jahre getan hatten, und fragten, wann sie damit begonnen hätten. Die Antwort lautete: »Vor etwa anderthalb Jahren.« Und sie fügten hinzu, wenn ihnen jemand einige Jahre zuvor gesagt hätte, dass das gemeinsame Gebet so wichtig für sie werden würde, dann hätten sie das nicht geglaubt.

Es ist nie zu spät, damit zu beginnen. Und es ist auch nie zu früh. Nachstehend nennen wir einige Vorschläge, die uns enorm dabei geholfen haben, gemeinsam zu beten.

Beginnen Sie mit einem Dankgebet

Dankbarkeit rückt unser Denken zurecht. Wenn wir uns unter Druck oder überfordert fühlen, kann die Entscheidung zur Dankbarkeit eine erstaunliche Veränderung bewirken. Der Apostel Paulus schrieb mehrere seiner Briefe aus dem Gefängnis, und doch sind sie voller Dankbarkeit gegenüber Gott. »Freut euch immerzu! Lasst nicht nach im Beten. Dankt Gott in jeder Lebenslage. Das will Gott von denen, die mit Jesus Christus verbunden sind« (1. Thessalonicher 5,16–18). Diese Haltung steht im Widerspruch zum aktuellen Trend von Unzufriedenheit und dem Streben nach »mehr, größer und besser«. Wenn wir Gott danken und auch füreinander dankbar sind, wird sich unser Blickwinkel verändern.

Beten Sie füreinander

Bei unserer gemeinsamen Gebetszeit geht es vor allem darum, unsere Bedürfnisse und Sorgen des vor uns liegenden Tages zu nennen und vor Gott auszubreiten. Manchmal geht es um eines der Kinder; manchmal geht es um einen finanziellen Engpass; manchmal beten wir um zusätzliche Kraft, weil wir uns den Anforderungen des Tages nicht gewachsen fühlen. Wenn einer von uns beiden Probleme mit einer anderen Person hat, so betet der andere, dass Gott unser Herz ändern und uns mit Liebe zu dieser Person erfüllen möge.

Stolz und Eigenwille kann uns leicht daran hindern, zu Gott zu kommen und ihn um seine Hilfe zu bitten. Aber Gott möchte, dass wir alles im Gebet mit ihm besprechen, besonders solche Dinge, auf die wir keine Antwort haben.

Machen Sie sich keine Sorgen, wenn Sie jeden Tag das gleiche Gebet sprechen

Jesus sagt: »Bittet, und ihr werdet bekommen! Sucht, und ihr werdet finden! Klopft an, und man wird euch öffnen!« (Lukas 11,9). Die im Originaltext verwendete Zeitform bringt zum Ausdruck, dass wir weiter bitten, suchen, anklopfen sollen. Wir sollen nicht aufgeben.

Sila: *Als unsere Kinder noch klein waren, bat ich Nicky jeden Tag aufs Neue, das gleiche Gebet für mich zu sprechen. Ich brauchte mehr Geduld und mehr physische Kraft, und durch Nickys Gebete veränderte sich meine Beziehung zu unseren Kindern enorm. Dass wir immer wieder für die gleichen Dingen beten müssen, bedeutet nicht, dass Gott unsere Gebete nicht erhört – es geht vielmehr darum, unsere Abhängigkeit von ihm anzuerkennen.*

Achten Sie darauf, dass Ihre Gebete vertikal und nicht horizontal oder manipulierend sind

Das Gebet soll nie dazu dienen, jemanden zu belehren. Ich (Sila) darf nicht beten: »Herr, bitte hilf Nicky, dass er nicht mehr so hart arbeitet und mehr Zeit für die Kinder hat« – es sei denn, Nicky hat mich gebeten, genau hierfür zu beten. Wir sollten das Gebet auch nicht als Gelegenheit nutzen, unserem Ehepartner eine Botschaft »unterzujubeln«, weil wir wissen, dass er uns in dieser Situation wohl kaum unterbrechen wird.

Geben Sie nicht auf

Das ist besonders für junge Eltern mit kleinen Kindern wichtig. Diese Phase der Elternschaft scheint sich endlos hinzuziehen, und man hat den Eindruck, dass man nie auch nur fünf Minuten Zeit findet, um miteinander zu beten. Wir mussten viel Zeit dafür einsetzen, eines der Kinder mit einem Spielzeug oder einer Kassette in sein Zimmer zurückzuschicken und ihm zu sagen: »Wir beten gerade. Es ist noch zu früh für dich zum Aufstehen.« Dann rannten wir zurück in unser Schlafzimmer, um eine weitere Gebetsminute einzulegen, bevor die Tür aufging und sich die gleiche Prozedur wiederholte.

Hat es sich gelohnt? Wenn wir zurückblicken, können wir sagen, dass selbst zwei oder drei füreinander gesprochene Gebete pro Woche definitiv eine Hilfe waren. Und es war auch die Mühe wert, unseren Kindern klarzumachen, wie wichtig das Gebet für uns ist. Irgendwann werden die Kinder größer und dann wird das gemeinsame Beten wieder einfacher.

Konzentrieren Sie sich auf die Verheißungen Gottes

Wenn wir uns mit den Verheißungen Gottes in der Bibel vertraut machen, nehmen wir eine wichtige Quelle in Anspruch. Wir kommen mit dem Leben besser zurecht, wenn wir die Bibel persönlich und gemeinsam lesen. Unsere Haltungen und unser Verhalten werden täglich durch die Ratschläge und Versprechen Gottes geformt.

Im Gebet liegt eine große Kraft, und für das Lesen der Bibel gilt das Gleiche. Wir haben oft erfahren, dass einige Verse aus den Psalmen oder aus den Evangelien, die wir vor dem Beten miteinander lesen, für den jeweiligen Tag scheinbar ganz persönlich auf uns zugeschnitten waren.

Schlussfolgerung

Viele Menschen glauben, dass Gott darauf aus ist, sie einzuengen oder ihr Leben einzuschränken. Nichts könnte Gott ferner liegen, der sein Wesen in seinem Sohn Jesus Christus offenbart hat. Gott sehnt sich danach, uns zu beschenken, uns zu helfen, uns von den Lasten der Vergangenheit zu befreien und uns zu befähigen, uns in Liebe um andere Menschen zu kümmern. Er drängt sich uns nicht auf, doch er wartet darauf, dass wir auf sein Liebesangebot eingehen.

Die biblische Unterweisung »Einer soll sich dem anderen unterordnen, wie es die Ehrfurcht vor Christus verlangt« müssen wir im Zusammenhang der Suche nach *Gottes* Willen für unser Leben sehen: »Fragt immer, was dem Herrn gefällt« und »Seid also nicht uneinsichtig, sondern begreift, was der Herr von euch erwartet« (Epheser 5, 21, 10, 17). Wenn beide Ehepartner entschlossen sind, Gottes Willen für die großen Entscheidungen ihres Lebens zu erfragen, werden sie die Erfahrung machen, dass Gott uns von unseren Sorgen befreit und unsere Ehe dadurch außerordentlich bereichert wird.

Paulus schrieb aus eigener Erfahrung: »Macht euch keine Sorgen, sondern wendet euch in jeder Lage an Gott und bringt eure Bitten vor ihn. Tut es mit Dank für das Gute, das er euch schon erwiesen hat. Der Friede Gottes, der alles menschliche Begreifen weit übersteigt, wird euer Denken und Wollen im Guten bewahren, weil ihr mit Jesus Christus verbunden seid« (Philipper 4,6–7).

Das gemeinsame Gebet ist wahrscheinlich das Wichtigste, das wir als Ehepartner tun können können.

Anmerkungen

Einführung

[1] Für Antworten auf die Frage: »Warum starb Jesus?« empfehlen wir *Questions of Life* von Nicky Gumbel (Kingsway 1993), insbesondere Kapitel 3.

[2] Aus dem Anglikanischen Traugottesdienst, *The Alternative Service Book*, 1980.

Kapitel 1: Eine langfristige Perspektive einnehmen

[1] Mike Mason, *The Mystery of Marriage* (Triangle 1997), S. 160.

[2] John Bayley, *Iris, A Memoir of Iris Murdoch* (Duckworth 1998), S. 57

[3] Auszüge aus Sonnet Nr. 116 von Stanley Wells (Hrsg.) *Shakespeare's Sonnets and a Lover's Complaint* (Oxford University Press 1987), S. 130. Deutsche Übersetzung: Christa Schuenke.

[4] Frank Muir, *A Kentish Lad* (Corgi 1997), S. 404–405.

[5] *The Guardian*, 24. Oktober 1998, S. 3.

[6] Zitiert nach einer Tonbandaufnahme von Sam Thompson »Communion in Marriage«, Teil 2, Tonband 2, Anaheim: VMI 1984.

[7] Zitiert in Selwyn Hughes, *Marriage as God Intended* (Kingsway Publications 1983), S. 13.

[8] *The Daily Mail Weekend*, 9. Januar 1999 (Interview mit Lynda Lee-Potter).

[9] *The Times*, 15. Februar 2000 (Interview mit Celia Brayfield).

Kapitel 2: Erfolg planen

[1] Virgil: 29BC *Georgics* Book III.

[2] John Fitzgerald Kennedy, *The Observer*, 10. Dezember 1961.

[3] Rob Parsons, *Loving against the Odds* (Hodder & Stoughton 1994), S. 39.

[4] Raymond Snoddy & Carol Midgley, *The Times*, 22. April 1998, S. 5
[5] Ebenda.
[6] *Vanity Fair*, Oktober 1999, S. 135.
[7] *The Daily Mail*, 20. April 1998.
[8] Gary Chapman, *The Five Love Languages* (Northfield Publishing 1995), S. 29 u. 36.
[9] Alan Storkey, *Marriage and its Modern Crisis* (Hodder & Stoughton 1996), S. 25.
[10] Dr. Henry Cloud and Dr. John Townsend, *Boundaries* (Zondervan Publishing House 1992), S. 160.
[11] Rob Parsons, *Loving Against the Odds* (Hodder & Stoughton 1994), S. 39.

Kapitel 3: Wie man effektiver redet

[1] Libby Purves, *Nature's Masterpiece, A Family Survival Book* (Hodder & Stoughton 2000), S. 221–222.
[2] *Speaking for Themselves*, The personal letters of Winston and Clementine Churchill, herausgegeben von Mary Soames (Black Swan 1999).
[3] *The Mail on Sunday*.
[4] Cherry Norton, *The Independent on Sunday*, 3. Oktober 1999, S. 6–7.
[5] Libby Purves, *Nature's Masterpiece, A Family Survival Book* (Hodder & Stoughton 2000), S. 221.
[6] Sonia Leach, *Good Housekeeping*, August 1994 – »Do Men Understand Intimacy?«
[7] *The Message*, eine moderne Bibelübersetzung von Eugene H. Peterson (Navpress 1993).
[8] Frank Muir, *A Kentish Lad* (Corgi 1997), S. 404–405.

Kapitel 4: Wie man effektiver zuhört

[1] Mary Catterwodd, 1847–1901, U.S. writer, *Mackinac and Late Stories* (Marianson).
[2] Gerard Hughes.
[3] Diese fünf Kategorien von schlechten Zuhörern wurden von der »Acorn Christian Healing Trust« entwickelt.
[4] Gary Chapman, *The Five Love Languages* (Northfield Publishing 1995), S. 61–63.

5 Stephen Covey, *The Seven Habits of Highly Effective People* (Simon & Schuster), S. 239.
6 Bilquis Sheikh, *I Dared to Call Him Father* (Kingsway Publications 1978), S. 40–41.
7 Stephen R. Covey, *The Seven Habits of Highly Effective People* (Simon & Schuster 1999), S. 237.
8 Dale Carnegie, *How to Win Friends and Influence People* (Simon & Schuster 1964).
9 Diane Vaughan, *Uncoupling. Turning Points in Intimate Relationships* (Oxford University Press 1984).

Kapitel 5: Die fünf Sprachen der Liebe

1 Louis de Bernière, *Captain Correlli's Mandolin* (Secker & Warburg 1994), S. 281.
2 Gary Chapman, *The Five Love Languages* (Northfield Publishing 1995).
3 Richard Bausch, *The Eyes of Love* (Macmillan 1995), S. 258–259, 261–262, 264.

Kapitel 6: Worte und Taten

1 Ella Wheeler Wilcox, »An Unfaithful Wife to Her Husband«, in Charles Mylander, *Running the Red Lights* (Ventura, CA: Regal Books 1986), S. 30–32.
2 Louis de Bernière, *Captain Correlli's Mandolin* (Secker & Warburg 1994), S. 43–44.

Kapitel 7: Zeit, Geschenke und Berührungen

1 Jean Anouilh (1910–1987) aus *Adele* (1949).
2 Alan Storkey, *The Meanings of Love* (IVP 1994), S. 117.
3 Gary Chapman, *The Five Love Languages* (Northfield Publishing 1995), S. 107.

Kapitel 8: Unterschiede wertschätzen

1 Frank Muir, *A Kentish Lad* (Corgi Books 1997).
2 Richard Hooker (1554–1660), Englischer Theologe.
3 Paul Tournier, *Marriage Difficulties* (SCM Press 1971), S. 26.
4 Susan Quillam and Relate, *Stop Arguing Start Talking* von Relate (Vermilion 1998).
5 Bill and Lynne Hybels, *Love that Lasts* (Marshall Pickering 1995). S. 4.

[6] Ebenda, S. 12–14.
[7] Ebenda, S. 15–16.
[8] Judith S. Wallerstein and Sandra Blakeslee, *The Good Marriage* (Houghton Mifflin Company 1995).
[9] Ebenda.
[10] Richard Selzer, *Mortal Lessons: Notes in the Art of Surgery*.
[11] Red magazine, März 2000.

Kapitel 9: Konzentration auf die Ursache des Konflikts

[1] Zitiert in Philip Yancey, *What's So Amazing About Grace?* (Zondervan Publishing House 1997), S. 97–98.
[2] Paul Simmonds & Mark Silversides (Hrsg.), *Marriage in Mind* (Church Pastoral Aid Society 1993), S. 34.
[3] Libby Purves, *Nature's Masterpiece, A Family Survival Book* (Hodder & Stoughton 2000), S. 227.
[4] Kolosser 4,6; Philipper 4,5 aus *The Message*, eine Übersetzung des Neuen Testaments in heutiger Sprache von Eugene H. Peterson (Navpress 1993).
[5] Rob Parsons, *Loving Against the Odds* (Hodder & Stoughton 1994), S. 56–66.

Kapitel 10: Unser Leben auf das Wesentliche ausrichten

[1] Gabriel García Márquez, *Love in the Time of Cholera* (Penguin Books 1989), S. 209.
[2] *Childrens' Letters to God*, zusammengestellt von Stuart Hemple und Eric Marshall (Collings 1966).
[3] Der Alpha-Kurs bietet die Möglichkeit, etwas über die Wichtigkeit und Authentizität der christlichen Botschaft zu hören und darüber zu diskutieren. Der Alpha-Kurs wird in über siebentausend Gemeinden in Großbritannien und in etlichen anderen Gemeinden weltweit durchgeführt. Wir kennen viele Ehepaare, deren Ehen durch diesen Kurs verändert wurden.
[4] Für diejenigen, die mehr über das Gebet erfahren möchten, kann als gute grundlegende Einführung *Questions of Life* von Nicky Gumbel (Kingsway Publications 1999), Kapitel 6, empfohlen werden.

Kapitel 11: Wie kann die Vertrautheit verloren gehen?

1 John Taylor, *Falling* (Victor Gollancz 1999), S. 3–4.
2 Für diesen Abschnitt möchten wir ganz besonders David und Teresa Ferguson danken, deren Buch *Intimate Encounters* (Nelson 1997) und deren Familienkurse uns inspiriert haben.
3 C. S. Lewis, *The Four Loves* (Fount, Harper Collins Religious 1998), S. 116.
4 Valerie Windsor, »Telling Stories«, *Fresh Talent* (W. H. Smith), S. 39–40.

Kapitel 12: Wie kann die Vertrautheit wieder hergestellt werden?

1 Martin Luther King Jr., zitiert in Philip Yancey, *What's So Amazing About Grace?* (Zondervan Publishing House 1997).
2 *Readings for Meditation and Reflection*, hrsg. von Walter Hooper (New York: Harper Collins 1996), S. 63.
3 Philip Yancey, *What's So Amazing About Grace?* (Zondervan Publishing House 1997), S. 97.
4 Corrie ten Boom, *He Sets the Captive Free* (Kingsway Publications 1977), S. 38.

Kapitel 13: Wie man eine gute Beziehung zu Eltern und Schwiegereltern pflegt

1 Amanda Veil, *Love Me Little*.
2 Mary Pytches, *Yesterday's Child* (Hodder & Stoughton 1990), S. 147–148.
3 Ann McFerran, *Motherland – Interviews with Mothers and Daughters* (Virago Press 1998), S. 22.
4 Victoria Glendinning, *Sons and Mothers* (Virago Press 1997), S. 248.
5 Libby Purves, *Nature's Masterpiece* (Hodder & Stoughton 2000), S. 260.
6 Ebenda S. 337–338.
7 Ann McFerran, *Motherland – Interviews with Mothers and Daughters* (Virago Press 1998), S. 119–120.
8 Ebenda, S. 15–17.

Kapitel 14: Wie man sich von der elterlichen Kontrolle löst

1 Robin Skinner and John Cleese, *Families and how to survive them* (Mandarin 1990), S. 298.
2 Victoria Glendinning, *Sons and Mothers* (Virago Press 1997), S. 256.
3 Ann McFerran, *Motherland – Interviews with Mothers and Daughters* (Virago Press 1998), S. 168.
4 Dr. David Mace, *Getting Ready for Marriage*.
5 Libby Purves, *Nature's Masterpiece* (Hodder & Stoughton 2000), S. 262.
6 Ann McFerran, *Motherland – Interviews with Mothers and Daughters* (Virago Press 1998), S. 28–29.

Kapitel 15: Wie man Verletzungen aus der Kindheit bewältigen kann

1 Alan Storkey, *The Meanings of Love* (IVP 1994).
2 Victor Frankl, *Der Wille zum Sinn* (Piper 1997).
3 Victoria Glendinning, *Sons and Mothers* (Virago Press 1997), S. 255.

Kapitel 16: Sex – worum es eigentlich geht

1 John White, *Eros Defiled* (IVP 1977), S. 20.
2 Mike Mason, *The Mystery of Marriage* (Triangle 1997), S. 100.
3 Libby Purves, *Holy Smoke* (Hodder & Stoughton 1998), S. 85.
4 Michael and Myrtle Baughen, *Your Marriage* (Hodder & Stoughton 1994), S. 62.
5 John White, *Eros Defiled* (IVP 1977), S. 86.
6 *The Sunday Times*, 2. November 1997, News S. 14.
7 *The Guardian*, 17. Oktober 1998, S. 3.
8 John White, *Eros Defiled* (IVP 1977), S. 15.

Kapitel 17 – Sechs Eigenschaften eines guten Liebhabers

1 Alan Storkey, *The Meanings of Love* (IVP 1994), S. 98.

Kapitel 18 – Unsere Ehe schützen

1 John White, *Eros Defiled* (IVP 1977), S. 75–76.
2 Kathryn Knight, *The Times*, 17. März 1996.
3 John White, *Eros Defiled* (IVP 1977), S. 81.
4 *Good Housekeeping*, März 2000, S. 64.

5 Alan Storkey, *The Meanings of Love* (IVP 1994), S. 83.
6 Gary Chapman, *Hope for the Separated* (Moody Press 1982), S. 78.
7 *Good Housekeeping*, März 2000, S. 64.

Kapitel 19 – Das Sexualleben lebendig halten

1 Alan Storkey, *The Meanings of Love* (IVP 1994), S. 164.
2 Bill Hybels, *Tender Love* (Moody Press 1993), S. 106.
3 Libby Purves, *Nature's Masterpiece* (Hodder & Stoughton 2000), S. 225.

Kapitel 20 – Die Gelegenheit für ein ganzes Leben

1 Ian und Ruth Coffey, *Friends, Helpers, Lovers* (IVP 1996), S. 177.
2 Tom Marshall, *Right Relationships* (Sovereign World 1992), S. 24.
3 Mike Mason, *The Mystery of Marriage* (Triangle 1997), S. 20.
4 Rede von Barbara Bush anlässlich der Feier der Verleihung akademischer Grade 1990 am Wellesley College (Wellesley College Library, Wellesley, Mass.), S. 4–5.
5 Dietrich Bonhoeffer, Widerstand und Ergebung, Briefe und Aufzeichnungen aus der Haft (Hrsg. E. Bethge).
6 Clio Turner, *Closer to God, April-May-June 1999* (Scripture Union 1999), S. 127.

Anhang 1: Bereit zur Ehe?

1 Diese überarbeiteten Tests stammen aus *I Married You* von Walter Trobisch (IVP 1971), S. 89–92.
2 John Gray, *Men are from Mars, Women are from Venus* (Thorson, an Imprint of Harper Collins Publishers 1993), S. 151.
3 Ed Wheat, *Love Life for Every Married Couple* (Marshall Pickering 1980), S. 109.

Anhang 2: Verlobung, Sex und Flitterwochen

1 Mike Mason, *The Mystery of Marriage* (Triangle 1997), S. 100.
2 Paul Francis, *Teenagers: The Parents' One Hour Survival Guide* (Marshall Pickering 1998), S. 88–89.

Anhang 3: Einen Haushaltsplan aufstellen

[1] Rob Parsons, *Loving against the Odds* (Hodder & Stoughton 1994), S. 190.

Anhang 4: Gemeinsam beten

[1] Nicky Gumbel, *30 Tage – Einführung in das Bibellesen* (Projektion J 1999).

Bibliografie

1. Ehe allgemein

Lynne und Bill Hybels: »Eheleben – Ehe lieben«. Asslar: Gerth Medien, 2000.

Willard F. Harley: »Meine Wünsche – deine Wünsche«. Asslar: Gerth Medien, 2003.

Vreni und Dieter Theobald: »Das ABC einer lebendigen Ehe«. Gießen: Brunnen, 2002.

Gary Smalley: »Entdecke deine Frau« und »Entdecke deinen Mann«. Holzgerlingen: Hänssler, 2000.

Gary Chapman: »Die fünf Sprachen der Liebe«. Marburg: Francke, 1994.

Gary Chapman: »Weil unsere Liebe wachsen soll«. Marburg: Francke, 1996.

2. Eine sexuelle Beziehung entwickeln

Ed and Gaye Wheat: »Hautnah«. Asslar: Gerth Medien, 2001.

Leanne Payne: »Du kannst heil werden«. Asslar: Gerth Medien, 1998.

Felicitas und Volker Lehnert: »Ehe wir's verlernen«. Neukirchen-Vluyn: Aussaat, 2001.

3. Folgen von Kindheitsverletzungen heilen

Robert Hemfelt/Frank Minirth/Paul Meier: »Mut zur Liebe«. Asslar: Gerth Medien, 2000.

David Seamands: »Versöhnung, die trägt«. Marburg: Francke, 1996.

Harry Müller: »Fürchte dich nicht – lebe!« Holzgerlingen: Hänssler, 1999.

Jeff Van Vonderen: »Heil werden in der Familie«. Asslar: Gerth Medien, 2002.

4. Finanzielle Probleme angehen

Dietrich Bauer: »Besser wirtschaften«. Holzgerlingen: Hänssler, 2003.

5. Essstörungen bekämpfen

Minirth/Meier/Hemfelt/Sneed: »Liebeshunger«. Asslar: Gerth Medien, 2002.

6. Eine Ehe wieder aufbauen

Gary Chapman: »Getrennt für immer?« Marburg: Francke, 1999.

7. Weitere nützliche Adressen

TEAM.F – Neues Leben für Familien e.V.
Christliche Ehe- und Familienseminare
Honseler Bruch 30, 58511 Lüdenscheid
Tel.: 0 23 51 – 8 16 86
E-Mail: info@team-f.de
Website: www.team-f.de

FLMD – Family Life Mission Deutschland e. V.
Eheberatung, Seminare, Gemeindeveranstaltungen
Christoph und Christine Michold
Schallershofer Str. 46b
91056 Erlangen
Tel./Fax: 0 91 31 – 43 09 88
E-Mail: flmd-michold@t-online.de

BILDUNGSINITIAIVE
Prävention-Seelsorge-Beratung (christliche Organisation)
Weiler Schafhof 32, 73230 Kirchheim unter Teck
Tel.: 07 00–24 83 79 25
E-Mail: buero@bildungsinitiative.net
Website: www.bildungsinitiative.net

WEISSES KREUZ
Hilfe und Beratung bei ungewollter Schwangerschaft, Abtreibung, Sexualproblemen.
Weißes-Kreuz-Straße 1–4, 34290 Ahnatal
Tel.: 0 56 09–8 39 90
E-Mail: info@weisses-kreuz.de

WÜSTENSTROM – Living Waters Deutschland
Christliche Organisation, die Beratung und Seelsorge bei sexuellen Identitätsstörungen anbietet.
Hauptstr. 72, 71732 Tamm
Tel.: 0 71 41–69 78 73/74
E-Mail: WueStrom@aol.com

Schuldenberatung
bei den örtlichen Stadt- und Kreisverwaltungen bzw. Landratsämtern oder im Diakonischen Werk,
Auskünfte über Tel.: 07 11–2 15 90.

Fanden Sie das Buch hilfreich?
Möchten Sie sich mit anderen Paaren weiter über die Themen des Buches austauschen?

Zum Buch gibt es ein Ehe-Seminar. Nähere Infos erhalten Sie bei

Alpha Deutschland
Obere Karlstraße 29
91054 Erlangen
Tel.: 07 00–2 57 42 58 77
E-Mail: info@alphakurs.de
Website: www.alphakurs.de

FamilyLife Schweiz
Josefstr. 206
8005 Zürich
Tel.: 044 274 84 65
Fax: 044 274 84 83
E-Mail: info@familylife.ch
Internet: www.ehekurs.ch

Alpha Österreich Büro
Riedenburger Str. 8
5020 Salzburg
Tel./Fax: 06 62/84 08 04
E-Mail: info@alphakurs.at
Internet: www.alphakurs.at